HOW WILL CAPITALISM END?

资本主义将如何终结

[德] 沃尔夫冈·施特雷克 著
贾拥民 译

中国人民大学出版社
·北京·

版次说明

本书是一本论文集，除了最前面的导论之外，全书各章都是以前公开发表过的论文：其中有5篇是发表在《新左派评论》杂志上的，1篇是作为一个研究机构的工作论文发表的（我担任该研究机构主任一职近20年）；其余各篇则分散地发表在各种文集和期刊上。在这些论文中，最早的一篇发表于2011年（即本书第2章，它是根据我在佛罗伦萨欧洲大学研究院的"马克斯·韦伯"讲座上的讲稿写成的）；还有几篇发表于2015年（本书第4章、第6章、第7章和第8章）。有两篇原本是用德语写成的，后来才翻译为英文。尽管编辑很出色，给了我很大帮助，但我还是相当痛苦地意识到，这两篇与其余各篇的差异仍然很明显。其余各篇都是用英文写成的。

但是，本书各章之间的共同点更加重要。它们都是我对同一个重大问题不断刻苦钻研的产物：这些年来，我一直试图剖析清楚2008年金融危机对社会科学和社会学理论的影响，特别是对政治宏观生态学及其与政治经济学的关系的影响。也正是因为如此，本书会经常返回到某些主题上来，而且不同章节之间偶尔会出现有所重叠的情况。如果把重叠之处全都删除，那么肯定会破坏这些章节的完整性——如果删除重叠的内容的话，就必须将这些文章重新整合成一本系统性的专著，因为它们已经没有独立的意义了。但是，写一本专著，不仅会改变本书的目的(即，将反映了一个共同主题的不同方面的若干独立论文放到一起，呈现给读者)，而且也远远超过了我目前的理论综合能力；更何况，时间也不允许。

这本论文集要讨论的主题是资本主义和资本主义社会的持续危机。这种危机发生在现代资本主义全球体系的内核之中。出版这本论文集的主要目的是，激发人们思考一个非常具体的问题：在不久的将来，由于其内部矛盾的展开，资本主义全球体系将会以何种方式终结——尽管我们还看不到继资本主义之后出现的体系将会是什么。本论文集的名字取自第 1 章。导论其实是对第 1 章的进一步阐述和补充。第 2 章为导论和第 1 章提供了更具体的背景。第 3 章阐述了正在崛起的新自由主义“社会精英”显而易见的阶层稳定性的根源。第 4 章至第 8 章分别以不同的进路探讨了资本主义与民主之间的关系不断演变的过程，例如欧盟各机构作为全球资本主义与欧洲民族国家之间的中介的角色演变。最后三章，即第 9 章、第 10 章和第 11 章转而讨论这样一个问题：在今天，社会学要想重新拥有解释当代社会的动力学机制和当代社会正在发生的至关重要的转型的能力，需要做些什么？

沃尔夫冈·施特雷克

2016 年 4 月 6 日于科隆

目　录

图表目录

导　论

资本主义：它的末日与来生

表面上看，资本主义一直都是一种“似乎原本就不可能存在”的社会形态，它充满了冲突和矛盾，因此也永远处于不稳定和流动状态。从历史的角度来看，资本主义一直依赖于一些非常偶然和不稳定的支持力量，以及惯例性的事件和制度。在亚当·斯密的思想[1]和启蒙运动的意义上，可以将资本主义社会概略地描述为一个“进步”社会。这种社会“进步”是与生产性资本持续的、无止境的生产和积累相互结合着进行的，而且是通过如下转换实现的：市场的“看不见的手”和国家的“看得见的手”共同发挥作用，将贪婪物欲的私人之恶转化为公共利益。[2]资本主义承诺，在有限的世界中实现商品化的物质财富的无限增长，而其途径则是，利用现代科学技术，通过不断扩大自由，使资本主义社会成为第一个工业化社会；不过在这里，自由指的就是可竞争的、高风险的市场，因此实际上只是霸权国家和市场开放政策（国内和国际）的外衣。[3]作为工业社会的一个类型，将资本主义社会与其他工业社会区分开来的根本特征体现在如下事实上：总生产性资本是积累在享有合法私有财产权利的少数几个股东手中的，他们有权以他们认为合适的任何方式处置资本，包括使之闲置或将之转移到国外。这个事实的一个含义是，资本主义社会的绝大多数成员必须在私有财产所有者的指导下工作；社会的绝大多数成员需要私有财产所有者提供的工具，而且必须服从私有财产所有者设定的规则——这些规则是与私有财产所有者最大化资本增长率的欲望一致的。要想激励无产者这么做——即为了私有财产所有者的利益而努力地、勤奋地工作——需要各种各样的巧妙的工具。然而，这些工具（从根本上说，无非是“胡萝卜加大棒”）无论多巧妙，其功能都不可能是完全确定的；这就是说，工具必须连续不断地被重新发明出来，因为资本主义的“进步”会令它们很快就过时。

资本主义政治经济结构中的内在张力和矛盾，使得结构性崩溃和社会危机很可能成为事实。在现代资本主义体系下，经济和社会稳定即使能够得到保障，其更大的背景也必然是因竞争和扩张导致的系统性的不稳定。[4]要维持平衡，难度非常大，而一旦失衡，就会带来不确定的后果。能不能维持稳定，取决于新的技术范式能否及时形成，或者新的社会需求和价值观能否及时出现，以满足持续的经济增长提出的不断变化的更高要求。例如，对于绝大多数社会成员而言，资本主义社会必须设法化解他们永远摆脱不掉的、因为经济变革或技术进步而被甩出生产过程的恐惧，让他们接受资本主义经济带来的财富和权力分配的高度不平等，让他们相信资本主义作为一种社会秩序的合法性。为了达到这个目的，高度复杂的、非常脆弱（之所以非常脆弱是因为高度复杂）的制度和意识形态就成为必不可少的了。同样的道理，必须把严重缺乏安全感的工人——让他们觉得不安全，就是为了使他们成为顺从的工人——转化为自信的消费者：即使面对劳动力市场和就业的根本不确定性，他们也会乐观地履行作为消费者的社会责任。[5]

现代社会是建立在资本主义经济的基础上的，社会面貌也是资本主义经济动态地塑造而成的，因而现代社会天生就具有不稳定性。考虑到这一点，我们也就不必奇怪，为什么资本主义理论总是会呈现为一个关于危机的理论——从19世纪早期这个概念最早出现在德国[6]，然后于19世纪中期出现在英国之后[7]，直到今天，都是如此。这个观察结论不仅适用于马克思和恩格斯的理论，而且适用于李嘉图、穆勒、桑巴特、凯恩斯、希法亭、波兰尼和熊彼特等著名思想家的理论。所有人都认为，在自己的一生中，应该可以看到资本主义终结的那一天。[8]当然，关于什么样的危机才会终结资本主义，不同的思想家因所处时代相异、所持理论立场相左而各有各的看法。宣称资本主义必然死亡的结构主义理论认为这是因为生产过剩或消费不足，或是因为利润不断下降的趋势（马克思）。这种理论与对资本主义发展动力已经衰竭的各种预测并行不悖：需求和市场已经饱和（凯恩斯）；进一步推动生活和社会的商品化将面临越来越激烈的反抗（波兰尼）；殖民地的新土地和新劳工已经被用光榨干（卢森堡）；科技进步已经停滞（康德拉季耶夫）；服务于垄断企业的金融—政治组织中断了自由市场（希法亭）；全世界范围的“知识分子的反叛”导致官僚主义压倒了企业家精神（韦伯、熊彼特、哈耶克）；等等。[9]

虽然这些理论都没有像当初提出它们的思想家所想象的那样成真，但是大多数理论都不是完全错误的。事实上，现代资本主义的历史可以写成前后相继的危机的历史，资本主义只是幸运地生存了下来，其代价是经济和社会制度的深刻转型。事实上，在每一次危机发生后，资本主义都是以某种无法预见的、通常是意图之外的方式免于破产的。从这个角度来看，现今依然存在的资本主义秩序，看上去很可能不如存在于崩溃边缘时那样令人印象深刻。资本主义秩序一直存在而且不断发生变化，它往往取决于无法内生地加以调动的外生的支持。到目前为止，资本主义已经证伪了所有关于资本主义即将死亡的预测，但是这并不意味着它永远都不会终结。根本没有这种归纳证据。因此，我们不能排除下一次危机发生后，无论政府如何进行救助都无法让这种资本主义摆脱危机的可能性。

只要将现代资本主义的历史简要概述一下，就可以让读者理解这一点。[10]在19世纪，革命性的劳工运动风起云涌，自由资本主义面临着生死存亡的挑战，亟须从政治上驯服劳工运动，采取的策略是镇压加吸纳，后者包括民主权利分享和社会改革。在20世纪初，资本主义被迫为民族国家的利益而参与国际战争，单凭私有财产制和市场经济原有的“看不见的手”，似乎不足以为国家提供在国际敌对行动中获胜所需要的集体能力；于是，在新的战争经济的计划体制下，资本主义被转化成了“公用事业”。到第一次世界大战结束之后，“恢复自由之身”的资本主义经济未能生成可行的社会秩序，因此不得不将大部分工业化国家拱手让给了共产主义或法西斯主义。同时，在核心资本主义国家，即后来人们所称的“西方自由资本主义”世界，在“大萧条”之后，自由资本主义也逐渐被凯恩斯主义的国家资本主义所取代。在那之后，即第二次世界大战结束后的几十年来，民主的福利国家资本主义逐渐变成了不可动摇的事实。事后来看，这几十年也是在经济增长的同时保持了社会稳定和政治稳定的唯一一个时期（至少在经济合作与发展组织的各成员，即被称为“发达经济体”的那些成员中，确实是如此）。这是通过民主制度实现的。但是，在20世纪70年代——又一个“后见之明”——社会民主资本主义的“战后和解”体制逐渐瓦解：一开始只是一些裂纹，但是随着资本主义经济、社会和政治各领域接连不断的、越来越严重的危机的爆发，这个战后和解体制分崩离析了——因为它原本就是嵌入在资本主义经济、社会和政治制度中的，是后者容纳了它、支撑着它。这个时期，是资本主义危机深化和加速转型的时期，最终使得维尔纳·桑巴特在20世纪20年代所描述的“晚期资本主义”[11]，被新自由主义（资本主义）所取代。

危机理论归去复来

今天，在2008年金融危机这个有分水岭意义的事件发生之后，对资本主义以及资本主义社会前景的批判性的反思和真正意义上的危机理论也再度流行了起来。一个典型的例子是《资本主义还有未来吗?》(*Does Capitalism Have a Future?*)，它是2013年出版的一本著作，作者是五位享有世界声誉的杰出社会科学家：伊曼纽尔·沃勒斯坦（Immanuel Wallerstein)、兰德尔·柯林斯（Randall Collins)、迈克尔·曼（Michael Mann)、格奥吉·杰尔卢吉扬（Georgi Derluguian）和克雷格·卡尔霍恩（Craig Calhoun)。除了“引言”和“结论”之外（那是这五位思想家共同署名的)，他们分别在自己撰写的不同章节中讨论了“资本主义的未来”，当然每个人的观点各不相同。但是，所有这五位思想家都相信（正如他们在“引言”中所说的那样)：“地平线上，庞大的阴影已经隐约可见：那将会是一次结构性危机，比最近这次‘大衰退’还要大得多的结构性危机；若干年后，当我们重新回顾最近这次‘大衰退’时，也许会发现，它只不过是更深刻的危机和转型时期的一个序幕而已。”[12]但是，关于究竟是什么导致了这场危机，以及它将如何结束，这些思想家之间仍然存在巨大的分歧。事实上，这本书的几位作者之间的分歧，本身就可以视为今天的资本主义政治经济学固有的多种不确定性和可能性的证据。

为了让读者明白，当今的理论家们各自对资本主义的未来的想象究竟会有多大不同，下面我先评述一下这五位思想家在他们这本书中分别给出的对资本主义前景的预测。先讨论沃勒斯坦的观点，他提供了一个比较传统的危机理论（《资本主义还有未来吗?》，第9～35页)。沃勒斯坦对当代资本主义的定位是：恰恰位于一个康德拉季耶夫周期的最底部——即所谓的康德拉季耶夫B，而且未来没有可能出现新的向上的转折（康德拉季耶夫A)。沃勒斯坦称，这是始于20世纪70年代的“结构性危机”的一个结果，而这个结构性危机之所以发生，则是因为“资本家可能再也找不到有足够回报的资本主义了”。至于为什么会这样，沃勒斯坦给出了两个原因。第一个原因是，“那种永无止境的资本积累走向终结”的长期趋势已经形成；第二个原因是，“1968年世界革命”

之后，“中间派自由主义对地缘文化的主导地位”也已经宣告终结了（《资本主义还有未来吗?》，第 21 页）。另外还有一些结构性趋势，其中包括：“处女地”已经被开发完毕，而“环境整治”任务已经迫在眉睫，因为以往的欠账太多，由此又进一步导致了资源短缺，同时对公共基础设施的需求也在日益增加。所有这些都是很“费钱”的，而且平息工人和失业人员不断增大的怨气也是如此。关于“全球霸主”，沃勒斯坦指出，以美国为核心的世界秩序无论在军事上，还是在经济上，抑或在意识形态上，最终都会走向衰落。“做生意”的成本不断上升，再加上全球性的混乱形势，资本主义世界体系不可能恢复稳定。事实上，沃勒斯坦的看法是，资本主义体系的动荡将会变得越来越频繁。他说，“这个体系中有一个越来越紧的‘死锁’（gridlock）。这种死锁反过来将引发越来越剧烈的波动，从而使经济和政治的短期预测变得更加不可靠。而预测的失败又会加剧……流行的恐惧和异化。这是一个恶性循环。”（《资本主义还有未来吗?》，第 32 页）。沃勒斯坦预计，在不久的将来，资本主义秩序的反对者与捍卫者之间就会出现全球性政治对抗。他将这种对抗比喻为第一世界的达沃斯（Davos）与第三世界的阿雷格里港（Porto Alegre）之间的对抗。这也就是说，围绕着“谁是资本主义制度的接班人”，一场最终决战正在酝酿当中（《资本主义还有未来吗?》，第 35 页）。沃勒斯坦声称，结果现在仍然无法预测，但是“我们可以确定，在未来几十年内，肯定有一方会获胜，并建立起一个新的相当稳定的世界体系（或一系列世界体系）”。

与沃勒斯坦相比，克雷格·卡尔霍恩对资本主义的未来不那么悲观——或者，对那些希望看到资本主义终结的人来说，他的观点不那么乐观。卡尔霍恩也认为，资本主义正面临着深刻的危机——而且可能是它的“最后一次危机”（《资本主义还有未来吗?》，第 131～161 页）。卡尔霍恩认为，应该还有时间通过政治干预措施去拯救资本主义，就像过去曾经做过的那样，而且也许是在“足够开明的资本主义者”的帮助下（《资本主义还有未来吗?》，第 2 页）。但是他也认为，“一个集体性质的社会主义经济”也是可能的，而且很可能是“国家资本主义”。他还说，“即使在具体的资本主义财产制度和金融体系崩溃的情况下，市场也仍然可能继续存在”（《资本主义还有未来吗?》第 3 页）。与沃勒斯坦相比，卡尔霍恩非常不愿意作出预测（他的主要观点总结在《资本主义还有未来吗?》一书的第 158～161 页）。他还在一张表上列出了可能威胁资本主义稳定的各种内部矛盾和外部冲击，并指出了它们可能会导致的结果。像沃勒斯坦一样，卡尔霍恩也认为国际体系有特别重要的意义。卡尔霍恩推测，在世界范围内，未来将会涌现出多种多样的政治经济制度，它们的资本主义成分或多或少，彼此之间存在大量协调和竞争的问题或陷阱。虽然卡尔霍恩没有排除如下可能性：“资本主义所有市场大规模地、或多或少同时地崩溃……不仅引发了经济动荡，而且导致了政治和社会制度的根本性变革”（《资本主义还有未来吗?》，第 161 页），但是他认为，国家、企业和社会，还是有可能重新有效治理、改革资本主义并使之获得新生的。或者，用他本人的原话来说：

> 资本主义制度是一个超大规模、高度复杂的制度。过去 40 年来发生的一系列事件深深地动摇了各种资本主义制度，尽管在整个战后时期，资本主义经济都组织得相当好。对这些制度进行“维修”或“更换”，都会改变资本主义体系本身；新的技术、新的商业模式和新的金融惯例，也是一样。即使能够成功地重建资本主义，也还是等于改变了资本主义……问题在于，变革是否足以控制系统性风险并抗御外部威胁。如果不能，在新秩序出现之前，会不会先出现巨大的灾难?（《资本主义还有未来吗?》，第 161 页）

对于资本主义的未来，持近乎不可知论立场的是迈克尔·曼（“末日或为期不远矣，然丧钟为谁而鸣?”，《资本主义还有未来吗?》，第 71～97 页）。迈克尔·曼在这一章开篇就提醒读者，根据他的“人类社会一般模型”，他“并不认为社会是一个系统”，相反，他认为社会由

“彼此互动的多个网络重叠而成。在这些互动的网络中，有四个——意识形态权力关系网络、经济权力关系网络、军事权力关系网络、政治权力关系网络——是最重要的。此外，地缘政治关系也可以加入这四个互动网络中”。迈克尔·曼继续写道：

> 在这四个或五个权力来源中，每一个都有自己的内部逻辑或发展趋势，因此（例如），在资本主义经济中，趋向于均衡、周期或矛盾的趋势都有可能被找到，正如人们可能在社会权力的其他来源中找到不同趋势一样。（《资本主义还有未来吗?》，第 72 页）

迈克尔·曼指出，网络之间的相互作用虽然很频繁，但并不是系统性的，这就意味着，“一旦我们承认这种相互作用的重要性，我们就进入了一个更加复杂的和不确定的世界。在这个世界中，资本主义的发展也受意识形态、战争和国家的影响”（《资本主义还有未来吗?》，第 73 页）。迈克尔·曼还补充道，此外还存在两大可能性，即经济发展在地理空间上是不平衡的，以及不理性行为会干扰对经济利益（甚至生存利益）的理性计算。为了证明不确定事件的重要性，也为了阐明其他商业周期（不同于沃勒斯坦-康德拉季耶夫的历史模型所设想的周期）的重要性，迈克尔·曼讨论了 20 世纪 30 年代的大萧条与 2008 年的大衰退，然后表明了他对未来的看法，首先是关于美国的全球霸主地位，其次是关于“资本主义市场”。

关于前者，迈克尔·曼给出了一个详细的“美国弱点”清单（《资本主义还有未来吗?》，第 83～84 页），既包括美国“国内方面”的弱点，也包括“国外方面”的弱点，从经济衰退到政治解体，再到日益缩减的军事力量，所有“可能使美国衰弱”的因素都被包括在内（虽然“我们还不能肯定”美国必然会衰弱）。然而，迈克尔·曼指出，即使美国的霸权终结了，“也不一定会引发资本主义的系统性危机”。更可能发生的事情是，经济权力从原来的西方世界转移到成功发展起来的世界其他地区，包括大部分亚洲地区。这将导致美国、欧盟必然与（其中一些）金砖国家分享经济权力，由此会导致的一个结果是，“资本主义可能会变得有更多的国家主义色彩”——这里的“国家主义”一词是在中性意义上使用的（《资本主义还有未来吗?》，第 86 页）。关于后者，即“资本主义市场”（第 86～87 页），迈克尔·曼认为，沃勒斯坦的看法是不对的，可供“征服”的新土地仍然足够大，需要用发现和发明去满足的新需求也足够多，因此经济的扩张和强化增长还有非常大的空间。此外，对于各种各样的问题，从技术上进行修复的可能性随时都存在。因此，无论如何，“末日”之说，更多是对工人阶级和革命社会主义者而言的，而不是对资本主义者而言的。而且，如果真像某些人所预期的那样，经济增长率将会下降，那么结果可能是一个稳定的低增长的资本主义，但是这种资本主义却具有相当可观的生态效益。因此，在这种情况下，“左派的未来很可能最多只限于改良的社会民主主义或自由主义。雇主和工人之间关于不平等的资本主义就业体制的平淡无奇的争议将继续下去……而这种争议的结果大概率是妥协和改革”。

尽管如此，迈克尔·曼还是以一个不那么乐观的注释结束了他的那一章。他认为，有可能发生两大危机，而且其中一个危机非常有可能发生。这些危机将导致资本主义灭亡，但它们不仅仅是资本主义的危机（或者说，不仅仅是资本主义导致的危机），因为资本主义将只会因人类所有文明都被彻底破坏而灭亡。这种情况的发生，一种可能的原因是核战争，它始于集体的人类非理性；另一种可能的原因是“气候变化，即气温不断升高”导致的生态灾难。在后一种情况下（《资本主义还有未来吗?》，第 93 页以后），作为“现代三个伟大胜利”之一的资本主义的一切——连同民族国家和被定义为无限制消费的权利的“公民权利”——从生态的角度看恰恰是不可持续的。“为了一个相当抽象的未来，所有这三大胜利都将受到挑战，而那是一个非常难以实现的秩序要求，也许是永远不可能实现的。”（《资本主义还有未来吗?》，第 95 页）。而且，虽然与资本主义有关，但是生态灾难其实源于一个“比资本主义更大的因果链条”（《资本主义还有未来吗?》，第 97 页）。无论如何，

“政策决定是很重要的”，而且“从原则上说，人性就是自由地在更好或更差的未来场景之间进行选择，因此未来最终是不可预测的”（《资本主义还有未来吗?》，第 97 页）。

《资本主义还有未来吗?》这本书中最直截了当的资本主义危机理论当属兰德尔·柯林斯的理论（第 37～69 页）。柯林斯非常准确地将自己的理论描述为马克思和恩格斯早在 19 世纪 40 年代就已经提出的“基本观点”的“精简版”（第 38 页）。科林斯认为，马克思和恩格斯的“基本观点”是，资本主义深受一种“长期的结构性弱点”的影响，那就是，“机械代替劳动”的技术趋势（第 37 页）。柯林斯坚持严格的结构主义立场（他对此“毫无悔意”）和单因素技术决定论，他的这种结构主义立场甚至比沃勒斯坦的结构主义立场还要坚定。事实上，柯林斯坚信，到 21 世纪中叶之前，无论革命性的暴力行动会不会发生，仅凭“技术替代劳动”的趋势就会导致资本主义终结；从时间上看，这将会早于原则上有同样破坏力的、致命的生态危机，也早于更加难以预测的金融危机。柯林斯的“后马克思主义结构主义”对马克思主义的“精简”之一是，他没有像马克思那样，提出一个与“机械替代劳动”趋势相对应的“利润率长期下降定理”，也没有对他的预测用若干“抗衡因素”进行“对冲”。[13]因为他认为，资本主义已经耗尽了在过去可能会阻止它自己走向末日的任何可取之处。在柯林斯的理论中，确实也允许像迈克尔·曼和卡尔霍恩那样的非马克思主义者所坚持的“韦伯式”因素对历史进程产生影响，但是柯林斯认为那些都只是“次一级”的力量，最多只能在改变基本结构性趋势驱动资本主义历史的具体方式上面发挥一点作用。发展的全球不平衡，与资本主义无关的冲突、战争和生态危机等因素，可能会也可能不会加速资本主义劳动力市场和就业制度的危机，但是无论如何，这些因素都不可能中止或消除这个危机。

那么，这个危机究竟包括哪些方面？在过去 200 年以来，劳动逐渐被技术取代；随着信息技术的兴起，以及在不久的将来必将广泛应用的人工智能技术的发展，技术取代劳动的趋势所带来的危机至少会在两个方面达到最高峰。第一，自20世纪下半叶开始，它已经摧毁了手工工人阶级，现在正在“攻击”中产阶级。或者换种说法，这个新生的“小资产阶级”已经开始被摧毁，他们是新资本主义和新自由主义的“努力工作、努力享受”的生活方式的载体、职业主义加消费主义的象征，而那些一直被认为是资本主义社会不可或缺的文化基石。柯林斯观察到，智能化机械在编程、管理、文件处理、行政和教育等工作中已经得到了广泛应用，甚至被用于设计和制造新的、更先进的机械。他强调，电子化对中产阶级的“所作所为”，与当年的机械化对工人阶级的“所作所为”如出一辙，而且只会更快。他预测，到21世纪中叶，失业率将高达50%～70%，从而给那些希望通过昂贵的教育和有纪律的工作表现来逃脱失业威胁的人致命一击（尽管工资收入早就停止增长甚至下降了）。与此同时，所有利润都将会被“一小撮拥有机器人的资本家”收入囊中，这些人将会富得无法估量。然而，对于这些人来说，这种趋势的一大缺点是，他们会发现，自己的产品越来越难以卖出去，因为没有多少人有足够的收入去购买。柯林斯继续写道：“马克思和恩格斯早就预测到了，资本主义必将灭亡，取而代之的将是社会主义。”（《资本主义还有未来吗?》，第39页）。这也正是柯林斯本人的预言。

柯林斯的理论中最有原创性的一点是，他试图解释，为什么技术替代劳动的趋势在今天会“终结”资本主义，而在过去却不能。柯林斯首先追随马克思的脚步，列出了有可能将资本主义从自我毁灭中拯救出来的五大“逃脱术”，然后一一证明，它们为什么不可能再次拯救资本主义了。这五大“逃脱术”以及柯林斯的反驳如下：增加新的就业机会甚至增加新的行业，以弥补技术进步造成的就业损失（但是人工智能行业的新增就业是微不足道的，特别是机器人开始设计和建造其他机器人之后）；市场的扩张（但是劳动力市场的这次结构调整主要发生在中产阶级的就业市场，由于信息技术的进步，这个市场早就成了全球统一的市场，竞争也是受过教育的求职者之间的全球竞争）；金融部门的发展，一方面是作为收入来源（“投机”），另一方面是作为一个行业（但是金融行业的新增就业不可能弥补新技术造成的就业岗位损失，金融投机带来的收入也不可能弥补失业导致的损失，而且金融行业自身的数字化运作也会使大部分金融行业从业者成为冗员）；政府就业取代私营部门的就业［但是因为国家自身面临着财政危机，这已经不可能；而且这意味着最终需要某种“革命性的财产制度转型”（《资本主义还有未来吗?》，第 51 页）］；教育可以发挥缓冲作用，为失业者提供暂时的栖身之所，这是一种“隐蔽的凯恩斯主义”政策，即创造“证书通货膨胀”和“等级通货膨胀”（柯林斯认为，这是最可能被采取的策略，但是最终也肯定会像其他“逃脱术”一样归于无效，因为教育机构内部士气早就非常低落了，而且无论公立教育还是私立教育，都面临着巨大的融资困难）。

因此，所有这五条“逃生通道”都被关闭了，当代社会无法阻止资本主义经济中劳动越来越快地被替代的趋势，也不能消除随之而来的严重的经济和社会不平等。所以柯林斯的结论是，某种形式的社会主义，必将取代资本主义。那么，取代资本主义的社会主义将是什么样子？在社会主义之后（或者与社会主义同时到来的）又会是什么？对此柯林斯没有给出结论。他同样认为转型的确切模式是不可预知的。革命性的变化必将到来，但是，关于那会是一场打碎资本主义的暴力的社会革命，还是一次在政治领袖领导下实现的和平的制度转型，柯林斯认为无法预先判断。对超级富豪征收重税，用于扩大公共就业，还是让每个人都获得能够保障基本生活的收入，又或者平均分配和严格配置非常有限的工作时间（或多或少地采用一些独裁手段，像凯恩斯所说的那样[14]）……我们可以随心所欲地展开想象的翅膀，因为柯林斯的“精简马克思主义”并没有预测，一旦资本主义走进坟墓，取而代之的社会将会是什么样子的。无论如何，有一件事是可以肯定的：资本主义必将终结，而且时间将早于所有人的想象。

在《资本主义还有未来吗?》这本书中，有一章看上去显得比较“另类”，它出自格奥吉·杰尔卢吉扬之手。他对共产主义的衰退（特别是苏联共产主义）的描述非常引人入胜（《资本主义还有未来吗?》，第 99～129 页）。这一章的特别有趣之处还在于，杰尔卢吉扬对共产主义的结局与资本主义的结局之间的差异和潜在的相似之处进行了猜测性的分析。关于两者的不同之处，杰尔卢吉扬强调了如下事实：苏联共产主义很早就嵌入了“资本主义世界体系”（《资本主义还有未来吗?》，第 111 页）的一个“敌对地缘政治”环境中（《资本主义还有未来吗?》，第 110 页）。这个事实就将共产主义的命运与作为一个在经济上和战略上过度扩张的多国联盟国家的苏联的命运不可分割地联系到了一起。从长期的角度看，这个国家（特别是在斯大林专制结束之后）从根本上说是不可持续的。在斯大林专制结束之后，苏联共产主义的特殊阶级结构就导致了一种特殊的国内社会妥协，与美国资本主义不同，它的关键元素包括了政治僵化和经济停滞。由此而导致的一个结果是，从 20 世纪 60 年代后期开始，在革命时代成长起来的新一代文化官僚、技术专家和科学精英普遍对现状不满。此外，过度集中化使得苏联共产主义的基于国家的政治经济很容易受到地区和民族分裂主义的困扰，同时环绕着它的全球资本主义也为异见人士和机会主义分子提供了一个现成的值得效仿的秩序模板。最终，当苏联转型后，这些机会主义者就变成了“无师自通”的资本主义寡头。

当然，当代资本主义的转型，不可能像苏联的转型那样，依靠“帝国的地缘政治好运”，尽管美国在这方面的作用不能低估。更加重要的是，当代资本主义并不需要承受可以替代它的政治经济模式施加给它的压力，因为我们可以假设，在可预见的未来，伊斯兰经济体制的吸引力将继续下降，即使对伊斯兰精英来说也是如此（他们已经深深地融入了资本主义全球经济体系）。杰尔卢吉扬写道：当苏联失去“国家完整性”时，所有的现代制度都遭到了彻底破坏，因此任何集体行动，只要层次比家庭和“裙带关系网”更高，实际上就全都不可能实施了，而且这种情况是“自我维系的”（《资本主义还有未来吗?》，第 122 页）。由此导致的一个后果是，1989 年，当苏联“经济改革”进入高潮，引发了“大规模的公民动员”，继而出现了类似于 1968 年“布拉格之春”的“叛乱运动”时，执政的官僚阶层的反应却比“面对暴力革命更加恐慌”，而且与此同时，“叛乱运动”也“未能……利用主流阶层的重大混乱带来的稍纵即逝的时机”（《资本主义还有未来吗?》，第 129 页）。在未来，当资本主义转向后资本主义时，尽管与苏联共产主义的崩溃原因不同，发生情势也不同，但是由于都经历了去制度化过程，也由于旧秩序的捍卫者和挑战者之间同样存在不确定性，集体行动机制的类似的弱点可能会给转型过程造成重要影响：一方面会导致相互分裂的不同社会运动相互激烈竞争，另一方面会使政治经济精英迷失方向。

对于资本主义的危机，我的观点可以说是建立在《资本主义还有未来吗?》这本书的五位作者的思想的基础上的，但是又与他们中的每一位都不相同。我认为，他们的理论都是危机理论，同时他们的理论又呈现出了鲜明的多样性，这两个事实表明资本主义和资本主义社会确实出现了严重危机，同时也表明当代资本主义进入了深刻的不确定期。在这样一个时期，意想不到的事情在任何时候都可能发生，对于未来将会发生什么，知识渊博的观察家当然可以有不同意见，因为历史上长期有效的因果关系已经过时了。换句话说，对于各位学者共有的危机感，以及他们各自对危机性质的不同理解，我认为这恰恰表明传统的经济学和社会学理论在今天已经失去了很大一部分预测能力。正如我将在下文中更详细地指出的，我认为这既是资本主义发展对集体行动机构的破坏的一个结果，也是这种破坏得以出现的一个原因。这种破坏还同样影响到沃勒斯坦所称的达沃斯和阿雷格里港的对立，并且导致一种社会情境的形成和社会行动的出现。这种社会情境和社会行动会带来一系列意图之外的、不可预料的有意义的后果，而且其影响越来越不可预测。[15]

此外，我还建议，与其在危机的各种各样的失序情景中挑选一种出来专门加以考虑，并认定它比其他考量都更加重要，还不如把全部（或其中的大部分）都纳入进来，对资本主义进行“多重病症”的诊断。其多种病因，不仅是共存的，而且往往是相互加强的。正如我在本书开篇就指出过的，资本主义秩序一直都是脆弱的、不容易维持的，其生存取决于不断进行的“维修”工作的成效。然而到了今天，太多的弱点同时暴露了，太多的补救办法已经耗尽了或被破坏了。对于资本主义的终结，我们可以这样想象，这是一位不幸的患者，已经动过一千次手术了，每一次手术都比上一次手术更加困难；或者想象一个小国，经历了几百次暴乱，每一次暴乱都比上一次暴乱更加难以收场。现在，终于所有并发症都同时发作了——必须同时对它们加以治疗。而且，正如我在下文中将会进一步阐明的，我认为迈克尔·曼和卡尔霍恩提到过的任何一种潜在的稳定力量，无论是政权多元化、区域多样性、发展不平衡，还是政治改革，抑或是独立的危机周期，都不足以“化解”作为当代资本主义核心特征（或“病征”）的“累积弱点总爆发”。有效的治疗方法已经用尽，同时也没有可行的替代模式在后台等着。不难看出，就像柯林斯所指出的[16]，资本主义的弱点的积累，与它的资本积累同时发生，是一种完全内生的自我破坏的动力，有着自己的演化逻辑（这种演化逻辑的表现形式会受到外界影响，但是任何偶发事件和巧合事件都不能打断它），沿着从早期的自由资本主义，到国家管理的资本主义，再到新自由主义资本主义的历史轨迹一路走来，直到 2008 年金融危机以及后续大衰退。

这也就是说，要想让资本主义的衰落不断继续下去，根本不需要提出任何革命性的行动方案，也不需要制定关于可以替代资本主义的更好的社会的总体规划。当代资本主义自身正在消失，因它的内部矛盾而消失；资本主义也可以说是因为消灭了自己的敌人而导致自身消失的，因为正如许多人都指出过的那样，资本主义的敌人经常通过迫使资本主义进行新的变革来拯救资本主义。我认为，在这场最后的危机之后，在资本主义秩序消逝之后，不会出现社会主义或其他某种有明确定义的社会秩序，而只会出现一个持久的“空位期”。这就是说，不会出现沃勒斯坦所说的新世界体系的均衡，而只会存在长期社会熵，或社会失序（正是由于这个原因，那将会是一个充满不确定性和非决定性的时期）。在社会学中，这是一个有意思的理论问题：一个社会是不是会以及会如何变成一个“比正常社会少一些东西的”社会、一个“后社会”社会，或一个“精简版”并持续相当长的时间；之后，它能不能恢复过来，重新成为一个拥有“社会”这个术语的全部意义的社会。[17]如果读者在读到这里有些困惑，我建议先去仔细读一下大卫·洛克伍德（David Lockwood）的一篇著名论文[18]，该文区分了系统整合与社会整合这两个概念，或者说，它区分了宏观层面的社会整合与微观层面的社会整合。这样一来，就可以将“空位期”定义为宏观层面上的系统整合的中断，即剥夺了微观层面上的个人的制度结构化能力和对他们的集体支持，而且把创造有序的社会生活、为社会提供适当限度的安全和稳定这些负担转移到了个人身上，让个人自己去创造出某种社会安排。换句话说，一个处于“空位期”的社会，将是一个非制度化的或制度化不足的社会。对于这样一个社会，最多只能期望它能够在非常短的时间内维持稳定（通过某种局部的即兴创作式的安排）；由于这个原因，这个社会基本上是无法治理的。

因此，在这个意义上，当代资本主义似乎是这样一个社会：制度整合严格地、不可逆转地趋于弱化，以至于资本积累能否持续进行——在时长不确定的中期——完全依赖于在集体层面无能为力的、彻底个体化的个人的机会主义；这些个人必须拼尽全力保护自己免受意外事件伤害，保证自己的社会经济地位不会在结构性压力下垮塌。因为新自由主义资本主义已经把国家、政府、国界、工会以及所有其他缓冲力量都清空了，所以在任何时候，只要受到一次灾难性打击，例如金融泡沫破灭或边缘国家崩溃后以武力入侵中心国家，那么缺乏有效治理、没有适当管理的后资本主义“空位期”社会世界就很可能降临。由于个人已经被剥夺了“集体防御机制”，只能依赖自己去应对所有挑战，所以社会秩序只能在如下这种非常浅层的含义上存在：个人在恐惧、贪欲以及维持个人生存的动机的驱使下，为了一时一地的特殊目的与其他个人合作。合作因而成了权宜之计。这样一来，社会失去了为自己的成员提供有效的保护的能力，也无法再为自己的成员提供社会行动和社会生活的模板；在这种社会秩序只能依赖最弱的社会整合模式——目的理性（Zweckrationalität）——的情况下，个人当然只能依靠自己了。

正如我将在本书第一章中指出、在本导论的下文中将要详细阐述的，我把资本主义崩溃的条件定位到了各种相互关联的新情况上，例如：经济增长率的不断下降，加剧了分配冲突；分配冲突导致不平等不断恶化；宏观经济可管理性不断消失，其中包括稳步增加的债务、货币供给的不断放水，以及另一次经济崩溃的阴影永远不会散去[19]；战后社会进步和民主化的资本主义动力的消退，以及寡头统治的崛起；政府能力的日益下降、系统性的治理失效以至于无法限制劳动、自然和货币的过度商品化；各种各样的腐败无所不在（这是对“赢家通吃”式的市场竞争不断激化的一种回应，在那种市场中，无限多的获利机会将“自我集聚”起来）；在商品化和私有化过程中，公共基础设施和集体利益受到侵蚀；自1989年以来，资本主义的“总东道国”美国建立和维持稳定的全球秩序的努力遭到了失败；等等。我认为，上面这些新情况（以及其他一些新情况），导致了普遍的玩世不恭心态，它主导了经济生活，长期以来一直（如果不是永远的话）排除了将资本主义视为一个能够赋予个人平等的进步机会的正义的社会这种规范合法性复苏的机会。而这种合法性，正是资本主义在关键时刻极其需要的。这种心态还排除了在集体复兴的基础上实现社会整合的可能性，那是资本主义社会秩序的最后一根支柱；不然就只能陷入混乱。[20]

不断移动的非均衡

我在最近撰写的一系列论文中指出（这些论文的大部分都已经收录于本书中），经济合作与发展组织各成员的资本主义自 20 世纪 70 年代以来一直处于危机状态，历史转折点是战后和解体制被资本一方放弃了——目的是应对全球性的利润下滑趋势。更确切地说，在这几十年间，资本主义发生了三次前后相随的危机（或者换一种说法，这个长期资本主义危机至今已经历了三个阶段）：20 世纪 70 年代的全球通货膨胀、20 世纪 80 年代公共债务的爆炸式增长，以及随后 10 年中私人债务迅速增加并最终于 2008 年导致金融市场崩溃（更多细节见本书第 2 章）。所有主要资本主义国家都经历了大体上相同的“危机序列”。自 20 世纪 60 年代末战后长期经济增长结束以来，资本主义经济再也没有回到均衡。而且，所有这三个危机都以同样的方式开始和结束，遵循了相同的政治经济逻辑：资本与劳动之间在分配问题上出现了冲突（其中在 20 世纪 70 年代，劳动和资本这两者与原材料的生产者之间也出现了冲突，而且原材料的成本已经不可小视），但是为了解决这种问题而出台的政治方案却都是一些权宜之计，包括通货膨胀政策、对公共债务和私人债务放松管制等。很快，解决方案自身就变成了问题：通货膨胀扭曲了作为一种相对价格的失业率，并导致货币资产所有者不敢投资；公共债务的不断增加使债权人高度紧张，并在 20 世纪 90 年代形成了巨大的债务重整压力；当宽松货币和过度信贷吹大的泡沫破灭后，因填补公共支出削减造成的总需求空白而不断积累起来的私人债务金字塔也轰然崩塌……解决方案变成了需要新的解决方案的问题；然后，又过了差不多 10 年之后，新的解决方案自己又成了问题，又需要更新的解决方案……当然，所有解决方案都很快就会像它们的前辈一样走向自我毁灭。政府政策在两个均衡点之间摇摆不定，一个是政治上的，一个是经济上的，它们不可能同时实现：如果关注民主政治合法性和社会和平的需要，努力实现民众对经济繁荣稳步增长和社会稳定的期望，那么政府就会发现自己面临破坏经济绩效的风险；但是，如果致力于恢复经济均衡，那么就很容易引发政治不满，削弱民众对执政的政府以及一般意义上的资本主义市场经济的支持。

事实上，现实世界的情况比纸面上的讨论更加严峻。长期以来，普通民众一直没有认识到危机一直在持续，因为它们是逐渐展开的，大概花了两代人的时间。与 20 世纪 70 年代之后的一系列危机交织在一起的，是资本主义民主国家不断发展的财政危机，而且再一次基本贯穿了所有资本主义国家从“晚期资本主义”过渡到新自由主义资本主义的整个过程。在 20 世纪 70 年代，虽然已经受到了极大的限制，但是政府在通货膨胀与公共债务之间仍然可以进行选择，以便弥补资本和劳动的分配要求与可分配的资源之间的差距。但是，在 20 世纪 80 年代初的通货膨胀结束后，现代资本主义“税收国家”开始转变成“债务国家”。促进这个转变过程并与这个转变过程相始终的，则是“充满活力”的、日益全球化的金融行业的大发展。全球金融行业的“大本营”位于美国，一个快速去工业化的全球资本主义霸权国家。由于担心自己的新客户——各主权国家的政府——单方面取消债务，势力不断增大的金融部门很快就致力于要求各国政府以本国的“经济和政治能力”为担保，保证偿还贷款。结果导致民主国家从 20 世纪 90 年代中期开始了另一个重大转变，即转变为“财政整固国家”（consolidation state）。通过削减政府支出来巩固公共财政的政策，使总需求产生空白，也招致了民众的不满；在这种情况下，金融部门则“表示”乐意为私人家庭提供贷款，但条件是信贷市场必须放松管制。这种政策从 20 世纪 90 年代开始实施，最终造成了 2008 年的金融危机。

除了由上述三个危机组成的危机序列，以及从“税收国家”转变为“债务国家”再转变为“财政整固国家”的转型过程之外，全部富裕的资本主义民主国家还都呈现出了另外三个长期趋势，它们都始于战后时期，而且基本上是齐头并进地发展的。这三个长期趋势就是：经济增长速度下降；不平等现象日益加剧；债务上升——公共债务、私人债务和总债务。多年来，这三个长期趋势一直在相互加强：低经济增长加剧分配冲突，从而造成不平等；不平等通过限制有效需求，反过来抑制了经济增长；极高的债务水平成了信贷市场上的堰塞湖，增大了金融危机的风险；过度膨胀的金融部门源于并强化了经济不平等，等等。许多人认为，2008 年金融危机爆发之前，资本主义世界还出现过一个增长周期，但那其实只是想象。[21]至于 2008 年金融危机之后的经济复苏，则非常乏力，其中一个重要的原因就在于，凯恩斯主义的经济刺激政策、货币政策和分配政策，都因前所未有的债务水平而收效甚微。需要提请读者注意的是，我们正在讨论的是长期趋势、影响整个资本主义制度的全球趋势，而不是短期中的不幸事件的偶然巧合。现在我们看不到任何强大到可以打破这三种趋势的东西；它们已经在资本主义体系中深深地扎下了根，而且彼此之间非常紧密地交织在了一起。

危机的第四阶段

自 2008 年以来，20 世纪 70 年代之后的长期资本主义危机——我们就生活在这个危机中——进入了第四阶段。我们上面阐述过的“辩证法”——用来解决问题的解决方案自身变成了问题——读者应该已经不陌生了。这种“辩证法”也适用于这个阶段。[22]当代资本主义的“天启三骑士”（经济增长停滞不前、债务上升和不平等加剧）正在继续破坏经济和政治秩序。随着经济增长速度的不断下降，经济大衰退之后的经济复苏进展甚微或根本没有进展；债务去杠杆化将被延后到“希腊历的朔日”① 实施；总体债务水平已经高于以往。[23]在这前所未

① “希腊历的朔日”，即“ad calendas graecas”，是一种讽刺的说法，因为希腊历中并无朔日。——译者

有的债务总负担中，公共债务也再次攀升到了历史新高（见后文图1-4），由此不仅使第一阶段债务重整的所有成果化为乌有，而且“有效”地阻止了旨在推动经济增长的任何努力。因此，整个经济合作与发展组织的失业率仍然居高不下——即便是在像瑞典这样的国家，失业率高达8%左右的情况也持续了很长一段时间。有的时候，受益于技术变革，就业似乎在一定程度上有所恢复，但也都伴随着工资的下降和福利的减少，原因在于社会保障制度“改革”、去工会化，以及雇主权力的上升。事实上，就业“复苏”的实质往往是用就业不足（underemployment）来替代失业（unemployment）。虽然利率处于创历史纪录的低位，投资却毫无起色，经济也没有任何稳定增长的迹象，导致决策者开始考虑进一步将利率降低到低于零的水平。虽然在20世纪70年代，通货膨胀是资本主义国家的“公敌”，但是现在绝大多数经济合作与发展组织成员却拼尽全力，试图将通货膨胀抬高到2%以上，当然迄今尚未成功。与20世纪70年代不同（当时是高通货膨胀与高失业的组合，使得经济学家束手无策），现在的挑战是极其宽松的货币与通货紧缩压力共存。“债务通货紧缩”幽灵的身后，则是沉重的债务金字塔，其规模远远超过了2008年崩溃前的规模。

在当代资本主义长期危机进入当前这个阶段后，决策者“口口声声自称有效的管理”[24]，其实大多是公众眼中谜一般的黑洞，这一点，再没有比主要资本主义国家的中央银行在不同的名目下采取的“量化宽松政策”更加典型了。自2008年以来，各国中央银行一直在购买各种金融资产，将“凭空变出”的现金发放给私营金融公司。作为回报，它们获得了收取未来收入流（来自各种各样的债务人）的权利，同时将私人债务转变为公共资产，或更好一些：转变为公共机构的资产。这是中央银行能够单方面决定经济的货币供应的好处。目前，主要国家的中央银行的资产负债表的规模已经从七年前的8万亿美元增加到了20多万亿美元（见后文图4-3），这还没有把欧洲中央银行于2014年开始的庞大的资产购买计划包括在内。在此过程中，由于充当着公共机构和私营金融公司的“健康的监护人”的双重角色，中央银行的货币政策已经成为经济政策中最重要的一条，实际上也可以说是唯一的经济政策，因为政府受制于严格的紧缩要求，而且被排除在货币政策制定之外。虽然量化宽松政策完全未能化解通货紧缩压力（尤其是像日本等经济体，通货紧缩已经持续了十多年了），但是由于缺乏其他可选政策，各国不得不“坚定不移”继续执行下去。何况，根本没有人知道，如果不再注入货币购买债务，又会发生什么。在欧洲，银行将那些不再安全的证券出售给欧洲中央银行，其中包括政府债券，尽管它们出售债券得到的现金还会存入欧洲中央银行，尽管存款利息已经降到了负值。又或者，它们也可能会把现金借给那些现金短缺的政府（因为那些国家的中央银行不能直接向本国政府提供资助），收取的利息，高于私人信贷市场上的收益。在这个意义上，量化宽松政策尽管没有推动经济复苏，至少也算有助于救助金融部门。[25]

与民主分道扬镳

随着危机的渐次展开，资本主义与民主之间的“婚姻”也走向了终点——那本来就是“奉子成婚”的结果。[26]当然，“离婚”过程拖得很长，经历了一个缓慢的、渐进的发展过程。不过在这个过程中，几乎没有什么波折，更没有出现暴动。[27]民主制度似乎一切照旧，选举仍然在继续进行，反对派领导人不会被送进监狱，同时新闻媒体仍然可以表达自己的意见；但是经济决策却变得远离民主程序而去了。随着一个接一个危机的发生，随着国家财政危机的步步升级，分配冲突的舞台发生了转移——它向上移动，远远地离开了公民集体行动的世界，进入了离普通民众越来越遥远的决策场所，在那里，“利益”变成了技术专家官僚所用的抽象术语中的“问题”。在 20 世纪 70 年代的通货膨胀时代，劳资关系是资本主义内部冲突的主战场，经济合作与发展组织成员经常发生罢工，为普通人提供了与同伴一起直接与对手接触并对抗的机会。这也就是说，那时人们可以亲身直接为利益而加入冲突、体会团结精神，这种经历往往会改变他们的生活。然而，到了 20 世纪 80 年代初，当通货膨胀结束时，罢工潮流也平息了，对抗资本主义市场逻辑、捍卫再分配权利的辩论，也被转移到了选举舞台。但是，选举舞台上的主要议题变成了关于福利国家是否可行，以及它未来的作用和规模应该如何的争论。再后来，“财政整固”成为人们最关心的问题，收入增长开始变得依赖于信贷可得性，而信贷则取决于金融市场的法律法规（变得越来越宽松），以及金融行业的既得利益。因此，集体行动的空间变得极其有限，当然，参与金融市场的大多数人都无法理解自己的利益所在，也无法确定谁在剥削他们。今天，当危机进入第四阶段之后，货币扩张政策和财政紧缩政策同时登场，千百万公民的经济繁荣，无论是在相对意义上，还是在绝对意义上，都越来越取决于中央银行、国际组织和各种部长理事会的高层人士的决策，但是这种决策都发生在密室当中，远离普通民众的日常经验，对外界完全不透明。这些所谓的专家要处理的问题是如此复杂，以至于即使是内部人士也无法确定他们要做什么、到底做了什么。

在新自由主义“攻城略地”的这几十年中，冲突舞台不断上移，同时还伴随着战后标准的民主模式逐渐削弱的过程。原先的民主模式被推到了一边，也为经济合作与发展组织成员逐渐出现的新的“哈耶克式”增长模式腾出了空间。这里所说的“标准的民主模式”，意思是指在经济合作与发展组织国家于 1945 年以后被认定为“民主常态”的一系列规则和惯例：合理的自由选举、多数党组织的政府、一个偏左一个偏右的两大政党、强大的工会、稳固的雇主协会、制度化的集体谈判制度、工人可以罢工以及雇主在必要时可以关闭工厂的合法权利，等等。这种标准的民主模式在 20 世纪 70 年代达到了顶峰，然后就开始分崩离析了。[28]新自由主义的推进恰恰与所有主要资本主义国家的投票率下降同步发生，几乎没有例外（即使有例外，为期也非常短暂）。此外，选民数量的萎缩也是非常不对称的：退出选举政治的人大多数位于收入级别的低端，这是极具讽刺意味的，因为那些人正是最需要所谓的平等主义民主的人。加入党派的人数也有所下降（在有些国家，则急剧下降）；各党派的内部体系变得支离破碎；投票率非常不稳定，各党派的得票率也高度波动。在越来越多的国家中，传统党派留下的空白被所谓的“民粹主义”政党填补了，它们大部分是极右派（不过最近也出现了一些极左的民粹主义党派），它们动员边缘群体抗议“制度”不公和“精英”腐化。工会会员数也在下降，这突出地反映在罢工几乎完全消失的趋势上——以往，罢工一直是公认的民主参与渠道，正如选举一样。

战后标准民主模式的消亡是一个意义极其深远的事件。与“国家管理”的资本主义“联姻”后，民主制度成了经济和社会进步的引擎。通过对资本主义市场经济的部分成果进行向下再分配（一方面通过劳资关系，另一方面通过社会政策），民主制度保证普通民众的生活水平能够稳定提高，从而为资本主义市场经济取得了合法性；同时它也通过确保足够的总需求刺激了经济增长。凯恩斯主义的政治—政策的这种双重作用是至关重要的，它能够把有组织劳动的政治和经济权力转变成生产力，并赋予民主积极的经济功能。然而，问题在于，这种模式的可行性最终取决于劳动力动员足够的政治和经济力量，这样在战后时代或多或少封闭的国家经济中就能够发挥更大作用。在这些国家之内，资本必须满足于较低的利润率，并将自己限制在一个有严格界限的经济领域内。在看不到突破国家限制的出路之前，资本是愿意接受这个条件的，其目的是换得经济稳定和社会和平。1945 年后，资本的“狩猎许可证”已经得到了更新；但是，随着战后经济的发展，可分配利润空间不断缩小，“利润依赖阶层”开始寻找可以替代社会民主制的另外的基础架构，最后认定出路在于去国家化，以及所谓的“全球化”。随后，资本和资本主义市场开始越过国界，在这个过程中，国际贸易协定、新的交通运输技术和通信技术，发挥了极大的助推作用。劳动（者）的权力，由于必定是“地方性”的，因此不可避免地受到了削弱，而资本则很快就转移到了新的增长模式上，从而导致了从底部到顶部的再分配。这一切，恰恰发生在新自由主义运动兴起之时。新自由主义运动作为“资本的叛乱”，目的是反对凯恩斯主义，建立新的哈耶克式的模式。[29]因此，就业不足的威胁和现实，一起导致政治合法性的位置被经济学原理所取代。经济增长率变得更低了，但是对权力新贵来说，这是可以接受的，只要能够通过更高的利润率和越来越有利的再分配得到足够的补偿就行了。[30]于是，民主不再对经济增长起作用，相反，民主实际上反而成了威胁新经济增长模式的绩效的一个因素。因此，它必须与政治经济学相分离。这就是“后民主”资本主义诞生的时刻。[31]

在 20 世纪 90 年代，“全球化”成了新自由主义资本主义合法化的主要政治—经济公式，对德国读者来说，可以把它设想为德国人所说的“Sachzwang”（“约束”）：一种事实上的约束，它存在于事物本质当中，令你别无选择。很快，即便是左派，也开始把全球化理想视为一种（政治手段）不可阻挡的自然进化过程——而且对于资本全球化来说，它的一大好处是，提供了一条突破社会民主主义的“监狱”或“工场”的出路——在那“黄金三十年”中，许多人都一直盼望着有这么一条出路。现在，是国家位于市场中，而非市场位于国家中了。虽然各国政府（也包括左派在内），将社会政策重新定义为增强私人部门的“竞争力”而提供公共产品，包括：通过“重建”工作激励对劳动进行“再商品化”；用教育和职业成就来取代社会公民权利。而资本则运用它新获得的“动能”去推动降低税收、减少监管，以及更一般地，推动以“灵活性”来取代“刚性”（这是桑巴特的术语，请参见上文的注释［11］）。二十多年来，全球化作为一种主流话语，又诞生了一个独特而新奇的“无可替代”（There is No Alternative）的政治经济逻辑：适应国际市场的“需求”对所有人都有利，是唯一可能的政策。用这种要求来衡量，标准的民主模式无疑有些过时了：它过于缓慢、过于迟钝，也过于集体主义化、过于保守，不像敏捷的个人那样能够对市场信号和竞争即时作出反应，而且极度缺乏创新能力。因此，迫切需要的是一个新的、更灵活的体系。很快，人们就会发现一个有吸引力的名字："全球治理"。这种治理是按部门进行而不是按阶级进行的，它由自愿性的"民间社会"组织而不是由强制性的国家组织，并以国际组织和"认知共同体"（epistemic community）为基础。在解决问题的方式和途径上，"全球治理"还要求用"更现代"的专家合作取代以往的阶级冲突。[32]

最快实现"全球化"的经济部门是金融行业。这个行业也被认为是最能代表美国经济的全球扩张趋势的行业。或者更具体地说，金融行业成了一个日益由美国需求、美国利益和美国政策驱动的行业。[33]十多年来，美国的金融部门成功地突进了全球资本主义世界，吸收或融合了其他国家的同行。美国金融行业还通过积极放松管制，吸引了来自世界各地的资本。美国还通过多边国际组织和双边协议，扩大美国金融行业对其他国家的资本市场的开放。由于已经在全球层面上完成了重组，现在金融行业已经有效地逃脱了民主制度的约束——也许只有美国是例外。然而与此同时，金融行业却又成了经济增长、政府税收和政客竞选捐款的最重要来源。由于基本上实施"自我治理"，金融行业除了以美国为主导的极弱的"全球治理"之外，再无其他约束。因此，只要现金匮乏的债务国失去了对最富有的公民征税的能力（由于资本的全球流动），需要得到私人金融部门的贷款和专家咨询建议，金融行业就变成了自己的政府。这也就意味着，那些负债累累的国家的民主制度当中实际上已经出现了"第二个选区"，即金融行业；该行业对国家在社会中的作用，特别是政府的税收和支出规模应该有多大、公共收入应该如何筹集、公共支出应该如何分配，都有自己的看法。

今天，在全球金融化之后，对民主制度可以这样来理解：这是两个选区之间的斗争，一个选区由本国的国内选民构成，另一个选区则由国际金融市场人士组成（见后文表 4－1）。本国的国内选民的权利以他们在本国的政治地位或公民身份为依据，而国际金融市场人士则基于商业合约获得了对公共政策提出特定要求的权利，因为在全球市场中，贷款人拥有选择权，能够优先受偿。通过向客户提供流动资金（流动性），金融行业也就在一定意义上获得了控制客户的权力，信贷的本质就是如此。因此，金融化将金融行业变成了国际私人政府，规训着国家政治共同体，并在实际上参与管理政府，而不用担心会通过民主政治的途径被问责。中央银行的货币权力独立于国家，却依赖于自身的货币政策的成功，而货币政策的成功则依靠私人金融机构的合作。中央银行的货币权力取代了选票的权力，对民主制度与政治经济的脱钩起了举足轻重的作用。而这种脱钩正是哈耶克模式（既然无法实现经济增长，那就保证利润增长）的核心要求。

永无止境的商品化

民主制度与政治经济脱钩，导致民主进程成了无源之水，同时使资本主义转向新的、以市场为导向的非平等主义增长模式；与此同时，全球化则严重削弱了以往的一系列社会规范，这些社会制度或多或少有效地限制了卡尔·波兰尼所说的三类“虚拟商品”的商品化，那就是，劳动、土地和货币。[34]根据波兰尼的看法，资本主义发展的内在逻辑和它想要实现的“自律市场”这个“乌托邦”的性质决定了，它如果要继续“前行”，就一定会“努力争取”将所有东西都商品化。劳动、土地和货币的本性，它们只有在保持使用价值的情况下才能在狭窄的范围内商品化：完全商品化会销毁它们，从而阻碍而不是增加资本积累。这也就是说，资本主义，只有在受到“社会”的阻挠的情况下（无论它是否“自愿接受”这种阻挠），才能生存下去；资本主义的内在逻辑如果贯彻到底，即实现完全商品化，只能导致资本主义自身遭到损害。保护劳动、土地和货币不被完全商品化，保护它不被滥用，需要政府的权力。

然而，全球化已经彻底削弱了政府的权力来源。单凭所谓的“治理”，是不足以保证资本主义不会过分损害自己的。全球化消解了政治权力。马克思在对“工作日的政治学”进行深入分析时，指出政治权力是解决竞争市场产生的集体行动问题所必不可少的（任何其他途径都无法解决的集体行动问题）：

> 为了抵御“折磨他们的毒蛇”，工人必须把他们的头儿聚在一起，作为一个阶级来强行争得一项国家法律，一个强有力的社会屏障，使自己不至于再通过自愿与资本缔结的契约而把自己和后代卖出去送死和受奴役。[35]

为了说明马克思的分析对现代资本主义的适用性，特别是与资本主义如何结束这个问题的相关性，我将只讨论劳动领域。[36]全球化已经把马克思和恩格斯于19世纪在曼彻斯特发现的血汗工厂和黑心监工转移到了资本主义世界的边缘，因而位居当代资本主义生产体系中心的“工人贵族”已经看不到这些了。所以在今天，发展中国家出汗流血的一线工人，与发达资本主义国家的中产阶级工人不但在地理空间上是远远相隔开来的，而且他们事实上也从来不曾在一起工作过，说的也不是同样的语言，从来没有参与过集体行动，也就根本谈不上有任何的共同体感情、团结精神了。西方工人被教导说，资本主义的发展和进步已经逐步消除了剥削，事实上他们仍然受着剥削，只不过正在成为“慈善事业”的对象；西方中产阶级的消费主义生活方式，也就是大部分西方工人的生活方式，完全取决于“发展中”世界的低工资和“野蛮”的工作条件。与此同时，通过购买便宜的T恤衫或智能手机，作为消费者，富裕的资本主义国家的工人又对作为生产者的自己施加了压力——他们的消费行为加快了生产向国外转移的进程，导致自己工资的下降、工作条件的恶化和就业机会的减少。

此外，全球化不仅重新分配了就业机会，还重新分配了工人本身。在个人自由和人权的名义下，新自由主义意识形态的倡导者支持跨国移民和边界开放，真实原因是，他们知道这会给移民接受国的雇主提供无限的劳动力供应，进而破坏保护性的劳动制度。族群多元化广受欢迎——不但受到了自由中产阶级的欢迎，也受到了雇主的欢迎。雇主非常喜欢温顺的移民工人，后者对自己能够来到新家园心存感激，渴望受到雇用，从此摆脱（在故国）参加武装行动充当炮灰的命运。因此，移民的涌入，使得工人更加难以组织起有效的集体行动，在低收入职业中尤其如此。这种情况，还会被擅长宣传鼓动的有心人利用。他们可以通过指责工会为了“内部人”的利益而对“外来者”进行种族主义歧视，从而蛊惑工人支持新自由主义政策，争取取消最低工资标准和就业保障制度。如果有一天，工人阶级在劳动力市场上的利益必须通过右翼民粹主义党派和运动表达出来，那么劳动阶级就会变得更加分裂，对劳动的保护也会受到进一步的不合法的限制。

第二次世界大战后，资本主义国家在经过激烈的政治斗争后形成的保护工人及其家属免受市场压力的国家劳动体制，已经并正在被国际竞争所破坏，主要资本主义国家的劳动力市场也正在转向不稳定的就业、临时工作、自由职业和“候补工作”——不仅在市场仅限于本地的小企业中是如此，而且在大型全球性跨国公司中也是如此。一个极端的例子是优步（Uber）公司，它是所谓的“共享经济”的巨人。这个公司充分利用了新的通信技术，几乎完全没有建立起自己的员工队伍。仅仅在美国，就有 16 万多人依靠优步谋生，其中只有 4 000 人是正式员工。[37]对于绝大多数员工来说，就业风险正在变得“私人化”和“个性化”，生活和工作也变得不可分割地融合在一起。与此同时，那些拼尽全力去满足更加苛刻的职业要求和消费义务的“劳动贵族”式的中产阶级，他们以及他们的家庭生活，也取决于家庭佣工（通常是移民，其中大多数是女性）的低报酬劳动。由于雇主时刻处于全球竞争压力之下，工人也担心工作不保，工会正在失去力量，在新兴行业和企业中，工会甚至从一开始就不会出现。因此，完全不存在任何能够缓冲技术变革的冲击的政治力量。其中一个例子是，正如兰德尔·柯林斯所预测的，技术正在以前所未有的速度重组新的、过度教育的中产阶级的工作。[38]

到目前为止，一些法规有效地防止了劳动的完全商品化；彻底根除这些法规的意图和举措，被视为资本主义危机的一个症状，这是为什么？为什么彻底根除防止劳动者被完全商品化的法规，则不会被视为资本主义危机的一个症状？正如理查德·塞内特（Richard Sennett）所强调的，其中一个原因可能是，生产性工作能力的发展符合稳定的职业身份，却不符合越来越高的“灵活性”要求。[39]但是更重要的也许是，在宏观层面上，工作的分散化和碎片化，以及工作的过度商品化和灵活化贬抑了工作，排除了如下可能性：工人们制定出一个连贯一致的“反对派纲领”（像以往的社会主义纲领那样），有意识地将“进步的东西”与资本主义的“反动事物”区分开来并捍卫之。这是一种需要集体行动的政治计划，它的目标是对资本主义进行“扬弃”，然后纳入更先进的社会秩序——一个免受市场独裁的现代生活的乌托邦——它不仅会挑战现有社会，同时也会将现有社会“合法化”为（想象中的）人类进步史中的一个过渡阶段。现在，工人阶级分散于全球各地且被不同语言和种族分割为碎片，“中心”国家的消费、生产和再生产都依赖于进口劳动力和转移到“边缘”国家的工作，工人阶级的团结精神已经堕落为慈善意向……这些导致了这样一种社会结构，它非但不能支持阶级意识和集体行动，反而只会搅乱一切，使资本主义不但失去了可以替代它的继承者，而且失去了进步的前景。

系统性疾病：寡头制与腐败

在以“资本主义如何终结”为题的那次演讲中（该演讲现在作为第1章收录在本书中），我在结论部分总结了资本主义的五种“系统性疾病”。这些“系统性疾病”已经深入当代资本主义的骨髓，并且还会影响资本主义的未来（或者，没有资本主义的未来）。我把它们分别称为经济停滞不前、寡头式再分配、私人掠夺公共领域、腐败，以及全球无政府状态。现在回过头来重新阅读这篇演讲稿，我发现上述结论不需要作出任何修改。事实上，在过去两年时间里，这五种系统性疾病的病症都变得更加明显了。在本节中，我将先讨论寡头政治和腐败——当然这两个方面的疾病是紧密相连的。另外三种系统性疾病，私人占用公共基础设施和全球无政府状态，以及经济长期停滞，有一个共同之处，即严重削弱新自由主义社会的系统整合与稳定。[40]

我之所以要从寡头式不平等开始讨论——我们也可以将“寡头式不平等”称为“新封建主义”——主要并不是因为当今资本主义社会中一小部分人已经富有得令人无法想象，而是因为这是未来的资本主义社会的一个重要方面（或者说，未来没有资本主义的社会的一个重要方面）。关于资本主义社会的贫富分化，相关文献早就汗牛充栋了，但是它们都没有产生什么政治后果。从系统稳定性的角度来看，比不平等这个现象本身更加重要的是，不平等已经持续得如此之久，以至于富人也许正当地认为自己以及他们的家人的命运独立于社会的命运之外了（尽管他们的财富来自社会）。因此，他们不必再顾及社会了。当财富不平等的现象变得如此普遍，以至于经济权力与政治权力熔铸为一体——即寡头政治——的时候，“道德风险”问题也就出现了。为了评估美国越来越多的严重不平等在多大程度上导致了寡头权力结构，杰弗里·温特斯（Jeffrey Winters）计算出了当代美国的物质权力指数（Material Power Index）。[41]该指数中有一项考虑的是纳税额最高的400名纳税人的平均收入与后90%的纳税人的平均收入之间的比值。分析了2007年的数据之后，温特斯发现两者之间的比值为惊人的10 327∶1（杰弗里·温特斯：《寡头制》，第215页）。另一个指数是最富有的前100个家庭的平均收入与后90%家庭的平均收入的比值，根据2004年的数据（不包括家庭股权）计算，这个比值甚至比前面那个比值还要高十几倍，即达到108 765∶1（温特斯：《寡头制》，第217页）。据温斯特说，这种差距大致对应于罗马帝国时期的元老院议员与奴隶之间的“物质权力”差异。[42]

美国的寡头与其他国家（如乌克兰或俄罗斯）的寡头不同，他们并不“统治他人”，因为他们乐于生活在一个有公共官僚机构、法制完善且由专业政治家组成的民选政府的社会中。但是，这并不意味着他们不参与美国的国内政治，他们至少要通过参与政治来维持进一步积累财富（并在未来保护好财富）的最佳条件。今天，美国寡头的“物质权力”已经达到了这样一种程度：作为寡头制基础的经济不平等，即便在民主政治制度下，也能“再生产”经济不平等来。这是因为，超级富豪可以“买下”政治多数和社会合法性，在前者，是通过各种各样的竞选捐款实现的[43]；在后者，则是通过慈善活动实现的。寡头的慈善事业，部分弥补了寡头自己造成公共产品的不足——在全球化过程中，在他们有势力的朋友的帮助下，寡头的财富不用纳税。[44]温特斯指出，寡头精英们虽然可能在所有其他问题上意见不一，却肯定会团结在一起去捍卫自己的财富。他们有能力雇用律师、公关专家、游说者、退而不休的政客、智库，以及“鸡汤大师”，构建起一支囊括思想文化界、学术界，尤其是整个经济学界的专家的“捍卫财富大军”。[45]

而且，美国之外的其他国家的寡头往往会把财富从自己的国家转移到纽约或伦敦。相比之下，美国的寡头却更加国际化，也更加爱国：他们在全球赚取财富，然后存放到曼哈顿的全球性金融公司中。其他国家的寡头逃离本国，听任自己的祖国腐烂下去；美国的寡头则向他们招手：最好将财富转移到美国，这里是一个避风港，能够确保美国本国的寡头和其他国家的寡头的财富的安全。只要可以这样做，就不需要在其他国家和地区——例如西欧——复制美国式的寡头—新封建制度。当代资本主义世界体系的结构决定了，无论是在政治上，还是在意识形态上，全球寡头要捍卫自己的财富，最重要的是控制美国政治，以确保美国国会绝对不会同意征收全球财富税——尽管这是许多知名学者［包括托马斯·皮凯蒂（Thomas Piketty）在内］都建议征收的。[46]只要这一点能够保证，法国或德国谁上台执政根本无关紧要。

资本主义的第二个疾病是腐败。当然，我在这里运用的腐败概念大大超越了它在刑法中的定义，它不仅意味着严重违反法律规则，还意味着在追求竞争中的成功、追求个人或机构的财富的过程中，系统地背叛了信任和道德上的期望；在今天的政治经济体系中，获取巨大的物质利益的机会的快速增长，则是引发腐败的客观原因。正如我在以前的论著中已经指出过的，腐败现象在金融行业达到了登峰造极的地步：通过规避或彻底打破法律规则来获取最高利润，具体的手段包括内幕交易、抵押贷款诈骗、洗钱，等等。事实上，欺诈行为在金融行业已经被认为是“正常”的了，因此不能再激发普通人道德上的愤怒了——当然这里说的普通人指的只是他们“业内人士”。[47]仅仅在美国，最大的几家银行在 2014 年 6 月前同意，为与 2008 年金融危机有关违法行为支付大约 1 000 亿美元的庭外合解金。[48]一年多以后，《法兰克福汇报》（*Frankfurter Allgemeine*）登载了摩根士丹利的一份研究报告。根据这份报告，美国和西欧的银行自 2008 年以来已经支付的庭外和解金高达大约 2 600 亿美元。[49]需要注意的是，所有这些案件都没有经过审判，这证明法律制度对金融机构在竞争压力下为了获取利润而违法违规的行为有着“深度同情”。如果银行接受审讯后被定罪，那么受到的惩罚无疑更是天文数字——至少要在和解金之上，再加上银行为了达成庭外和解而付出的法律费用。当然，这两者都可以列入营业费用，不用纳税。

毫无疑问，金融腐败绝不止于此。要在金融行业获得财富，不仅需要尽早掌握关于市场趋势的机密信息，还要先人一步了解政府政策，并且还需要有能力影响政府政策，包括政策的酝酿、制定和实施。因此一点也不奇怪，除了军工行业之外，没有任何其他行业能够像金融行业那样，在华尔街与美国政府之间开出了一道“旋转门”。1995—1999 年在克林顿政府担任财政部长的罗伯特·鲁宾（Robert Rubin），2006—2009 年在小布什政府担任同一职务的亨利·保尔森（Henry Paulsen），都是高盛的前任首席执行官，前者推动放松金融管制，后者则在 2008

年处理这种政策带来的后果。然而，这两个人只不过是冰山一角，因为先在高盛任职然后到政府中担任要职的人，或者先在政府中担任要职再到高盛任职的人，前前后后已经有好几百人了。[50]我们还可以举拉里·萨默斯（Larry Summers）为例。萨默斯先是担任鲁宾的副手，然后又接替鲁宾出任美国财政部长。几十年来，他不断地从学术界转到政界，再转到金融行业，然后又回到学术界，从中获得了丰厚的回报。[51]同样令人难忘的还有从 2008 年到 2014 年在奥巴马政府中担任美国司法部长的埃里克·霍尔德（Eric Holder）。在与华尔街金融公司进行庭外和解的谈判时，他竟然刚刚从华尔街一家律师事务所离职，该事务所最擅长的一项业务，就是代理那些金融公司的法律事务。在霍尔德手中，没有一位银行家被传召出庭，更不用说入狱服刑了。在进入克林顿内阁之前，霍尔德的年薪约为 250 万美元。2015 年，霍尔德辞职，重新恢复了他的律师事务所合伙人身份，回到了他原来的办公室。[52]当然，任命霍尔德的奥巴马总统的竞选资金，超过三分之一都来自金融行业。[53]

因全球经济中攫取财富的机会过多而导致道德败坏这种情况并不仅仅限于金融行业。现在已经成为常识了：全世界范围内，公司高管的薪酬自 20 世纪 80 年代以来一直在飙升，而且不仅仅在美国是这样。即便是在利润极低或亏损的情况下，或者在经济衰退期间失业率上升、工资下降的情况下，也是如此。对于这种现象，有许多解释，其中最可信的一种解释是，这与一个相互联系非常紧密的寡头网络有关。这些寡头之间形成了长期的互惠关系，即通过帮助自己的共谋者提高薪酬来提高自己的薪酬。腐败的另一个典型例子是，许多政治领袖在离职后，将任职期间获得的内部信息、公众支持以及与各政府机构的关系，统统转售给私人咨询公司、游说团体，当然最主要的还是金融公司。[54]职业体育运动领域的腐败也非常猖獗。近几十年来，随着运动器材和时尚产品的营销活动的不断深入和推陈出新，体育已经发展成为一个巨大的全球性产业。在许多重要的体育项目上，我们放心地假设，许多顶尖运动员经常以高价雇用专家，为他们提供非法的、旨在提升运动成绩的“治疗和服务”。这样的项目包括游泳和田径，以及更加臭名昭著的自行车运动。运动员忙于赶赴世界各地，在“赢家通吃”的赛场/市场上，争夺越来越丰厚的奖金和更加有利可图的广告合同，而各种国际体育组织的官员们则忙于腐败。据报道，一些国际体育官员从运动员和他们的经纪人那里收受巨额款项，然后把检验结果为阳性的兴奋剂检测报告瞒而不报。一些希望承办重大体育赛事的国家的政府，一些希望成为重大体育赛事主赞助商的公司，也纷纷向国际体育官员行贿。国际体育官员还经营公司，出售自己的协会组织赛事的电视转播权。[55]最后，再来讨论一下像大众汽车公司这样的全球性公司的腐败行为［不无巧合的是，大众汽车公司在2010年前后，将首席执行官马丁·文德恩（Martin Winterkorn）的年薪提高到了在德国难以想象的1 500万欧元］。2015年，大量证据表明，大众汽车公司显然存在大量欺诈客户和公共监管机构的行为，其目的主要是，既能够节省研究开发支出，又能够达到环保标准，以便在竞争激烈、日趋饱和且严重受产能过剩影响的全球汽车市场上，通过更多的其他功能去吸引消费者。

与孟德维尔所说“蜜蜂的寓言”不同，在已经金融化了的资本主义下，贪婪的私人恶德再也不能神奇地转化成公共的美德。这也就剥夺了资本主义的最后一层道德保护衣——现在，甚至连最后的后果性道德辩护理由也不再成立了。在当代资本主义社会中，资本的所有者和管理者作为社会的受托人，已经丧失了一切信誉；他们有意“广而告之”的慈善活动、他们费尽心思的公关行动，全都无济于事。在普通民众当中，愤世嫉俗的心态已经根深蒂固；现在，集体的常识就是，资本主义无非就是这样一种制度化的机会：使得本来就超级富有的富人变得更加富有。因而，我们这里使用“腐败”这个术语的意思是，腐败已经成了资本主义社会生活中的一个事实；它使得不平等状况不断恶化，使得那些只为自己服务的寡头及其豢养的由各界“专家”组成的“捍卫财富大军”对政治影响的垄断更加稳固。将公众的信任转变为私人财富，这种做法已经变成了一种“日常事务”，被认为是无伤大雅的，这种腐败有效摧毁了资本主义社会秩序的道德合法性，使得它在未来可能面临的公开竞争中变得在道德上优势尽失。精英们呼吁信任、呼吁共同价值观，但是已经不能再指望民众会产生共鸣了，他们生活在一个所有东西都应该用于出售的社会中，这个社会的自画像就是物质主义—功利主义。政治精英和经济精英已经使自己在道德上处于完全无助的状态，如果有什么事情发生了，天知道他们必须有多大的创造性，才能为自己和他们所代表的社会秩序聚合起一些合法性来。民主主义—资本主义体系变得日益不稳定的一个不祥迹象就是，左派和右派的民粹主义党派都在兴起，它们激起了民众对现在这些社会精英的强烈反感。[56]

空位期

资本主义即将终结吗？是的。真正的问题在于，我们眼睁睁地看着资本主义秩序在我们眼皮底下分崩离析，但是我们望穿秋水也看不到它的“接班人”的踪影。如前所述，我们在这里所说的分崩离析，或者说解体，意思是指资本主义作为一个经济制度来支撑一个稳定社会的能力已经出现了极大的下降。资本主义社会正在解体，但是它的解体，不是因为某个以建设更好的社会秩序为名的、有组织的反对派的冲击。恰恰相反，资本主义是从内部解体的；资本主义的解体恰恰是因为资本主义的成功，以及因成功而加剧的内部矛盾；资本主义的解体，还因为资本主义成功地战胜了它的对手，而且在战胜对手的过程中变得过于资本主义化了（超过了对它自身有利的资本主义化程度）。长期的低经济增长、不可思议的不平等和天量债务；民主制度作为战后资本主义进步的引擎，动力消失了，取而代之的是寡头式的新封建制度；“全球化”进程消除了将劳动、土地和货币完全商品化的社会障碍；以及在争取个人成功并获得更大奖励的竞争中的传染性腐败，以及伴随而来并迅速蔓延的去道德化的文化和国际无政府状态等系统性疾病——所有这些加在一起，破坏了战后资本主义的社会生活方式，但是却没有给出如何恢复稳定的任何线索。

那么，如果说资本主义正在逐渐死去，为什么没有一种新的社会秩序在等待着取而代之呢？如果社会精英无力继续维系某种社会秩序，那么这种社会秩序就会崩溃；但是这还不够，还必须有新的社会精英出现，他们能够设计并渴望建成新的社会秩序。很显然，无论是在发达资本主义国家，还是在不太发达的资本主义国家，现在的资本主义管理方式都是茫无头绪的：试图通过注入天量货币去刺激实体经济增长，结果如泥牛入海；试图通过实施负利率来驱动通货膨胀回升，结果却波澜不惊；现代资本主义体系的中心与边缘的割裂，也越来越明显、越来越不可阻挡。[57]而且，现在也没有出现任何一个实际可行的关于未来社会的愿景：如何取代今天的资本主义社会，重铸工业社会（或建立起一种新的后工业社会）。然而，缺乏集体行为能力的不仅仅是资本及其走狗，它们的各种反对力量也没有集体行动能力。正如资本主义的引导者和鼓动者不知道如何捍卫自己的社会、保证它不会腐烂——他们在任何情况下都不可能找到实现这个目的的手段——资本主义的敌人也不得不承认，虽然资本主义危机重重，但是他们也不知道如何用别的什么东西来取代新自由主义资本主义。希腊激进左翼联盟（SYRIZA）政府最近的“弃暗投明”就是一个很好的例证：当2015年欧元区国家集团开始采取强硬措施时，激进左翼联盟政府马上就举起双手投降了。

因而，在资本主义进入地狱之前，它将会在可预见的未来陷入一个混沌不明的空位期，它将会因过度资本主义化而死亡或即将死亡，但是，它在很大程度上仍将继续存在着，因为没有人有能力将这个腐烂的躯体挪开。达沃斯与阿雷格里港之间你死我活的最后决战，并不会在可预见的将来发生，因此，资本主义灭亡并被取代的步调并不会如沃勒斯坦所说的那么快速、那么整齐划一。更加可能的是，我们将面临一个长期的系统性解体过程，社会结构将变得不稳定和不可靠。对于那些生活在其中的人来说，这样的社会结构不是建设性的，不能为他们提供任何指引。正如前面已经讨论过的，这样一个让自己的成员自生自灭的社会，是一个“社会不足”的社会。因此，资本主义的社会秩序在那里仍将发挥作用，只不过已经不在真正的秩序的意义上，而是在无序或“熵”的意义上。这就是说，那将是这样一个不确定的历史时期，用安东尼奥·葛兰西（Antonio Gramsci）的话来说，“旧制度已经死去了，而新制度一时又不能建立起来”。在这样一个新旧交替的空位期，最容易“出现各种各样的病症”[58]。在这样一个社会中，连最低限度上行为合理且前后一致的、稳定的社会机构也不存在，因此无法保证社会成员的正常生活并保护他们免受各种不幸事故和各种“恶魔”的影响和侵害。在这样一个社会中，人们要活下去就需要不断地“即兴发挥”，迫使个人用策略代替结构，从而为寡头和军阀提供了非常多的机会，同时却迫使所有其他人承担了无限的不确定性，陷入不安全的境地。这种情况，与公元5世纪之后开始的现代人所称的“黑暗时代”的中世纪早期那个漫长的过渡期不无相似之处。

现在总结一下。到目前为止，我们已经阐明了，在资本主义终结后的那个历史时期里，资本主义社会将极度缺乏集体政治能力，从而使那个历史时期成为一个漫长的、非决定性的过渡阶段。在这个过渡阶段，危机将成为新的常态，而且这种危机既不是转型的危机，也不是适应的危机。总之，既无法使资本主义恢复到均衡状态，也没有更好的东西可以替代资本主义。深刻的变化将会迅速而持续地发生，但是它们都是不可预测的，而且在任何情况下都是不可控的。西方资本主义将会衰退，但是非西方资本主义也不能取代它的地位——至少肯定这种事情不会在全球范围内发生——当然西方的非资本主义也不会取代西方资本主义。由于许多原因，非西方资本主义不可能接管资本主义世界，成为历史主宰，为资本主义的进一步发展提供有序的全球环境。至于非资本主义，当今世界已经不存在全球性的社会主义运动了。今非昔比，在19世纪和20世纪初，社会主义还是资本主义的强大竞争对手，并且还掌握了国家的最高权力。只要资本主义体系的活力继续凌驾于集体主义体系和非市场机制之上——过去几十年来一直是这样，可预见的未来也会是这样——那么资本主义就会在削弱自己的反对派的同时削弱自己，导致它不可能获得新生，也不可能被替代。

熵的时代

在社会的微观层面，系统的解体及其导致的结构性不确定性（非决定性），已经转化成了一种“制度化不足”的生活方式，即人们总是生活在不确定性的阴影下，总是面临着因出人意料的不幸事件而受挫，被不可预测的外界干扰所阻碍的风险；他们的人生，依赖于个人的聪明才智和随机应变，以及纯粹的运气。有的意识形态死硬派分子可能会说，这种“治理不足”的社会生活，不就是许多人引以自豪的“自由的生活”吗？每个人都不用受僵化的制度的约束，只要通过自愿协商订立自治协议，就可以自由地去追求自己的与众不同的理想。这种极端的新自由主义叙述的问题在于，它完全忽视了“去社会的资本主义”所导致的风险、机会、利益和损失的分配上的极度不平等，也完全没有看到累积优势的“马太效应”[59]。这也就提出了这样一个问题：为什么与后资本主义空位期相对应的新自由主义生活方式并没有遭到更加强烈的反对，或者说，它为什么能够得到如此明显的支持。仅仅指出全球化条件下“反资本主义”的观点在结构上是碎片化的，在地区上是分散的，显然不能算是一个令人满意的回答。

也就是在这个地方，文化因素发挥作用了。本来承担着令社会生活正常化功能的制度越失效，文化因素对社会秩序就越重要。没有了支持性的制度，组织日常生活的负担就从宏观层面转移到了微观层面，而这也就意味着，确保最低限度的稳定性和确定性，即造就一个勉强有序的社会秩序的责任，已经完全转嫁到了个人头上。[60]在后资本主义空位期，（社会解体后的）“后社会”的行为规则是由所谓的新自由主义精神支配的，包括：竞争性的自我完善、无止境的人力资本的投资、热情工作勇于奉献的心态，以及心情欢畅地接受一个政府过于庞大的世界所固有的风险的超级乐观精神。这种行为规则能否全面贯彻实施是至关重要的，因为后资本主义社会的“再生产”悬于一线：它依靠个人“包打天下”，完全取决于个人行动能否弥补社会系统架构中日益扩大的空白。因此，对虚假制度的结构主义批判，还需要辅以新的、对虚假意识的文化主义批判。在这里，关于社会结构与社会性质之间的关系的古老论题也有重要意义，汉斯·格特（Hans Gerth）和查尔斯·赖特·米尔斯（Charles Wright Mills）等人都讨论过它。[61]在他们那里，核心问题是，一个给定的社会结构只要持续存在，就肯定会使“定居”于其中的“占有者”生成相应的特征，这是如何实现的。遵循这个学术传统，我将在下文中先进行一个初步的现象学分析，所针对的是与当前这个空位期中缺乏制度支持的社会结构相对应的社会特征——这些社会特征通过提供表面上的社会整合和合法性，延长了空位期的持续时间。为此，我首先要提请读者注意在政治经济学辩论中最新流行起来的两个关键术语：“破坏”（disruption）和“韧性”（resilience），然后概述空位期行为模式的四个核心特征，这似乎是延缓治理不足的后资本主义的最终崩溃所必不可少的。

“破坏”和“韧性”的共同之处，除了它们都是快速流行起来的、用来刻画“社会熵”时代生活的基本特征的流行语这一点之外，还在于它们都不再携带“不祥”的内涵了。传统上，“破坏”通常与没有预料到的、破坏性的甚至是暴力的不连续性联系在一起——对于那些受到破坏的人来说，那是一场灾难。但是现在，“破坏”却被用来表示激进的经济和社会创新，而且事实上成了剩下来的唯一有意义的创新，因为它攻击和破坏了能够令大家满意的公司和市场。[62]不具有破坏性的创新不够“创新”。因为不具有破坏性的创新过于尊重旧的传统、有太多的“顾虑”或政治上的束缚，不会造成太多的“伤亡”。因此，在当代市场的严酷竞争中，这种创新注定要被超越。只进行不具有破坏性的创新是不够的，因为市场上总会有其他什么东西承诺能够带来更高的利润。“破坏”可以说是新自由主义版的“创造性毁灭”，但是其实还要更无情，也更无奈，而且更不乐意接受妥协或接受延迟以达到“社会兼容”的目的。而对于那些位于接受端的人来说，破坏性创新可能是灾难性的。这很令人遗憾，但是他们不得不接受。因为他们是全球资本主义达尔文式战场上的“附带损失”，他们必须付出牺牲。

另一个术语是“韧性”，它是最近从细菌学、工程学和心理学传入社会科学和政策领域的。[63]在政治经济学文献中，这个术语的用法非常混乱。它既指个体，也指群体抗御新自由主义冲击的能力[64]；它还指新自由主义作为一种社会秩序（或社会失序）所拥有的如下能力，在2008年以后，尽管在理论上非常贫困、在实践中屡遭失败，却一直坚持了下来，没有彻底崩溃，甚至还试图修复自身。[65]虽然这两种含义似乎是相反的，实际上并不一定如此，因为使个人在新自由主义下生存下来的做法，也可能有助于新自由主义本身的生存。需要提请读者注意的是，韧性并不是抗拒，而是或多或少自愿的适应性调整。个人能够在日常生活的微观层面发展出来的韧性越多，宏观层面的集体行动的需求就会越少（用于遏制市场力量所产生的不确定性）——新自由主义可能满足这种需要，但是不会去满足。[66]

“熵化”时代的社会生活必然是个人主义的。[67]由于集体行动机制受到了市场力量的严重侵蚀，所以个人随时都在预期意外事故可能发生。但是用来防范意外的集体行动机制却不复存在了，这样每个人都被迫返回“自给自足”的生活，从而“自谋生路”变成了社会生活的基本原则。风险的个体化，导致了社会保护的个体化，这或者是通过竞争性努力（勤奋工作）和私人保险（如果有的话）实现的，或者是通过——这无疑极具讽刺意味——更古老的、前现代的社会纽带（如家庭）实现的。[68]在没有集体行动机制的情况下，社会结构必须由个人自下而上地加以设计，即个人必须预测和适应来自“市场”的自上而下的压力。因而，社会生活就包括个人围绕自己建立起私人连接网络，而且要尽可能地利用好他们手头上掌握的所有资源。这种以个人为中心的“关系创造”过程，生发出自愿的、契约式的横向社会结构，这使得社会结构灵活但易变，且必须通过持续不断的“联网”行为才能捏合在一起，并根据不同情况随时进行调整。为个人提供社会结构的一个理想的工具是新型社交媒体，它用自愿形式的社会关系代替了义务形式的社会关系，但同时也以“用户的网络”代替了公民共同体。[69]

在不存在控制经济危机的集体监管机制、不平等完全不受限制、货币和信贷信誉没有保证、劳动力不受保护、土地和资本被过度使用、自由市场和私有财产的合法性无法证明的情况下，有什么东西能够把这个无意义的、无序的、僵化的后资本主义的空位期社会以民主程序控制贪婪并预防寡头式经济转化为政治权力转型？在一个完全缺乏系统整合的世界中，只要新秩序没有建立起来，社会整合就必须承担起结构化的全部重任。空位期的资本主义是去社会化的，它完全取决于结构上以自我为中心的、社会上无组织的、政治上没有影响力和行动权的个人。资本主义社会网络的“使用者”需要四大类行为，才能勉强完成他们无意义的社会生活的“再生产”，并将“韧性”赋予自身以及新自由主义资本主义（如若不然，新自由主义资本主义就无法持续）。为了简洁和方便，我将这四大类行为归纳为“应对”（coping）、“希望”（hoping）、“磕药”（doping）和“购物”（shopping）。[70]当然，仅有这个初步的分类还不够，还需要进一步详细阐述。“应对”是指个人时时刻刻都必须通过自己的即兴发挥和随机应变，对治理不善的社会环境连续不断地造成的紧急情况及其带来的不可预测的、难以抑制的波动和振荡作出反应；也就是说，他们必须时刻期待着紧急情况的发生，即将紧急情况视为常态，心甘情愿地当作自己生活中的事实接受下来。[71]虽然“应对”可能要求个人付出最大的努力，但是它并不包括集体组织形式的补救，因为这不仅被认为是无用的，而且也越来越被认为是失败者才会去做的事情。[72]“应对”往往会带来这样一种“社会建构”，即把生活视为对一个人的毅力、创造性、耐心、乐观精神和自信心的持续测试——看这个人有没有能力通过“自我修炼”，把自己培养成为一个能够战胜一切逆境（这已经成了一种社会义务）、永远保持高昂斗志的人。

成功的“应对”需要而且得到了“希望”的帮助。在这里，“希望”被定义为一种个人的心智努力，即想象并相信在不远的未来，有更加美好的生活在等待着自己，这几乎是触手可及的，无论有没有写在墙上。在美国，我们也可以说“希望”就是梦想。因为在美国的政治和文化话语中使用的“梦想”这个词有这样的含义：无论目前的生活境况如何，都必须让自己有一个梦想，这是作为共同体成员的一个道德义务，而且很可能是自由主义的个人主义社会中剩下的最后一个道德义务了。既然是梦想，那么就可以是不切实际的（人们甚至被鼓励拥有不切实际的梦想），因而试图让一个人放弃自己的梦想也就被认为是粗鲁的、粗暴的和不可接受的，无论他的梦想有多可笑、多天真。在美国，梦想具有神圣不可侵犯的性质，从来不会被严格地评估。梦想的这种性质可能构成了政治激进化和集体行动最有力的障碍。[73]要有“希望”、要有梦想，就要有一个乐观向上的世界观；熵化社会中的生活准则已经把乐观精神提高到了公共美德和公民责任的高度。事实上，我们完全可以说，在当今这个结构解体、治理不足的后资本主义阶段，这个熵化社会对于自身能否适应“人千万不可绝望”这种自然愿望的依赖程度，已经远远超越了资本主义全盛时期（同时它却将悲观主义定义为对社会有害的个人缺陷）。

这也正是第三种行为，即“磕药”的重要性所在。“磕药”对“应对”和“希望”都大有助益，而且可以通过多种途径发挥作用。“磕药”有许多形式。就真的服用（和滥用）有兴奋剂性质的药物的情况而言，可以将“磕药”行为区分为两大类，即绩效提升型“磕药”与绩效替代型“磕药”。只要成功能够带来足够高的回报——在今天，很显然所有市场，包括竞技体育市场都有这种“赢家通吃”的性质——那么人们就会服用能够改进绩效的药物或兴奋剂。这就是绩效提升型“磕药”。而且绩效提升型“磕药”不仅仅限于“顶层”。在收入阶梯上，从高到低直到中产阶段，几十年来竞争压力一直在加剧，为了提升自己的职业生涯和专业地位，人们不断地“磕药”；甚至连教育行业也不能例外，尤其是在一场考试的结果就可能决定一个人的未来事业和一生收入的情况下。绩效提升型“磕药”也与腐败密切相关。用于提高成绩的大多数药物都是制药行业的合法产品，而且利润率极高。然而另一方面，“失败者”所消费的绩效替代型药物，则大多是非法的，由与全球贸易网络紧密结合在一起的有组织犯罪团伙提供。[74]底层的药物消费者，则经常会被送入监狱，也有很多人因服药过量而死亡。[75]中产阶级用户，特别是其中的绩效最佳者，则不仅可以得到更好的医疗救助，还可以指望执法机构的宽待。这可能是因为，有关机构认为使用药物——甚至包括使用非法的兴奋剂——来提高生产力的做法，与那些无法融入主流的底层民众通过“磕药”来产生虚幻的、不劳而获的幸福感的做法的性质是不一样的；在一个越来越依赖个人努力实现资本积累的世界中，前者更容易得到原谅。事实上，如果流行音乐歌手和演员因滥用药物（吸毒）而受到的惩罚的力度与街头巷尾的海洛因吸食者相同，那么大部分电影摄制和歌曲录音工作都将不得不移到监狱的铁栅栏后进行。同样的推理还适用于金融资产交易（如果有法同依，那么很多金融精英早就身陷囹圄了）。在这里还要顺便说一句，绩效提升型“磕药”与绩效替代型“磕药”之间的区别，在如下情况下或许会消失：在先进的信息技术的帮助下，客户每天都会收到为他量身定制且专门交付给他的“人工合成的幸福”，其中一种形式是令人欣喜若狂、感觉良好的流行音乐。这样的客户数量大得惊人。

最后一种行为是“购物”。在这里，根本不需要再重复了，在今天富裕的资本主义国家里，消费品市场早就基本饱和了，从而使得资本主义的盈利能力严重依赖于如下能力：让那些需求已经得到满足的个人，产生新的消费愿望。[76]产品设计也好、广告策划也好，都是实现这个目标的工具[77]；而且，还有边缘国家的血汗工厂，它们保证产品价格低廉，但是却在最终消费者的视线之外，也完全不在集体行动的考虑范围之内。适当的消费标准永远处于不断变化和不断上升当中，这种竞争消费主义也确保了加倍努力工作的动力。[78]努力再努力，同时还要遵守当代劳动力市场和劳动过程的严格纪律，才能保住收入基本不变的工作（甚至，收入可能一直在下降）。当消费者使用消费信贷工具时（例如，以分期付款形式购买新的平板电视或最新型号的SUV），这种压力就进一步加强了。也就是在这里，银行也加入进来，与雇主一道成了资本主义工作纪律的执行者。当“购物”成了个人与朋友和家庭进行社交活动的机会时，社会关系就被重新定义了；而且个人在社会中的地位和形象，也是由他在经济生活中作为消费者的地位和形象所决定的。特别重要的是产品差异。新的生产技术和新的广告方式（特别是在新兴的“社交”媒体上做的广告），能够带来足够大的产品差异，而这种产品差异性在一定程度上发挥了社会整合的作用，即在消费不断升级的、个性化商品的过程中所形成的消费者共同体中，它能够将个体奇异性与集体同一性统一起来。

接下来总结一下。在后资本主义的空位期，社会生活和资本积累完全依赖于作为消费者的个人对竞争性享乐主义文化的坚持。这种文化，将每个人都必须依靠自己与逆境和不确定性斗争的必要性变成了一种美德。为了使资本积累在后资本主义时期能够持续下去，这种文化必须使希望和梦想变成强制性的，并通过对希望和梦想的动员去维持生产和促进消费——在经济增长缓慢、不平等恶化、债务不断增加的情况下。这种文化还必须提供“技术上的援助”，使人们变得不合情理地开心，同时产生一系列激励和满足感，鼓励他们加倍努力地工作——尽管薪酬水平陷于停滞甚至下降，尽管必须无薪加班，尽管就业并不稳定。[79]后资本主义既然缺乏系统整合，因而也就需要这样一种劳动力市场和劳动过程，即能够维持一种新的新教主义的工作伦理以及一种作为“社会义务”的享乐消费主义。这就是说，满腔热情地勤奋工作必须在文化上重新予以定义，并且被认定为对个人价值的检验和证明，而这是与用不同个体之间的努力程度或能力差异来解释不平等的“精神决定论世界观”相对应的。为了保证享乐主义不会破坏生产纪律［丹尼尔·贝尔（Daniel Bell）信心百倍地认为这种情况必定会发生[80]］，在消费主义的吸引力的基础之上，还必须辅以恐吓，即让人们对社会地位下降的可能前景无比恐惧，此外还必须将货币经济以外的所有非消费主义满足或成就感贬斥得一文不值。当然，所有这一切，都依赖于这样一个假设：存在一个广泛的中产阶级，他们愿意通过劳动力市场去寻求社会整合，而且完全认同并接受雇主分配给他们的任何工作，同时还认定社会生活的要旨就在于，尊重专业工作的首要地位和追求能够让自己的生活体现社会地位的职业生涯的成功。[81]

资本主义的系统整合不复存在后，资本积累“命悬一线”：资本积累要想持续下去，完全依赖于个人融入消费和生产的资本主义文化的社会整合的有效性。制度性支持已经完全崩溃，因此后资本主义资本积累取决于远远落后于结构的文化（或者，用来取代长期以来已经溶解掉的结构的文化），或者说，取决于在分散的竞争和太容易失去生产和消费机会的危险的综合压力下发展出可替代的文化的困难。因而，意识形态，特别是当作为“自由生活”的后资本主义生活的不确定性不断升高时，就变得至关重要了。新自由主义的意识形态叙事提供了一个委婉的解释，即把结构化秩序的崩溃重新解释为一个建立在个人自主的基础上的自由社会的到来，同时把去制度化重新解释为从“必然王国”进入“自由王国”的历史进步。为了让空位期继续维持下去，生活在其中的人们必须不断地接受劝勉，把以往的资本主义社会的碎片当作一个冒险乐园，他们在这里展现自己的聪明才智，如果运气不错的话，还可以变得非常富有。集体行动机制已经基本不复存在了；而无序状态则必须解释为每个人根据个人理性和个人权利作出的选择所导致的自发秩序，因而也就没有了集体规则和集体义务。只有当新自由主义“人人只为自身存在”的意识形态热情的制造过程完全停止——这可能发生在柯林斯所预测的中产阶级就业出现重大危机时；或者，当普遍的社会骚乱急剧升级，导致个人计划和野心大规模失败时——后资本主义的空位期才会结束，新的秩序才会涌现出来。

【注释】

[1] Smith A, *An Inquiry into the Nature and Causes of the Wealth of Nations*. New York: Oxford University Press, 1993 [1776].

[2] Bernard de Mandeville. *The Fable of The Bees: or, Private Vices, Publick Benefits*. Indianapolis, IN: Liberty Fund, 1988 [1714].

[3] 为资本主义下的定义比比皆是，往往既复杂又折中，因为通常的定义都是由下定义者选定的若干特征组合而成的。在这里没有必要对各种不同的定义一一加以详细的探究。不同的定义通常分别强调资本主义体制的不同要素，这取决于下定义者自己的关注焦点和意识形态立场。不同的定义也反映了资本主义演化过程的不同阶段的特点，反映了它的动态性。作为一个样本，在这里不妨考虑一下桑巴特（Sombart）、韦伯（Weber）、熊彼特（Schumpeter）和凯恩斯（Keynes）等人对资本主义的定义。桑巴特说："'资本主义'指的是一个以'资本'占据主导地位为显著特征的经济体系（……）这种经济体系是提供用于满足物质需求的东西的统一模式，它有鲜明的精神气质，活力非凡，并且是根据一个明确的计划、利用一定的技术知识加以监管和组织的。"（Sombart W. Capitalism. //Johnson, Alvin, Seligman E. *Encyclopedia of the Social Sciences*, Vol. 3. New York: Macmillan, 1930: 196）。韦伯对资本主义的定义则是："哪里有用企业方式组织生产以满足人类需要的工业，哪里就有资本，而不管这里所说的需要到底是指什么。或者更具体地说，一个合理的资本主义企业就是一个建立了资本核算制度的机构，也就是说，这种机构能够根据现代簿记方法和试算平衡方法，通过计算来确定自己的收益能力。"（Weber M. *General Economic History*. New Brunswick, NJ: Transaction Publishers, 2003 [1927]: 275）。熊彼特则认为："资本主义是私有财产经济的一种形式。在资本主义经济中，人们通过借钱来实现创新。而借钱则通常意味着信贷创造，尽管这并不是逻辑的必然要求。"（Schumpeter A. *Business Cycles*. Philadelphia, PA: Porcupine Press, 1982 [1939]: 223）。凯恩斯则认为："……对我来说，资本主义的本质特征似乎是，它强烈依赖于个人赚钱、爱钱的本能，这种本能成了资本主义经济机器的主要动力。"（Keynes, M. *The End of Laissez-Faire: The Collected

Writings of John Maynard Keynes，Vol. 9. London：Macmillan Press Ltd，1972 [1931]：293)。至于马克思，夏佩罗（Chiapello）在一篇分析得很透的文章中指出，马克思从未使用过会计这个概念（Chiapello E. Accounting and the Birth of the Notion of Capitalism，*Critical Perspectives on Accounting*，18（3）：263－296；Berend T. 'Capitalism，' //Smelser，Neil，Baltes P. *International Encyclopedia of the Social and Behavioral Sciences*，Vol. 3. Amsterdam：Elsevier，2001：1454－1459；Jürgen Kocka. *Geschichte des Kapitalismus*. München：Verlag C. H. Beck，2013)。夏佩罗说，尽管马克思"所描述的资本主义制度或多或少与桑巴特和韦伯所描述的资本主义制度相同——至少他们给出关于资本主义的关键定义时。但是，一个历史性的讽刺是，马克思……与桑巴特和韦伯不同，他很少甚至几乎从来没有提到过会计一词。当然，马克思肯定了解他那个时代的会计惯例，至少不会比后来那两个德国社会学家差"。但是与夏佩罗的观点相反，桑巴特则宣称，马克思"实际上已经发现了这个现象。他只是在需要的场合对资本主义的某些方面进行了定义"。

[4] William H，Sewell Jr.. The Temporalities of Capitalism. *Socio-Economic Review*，2008（6).

[5] Crouch C. Beyond the Flexibility/Security Trade-Off：Reconciling Confident Consumers with Insecure Workers. *British Journal of Industrial Relations*，50（1)：1-22.

[6] Bog I. Kapitalismus. //Albers，Willi et al. *Handwörterbuch der Wirtschaftswissenschaft*（*HdWW*). Stuttgart：Gustav Fischer，1988：418-432.

[7] Hartwell M，Engerman L. Capitalism. //Mokyr，Joel. *The Oxford Encyclopedia of Economic History*，Vol. 1. New York ：Oxford University Press，2003：319-325.

[8] 这反映在了这些理论家对资本主义历史的不同分期上——他们似乎都喜欢将资本主义划分为若干阶段。桑巴特区分了"早期"（商人）资本主义、"高峰"（工业）资本主义和"晚期"资本主义，后者指的是20世纪20年代和30年代。在希法亭看来，他在自己的一生中所观察到的资本主义从自由竞争的变为有组织的、从工业资本主义变为金融资本主义，标志着是资本主义已经转变为别的东西。马克思和恩格斯，以及在他们之后的罗莎·卢森堡（Rosa Luxemburg），都相信在他们

有生之年，社会主义革命必定会爆发。波兰尼（Polanyi）则认为，自己已经看到了资本主义的终结——时间与第二次世界大战结束恰恰吻合。法兰克福学派则号称已经在20世纪70年代找到了“晚期资本主义”（Spätkapitalismus），它取代了1945年后占主导的自由资本主义或自由市场资本主义。另外，早在1918年，熊彼特就已经很肯定地说过：“资本主义要做的工作已经完成，将出现一个资本充足的经济，它通过企业家的大脑被彻底合理化，只有到了那个时候，才能平静地期待经济发展不可避免地放慢，这种放缓是与社会主义相伴而来的，社会主义意味着将生命从经济以及经济异化中解放出来。但是这个时刻还没有到来……但是它肯定会到来。逐渐地，随着经济的发展以及随经济发展而来的社会同情的扩大，私营企业将失去社会意义。我们已经观察到这些迹象……”（Schumpeter A. The Crisis of the Tax State. //Swedberg，Richard. *The Economics and Sociology of Capitalism*. Princeton，NJ：Princeton University Press，1991 [1918]：131）。

[9] 对于以往的理论家对“资本主义的终结”的各种预测，哈特韦尔和恩格曼在他们的“资本主义”一文中进行了很好的总结（不过略微带了一点偏见）。

[10] 关于资本主义起源于何时，在这里没有必要详细讨论（因为一旦开始，就会卷入没有结论的争论）。最好的方法是，我们直接“赌”它似乎是16世纪开始出现的，尽管现代资本主义（或者说，作为一种社会制度或社会本身的资本主义）应该只能出现在资本主义与科技结合之后，那是在早期工业化时期，即大约在18世纪末。参见Kocka的*Geschichte des Kapitalismus*及其他相关论著。

[11] 当代资本主义的“面貌”已经变得与以前的资本主义完全不同了，要想理解这种变化（尽管这种变化是在很长一个历史时期内在普通人不知不觉间逐渐发生的），不妨读一读桑巴特所总结的“晚期资本主义”“经济生活方式”：“免受外部限制作为充分竞争的资本主义时代的特征，到了晚期资本主义时代，就已经被越来越多的限制所取代了——限制的不断增加，使得整个资本主义体系都受到了管制，自由资本主义不复存在。其中，有一些管制是自己加于自身的，例如，内部管理的官僚化，服从行业协会、交易所、卡特尔以及其他类似的组织的集体决定。更多的管制是由国家强加的：关于工厂的立法、社会保险计划、价格管制，等等。还有一些是由工人——通过工会委员会、贸易协定等途径——执行的。雇主和雇员之间的关系也变成了公共事务和官方政务。领取工资的工人的地位变得更像政府雇员的地位：他们的活动受到了准公共性质的法规的限制，他们的工作方式也接近于公务员

的工作方式（例如，不加班），他们的工资则是非经济的、非商业的因素所决定的。较早以前的浮动工资制也被作为对立面的生活工资制所取代，这种工资制度的原则与公务员薪酬制度一样：在失业的情况下，工人可以继续领取工资；在患病或年老时，他们可以像政府雇员那样领取退休金……总的来说，灵活性正在被刚性所取代……”（《资本主义》，第 207 页）。读了桑巴特的著作，我们就会发现，在资本主义发展到今天这个阶段，“新自由主义”这个术语确实有很大的意义。

[12] Wallerstein I，et al. *Does Capitalism Have a Future?*. Oxford：Oxford University Press，2013：1-2.

[13] 马克思本人称之为“利润率不断下降的趋势”的“抗衡力量”（entgegenwirkende Ursachen）（Chs. 13 ff. in the German original，Karl Marx. *Das Kritik der Politischen Ökonomie*，Dritter Band，Berlin：Dietz Verlag，1966 [1894]）. 事实上，柯林斯也考虑过“抗衡力量”，他将之称为“逃脱术”，但是他又证明，它们已经不再有效了。详见下文。

[14] Keynes M. Economic Possibilities for our Grandchildren. //Keynes M. *Essays in Persuasion*. New York：W. W. Norton &Co.，1963 [1930].

[15] 对于这种不确定性，另外一种更“乐观的”不同观点见沃勒斯坦等人著《资本主义还有未来吗?》一书的引言（第 4 页）：“我们认为还有希望……正是因为我们的未来在政治上仍然是高度不确定的。系统性的危机使得大量结构性的制约因素变得松动起来或受到了破坏，而它们本身也是过去的困境的遗产……资本主义的深层危机可能给我们提供了一个采取集体行动的机会，使我们能够重新组织人类事务，创造出一个能够促进社会正义的、更宜居的星球。”虽然同意，结构性的制约因素确实有所松动，但是我没有看到集体行动的主体到底是谁，谁会从中获益。在我看来，不确定性源于并强化了集体机制的碎片化，新自由主义革命的过程证明了这一点。

[16] 虽然柯林斯给出了一个单一因果解释，但是我却认为，资本主义的终结是由一组或多或少彼此相关的原因所致。

[17] 涂尔干主义者在这个问题上将会诉诸“社会失范”的概念，说这种情况表明社会整合不足（低于正常情况）。(Durkheim E. *The Division of Labor in Society*. New York：The Free Press，1964 [1893]). 涂尔干的坚定的信念是，只要在正确的理论指导下，这种“病态”状况就可以通过政治干预来纠正。并非如此。这

种情况意味着历史发展可能会出现反复，即不仅仅有进步，还会有损失，这不是一个无关紧要的中间时刻。例如，西罗马帝国灭亡之后，欧洲从文明转向了长期的野蛮。当然，这种观点是与所谓的“现代思维方式”背道而驰的——它要求人们必须“乐观”。

［18］Lockwood D. Social Integration and System Integration. //Zollschan, George K, Hirsch W. *Explorations in Social Change*. London：Houghton Mifflin, 1964：244-257.

［19］这也是今天的严肃媒体的报道中一个常见的主题。如 Appelbaum B. Policy Makers Skeptical on Preventing Financial Crisis. *New York Times*, 4 October 2015, nytimes. com, last accessed 21 January 2016；Mason P. Apocalypse Now：Has the Next Giant Financial Crash Already Begun?. *Guardian*, 1 November 2015. 另外还可以参阅向达沃斯会议提交的“全球风险”报告（2016 年 1 月）。

［20］正如本导论的结论部分将会讨论到的，系统解体和社会熵也可以用来代表个人自由和自由社会的历史进步。这正是新自由主义中的自由至上主义的核心，它对社会的唯一期望是，允许自己的成员最大化其在市场上的效用，这样一来，政治民主和公共产品都变得多余了。（一篇有象征意义的论文是安·兰德撰写的《什么是资本主义?》Rand A. What is Capitalism? //Rand A. *Capitalism：The Unknown Ideal*. New York：The New American Library, 1967［1965］：11-34；Rand A. *Atlas Shrugged*. New York：Penguin, 1992［1957］.）据经济学家伯纳德·马里斯（Bernard Maris）的说法（*Houellebecq. Economiste*. Paris：Flammarion, 2014），对新自由主义的社会生活——或更恰当一些：后社会的生活——的现实的描述，再没有人比经济学家和作家米歇尔·胡尔贝克（Michel Houellebecq）更好了，他在他的小说中探讨了随社会化不足的个人主义而来的多个层面上的个人主义和集体主义，其中包含自己的传统被纳入回归同一性的集体主义的个人的责任（如 Houellebecq M. *Soumission*. Paris：Flammarion, 2015）。

［21］拉里·萨默斯（Larry Summers），堪称美国“资本积累机器”的首席“工程师”，他在 2013 年 11 月举行的国际货币基金组织经济论坛上这样说道：“如果你们回过头去研究一下危机之前的经济状况，你会觉得有点奇怪。当时，很多人都认为货币政策太宽松了。而且所有人都同意，不够谨慎的贷款正在大量发生。还有，几乎每个人都同意，家庭获得的‘财富’超出了其实际能力。廉价货币过多

了、借贷过多了、财富过多了。经济出现了巨大的繁荣吗？但是产能利用并没有太大的压力，失业也没有处于显著过低的水平，通货膨胀也完全处于一片静谧当中。所以，即便是一场巨大的泡沫也不足以导致总需求的过剩。”

［22］第四阶段现在仍然没有结束；而且，当作者写作本书前两章的时候，人们对它的认知还很不充分。

［23］McKinsey Global Institute. *Debt and (Not Much) Deleveraging*. London: McKinsey & Company, 2015.

［24］在这方面，一个非常典型的例子是保罗·克鲁格曼（Paul Krugman），他是中间偏左的“凯恩斯主义者”的头面人物。他在《纽约时报》（2013年11月16日）上发表了一篇文章，对萨默斯关于“长期停滞”的演讲（见注［21］）作出了回应。在文章的一开始，克鲁格曼就转述了凯恩斯关于消费的论点：支出总是有益的，生产性支出是最好的，即便是非生产性支出，也比什么都不做更好。然后从中得出了这样一个推论——“即便是被全部或部分浪费掉的私人支出，也可能是好事”。为了证明这个结论，克鲁格曼还继续说道，“美国公司现在坐拥大量现金。假设某人以某种方式说服它们相信，将它们的员工全部替换为生化机械人，然后到处装上谷歌眼镜、智能腕表。然后再假设，三年后，这些公司才意识到所有这些支出都没有太大的回报。尽管如此，由此而导致的投资热潮将给我们创造出更多的就业机会，而且不会有任何真正的浪费，因为所运用的资源本来就是闲置在那里的。”克鲁格曼接着说道，关于泡沫，“我们现在都说，2003—2007年的经济扩张是泡沫驱动的。但是你可以说20世纪90年代后期的扩张也是泡沫驱动的。事实上，里根政府后期的扩张也是如此，我们可以说它是失控的金融机构和商业房地产泡沫驱动的。”根据克鲁格曼的说法，这种情况“有许多非常重要的政策含义”。第一个政策含义是，在新的经济形势下，用来防范未来危机的政策措施，绝大部分都只能得到适得其反的后果。在这一点上，克鲁格曼与萨默斯的观点一致。但克鲁格曼又说，另一个政策含义是，“甚至改善金融监管也并不一定是好事”，因为这样做“可能会阻止（按通常标准来说）不负责任的贷款和借款；但是在更多的支出对经济有利的时候，贷款越多越好”。此外，克鲁格曼还认为，也许应该建议“重建我们的整个货币体系——比如说，取消纸币，对存款支付负利率，等等”。Krugman P. Secular Stagnation, Coalmines, Bubbles, and Larry Summers. *New York Times*, 16 November 2013.

［25］如果“量化宽松”仍然对经济总体表现没有影响，或者，如果各国中央银行必须将它们用“崭新的”货币购买进来的资产大批量地注销掉，那么，货币政策——甚至全部政策——的“最后一颗子弹”将是，用直升机直接向民众撒钱，当然，用不着真的开动直升机，可以采取的方法很多，例如绕过银行，直接向每个纳税人寄一张 3 000 美元的支票，希望这将会带来有效需求的“起飞”。但是，同样有可能的是，人们也许会将收到的现金投资到资产市场中，从而导致另一个泡沫。或者，他们也许用它去还债，甚至直接藏到床垫下。但这可能是资本主义智慧的“最高峰了”。

［26］我在别的地方已经更加详细地讨论过这个问题了，Streeck W. *Buying Time：The Delayed Crisis of Democratic Capitalism*. London and New York：Verso Books，2014.

［27］当然，除了以下这种事情之外：意大利和希腊的总理被他们在 2011 年时在欧洲理事会的共同同事、国际金融机构的前高管所取代。

［28］Schäfer，Streeck. Introduction. *Politics in the Age of Austerity*.

［29］政治反对派对凯恩斯主义及其对政治经济学的影响无济于事。

［30］事实上，随着增长率下降，利润反而有所回升，但是工资所占的份额却不断下跌。在 2008 年后的几年中，美国经济的全部增长成果（并不大）全都落入了收入居前 0.01%的人的口袋中。

［31］Crouch C. *Post-Democracy*. Cambridge：Polity Press，2004.

［32］在德国，倡导这种观点的顶尖学者除了后来的乌尔里希·贝克（Ulrich Beck）以及尤尔根·哈贝马斯（Jürgen Habermas）之外，主要是赫尔穆特·威尔克（Helmut Willke），其著作有《混乱时期的民主》（*Demokratie in Zeiten der Konfusion*. Berlin：Suhrkamp，2014）.

［33］佩里·安德森在他的《帝国》一文中指出，将整个世界变成美国经济的竞技场、将美国国内的政治经济秩序推广到全球，自第二次世界大战结束以来一直是美国外交政策的目标（Anderson P. Imperium. *New Left Review*，2013（83）：5-111.）

［34］Polanyi K. *The Great Transformation：The Political and Economic Origins of Our Time*. Boston，MA：Beacon Press，1957［1944］. 本节有选择性地阐述了第 1 章的部分内容。考虑到篇幅因素，这里只是一个概述。

[35] 马克思已经了解得非常清楚，英国工人之所以能够推动《工厂法案》通过，其中一个原因是雇主对自己的“撒旦工厂”中发生的劳动力持续遭到破坏的情况觉得不安。然而，由于面对着竞争，如果没有很好地组织起来，那么工人还是无法采取有效的行动去争取他们的合理利益（尽管他们已经知道自己的利益是什么）(Marx K. *Capital*: *A Critique of Political Economy*, Vol. 1. New York: International Publishers, 1967 [1867]: 285).

[36] 当然，我的论述对于土地或自然同样成立。就土地或自然而言，资本主义体系的破坏也是显而易见的。事实已经证明，全球资本主义的碎片化的政治秩序无法遏制消费的加速和自然环境的恶化。顺便说一下，我在这里所说的一切，也是罗马教廷的观点。不确定性的另一个来源，也是对系统稳定性的另一个永久性的威胁是，各国政府、中央银行和金融机构竞相创造天量货币并将债务转变为可交易商品。即使在2008年后的“全球治理”时代，这种情况也几乎没有受到任何监管。

[37] 关于优步这个不断变化的就业模式的典型例子，请参阅《纽约时报》网站于2015年7月12日发布的文章《经济不安全状况与数十年来就业实践趋势》。

[38] 要想总结至少已经持续进行了20年之久的“工作世界”的深刻转型，特别是自2008年危机以来的转型，完全可以写，而且应该写一本专著。在所有“富裕”资本主义国家的所有地方，低工资、低工作条件就业激增，而且工资屡创新低。具体细节请参阅《纽约时报》网站于2015年9月2日发布的文章《低收入工人的工资跌幅最大》。另外，即便承认就业在危机之后“恢复”了，也只是用一些更差的工作替代了更好的工作，而工人则别无选择，只能接受。此外，就业风险的私有化往往意味着，工人必须借入（更多的）债务来让自己参加再培训（见《纽约时报》网站2014年8月17日发布的文章《寻求新的开始，却找到了高昂的成本》）。在全球范围内，工作时间表变得越来越灵活，却破坏了家庭生活，而且还要求父母一辈通过代际转移资源和时间提供大量的支持（见《纽约时报》网站2015年8月12日发布的文章《工作时间表的新变化导致的危机扩展到了影响儿童福祉的程度》）。在亚马逊和谷歌等“引领潮流”的新经济企业中，已经形成了新的人力资源管理战略，其目的是尽一切可能压榨劳动者的努力，其中包括无偿加班（见《纽约时报》网站2015年8月15日发布的文章《亚马逊内幕：在竞技场般的工作场所内锻炼大创意》）。这种观察结论同样适用于高端服务行业的企业，那是“新中产阶级”的首选就业方向，如投资银行和律师事务所（见《纽约时报》网站2015年8月19日

发布的文章，《工作待遇也许不错，但是残酷竞争你未必熬得过》）。

[39] Sennett R. *The Corrosion of Character*：*The Personal Consequences of Work in the New Capitalism*. New York：W. W. Norton& Company，1998；Sennett R. *The Culture of the New Capitalism*. New Haven，CT：Yale University Press，2006；Sennett R. *The Craftsman*. London：Allen Lane，2008. 也可参见：Zygmunt Baumann. *Liquid Modernity*. Cambridge：Polity，2000.

[40] 对公共领域的掠夺，还有一个很重要的方面，那是我在当初发表的论文中没有提到过的。它指的就是私营企业在现代战争中所发挥的越来越大的作用。在阿富汗和伊拉克，绝大多数地面部队都是来自私人企业的雇佣兵。这些企业在以前属于公共部门的安全和军事行业发现了大量有利可图的机会，一个典型的例子是黑水公司（Blackwater)，关于这家公司，请参阅：McFate S. *The Modern Mercenary*：*Private Armies and What They Mean for World Order*. Oxford：Oxford University Press，2015. 将战争承包给私营企业，当然很可能会导致国内企业积极游说、干涉外交政策，这与以往关于"军事工业综合体"的传统理论所设想的不无类似之处。当然，一个很大的好处是，有了私人企业提供的军事力量可以依靠，美国或英国政府要想对资本主义外围国家进行军事干预受到的限制就少了很多，这尤其是因为商业化的暴力更容易躲藏在公共视线之外，不被公众舆论谴责。

[41] Jeffrey A，Winters. *Oligarchy*. New York：Cambridge University Press，2011.

[42] Jeffrey A，Winters. Oligarchy and Democracy. *The American Interest*，2011，(7) 2.

[43] 根据《纽约时报》2015 年 8 月 1 日的报道，在 2016 年美国总统竞选中，"不到 400 个家庭"就"捐献了竞选中筹集到差不多一半的资金，这种情况是前所未有的……"在大选前一年（2015 年）的 7 月底，竞选总额就已经达到了 3.88 亿美元（*New York Times*，1 August 2015.）更全面的解释请参阅大卫·科尔（David Cole）的文章，"最高法院十亿美元铸一错"，(*New York Review of Books*，19 January 2015). 他说："自从最高法院对公民联合会一案作出裁决以来，短短 5 年中，各超级政治行动委员会已经在联邦选举活动花费了超过 10 亿美元……这 10 亿美元中大约有 60%的资金来自 195 人……一个保守的政治行动委员会，它有一个颇具讽刺性的名字——终结政府支出（Ending Spending）——收到的高于 200 美元的那些

捐款，每笔平均捐款额为 502 188 美元……”在 2016 年的美国竞选中，两位列入全世界最富有的人排行的亿万富翁工业家查尔斯·科赫（Charles Koch）和大卫·科赫（David Koch）组织了一个总额高达 8.89 亿美元的竞选捐款基金，这个数额已经比民主、共和两党各自的竞选总预算都高出一截了（Koch Brothers' Budget of $ 889 Million for 2016 Is on Par with both Parties' Spending. *New York Times*，26 January 2015).

［44］亿万富豪在事实上决定了纽约市哪些公园和游乐场重新翻修。例如，《纽约时报》2014 年 11 月 30 日发表的题为《亿万富翁的公园》一文这样写道：“受益于 7 亿美元的私人投资，中央公园现在变成了一颗闪闪发光的宝石。几年前，一个对冲基金经理——他住在距离公园一步之遥的豪宅里——又给了 1 亿美元，让这颗宝石更加熠熠生辉……然而与此同时，纽约的许多其他公园却因缺乏资金而失修很久了。今年秋季，市长比尔·德·布拉西奥（Bill de Blasio）承诺将斥资 1.3 亿美元，修整贫困社区的 35 个公园，这个数额恰与迪勒（Diller）先生和他的妻子黛安·冯·芙丝汀宝（Diane von Furstenberg）承诺为一个新的 2.7 英亩的公园捐赠的款项相同。”另据报道，巨型对冲基金 SAC 资本顾问公司的创始人史蒂文·科恩（Steven A. Cohen）虽然是多个内幕交易案件的涉案人，但还是高调参加了著名的“罗宾汉基金会”聚会。2013 年在曼哈顿举行的罗宾汉基金会年度盛典上，博诺（Bono）、斯汀（Sting）和埃尔顿·约翰（Elton John）等巨星轮番登台献演，总共筹集了 7 200 万美元的资金——用于消灭贫困（SAC Starts to Balk over Insider Trading Inquiry. *New York Times*，17 May 2013.）。

［45］一个非常有意思的例子是，科赫兄弟几十年如一日地对乔治·梅森大学（George Mason University）的詹姆斯·布坎南（James Buchanan）公共选择研究中心的资助。请参阅：MacLean N. *Forget Chicago*，*It's Coming from Virginia*：*The 1970s Genesis of Today's Attack on Democracy*. Unpublished Manuscript，2015.

［46］Piketty T. *Capital in the Twenty-First Century*. Cambridge，MA：Harvard University Press，2014.

［47］一个例外是：Stockman A. State-Wrecked：The Corruption of Capitalism in America. *New York Times*. 31 March 2013. 他对这个问题特别了解。

［48］Vernunft durch Strafen in Milliardenhöhe. *Frankfurter Allgemeine Zeitung*，29 June 2015，其实这个数字似乎太低了，因为另一个信息来源说，这只是美

国银行一家的和解金，Maxfield J. The Complete List. *The Motley Fool*，1 October 2014，fool. com.

[49] Banken zahlen 260 Milliarden Dollar Strafe. *Frankfurter Allgemeine Zeitung*，24 August 2015，但是一些重要案件仍未结案，如黄金价格操纵案和伦敦银行同业拆借隔夜利率操纵案，等等。全世界所有主要银行都未能置身事外，不仅仅是美国的银行，还有法国的银行（如巴黎银行）、德国的银行（如德意志银行）、瑞士的银行（如瑞士联合银行）和英国的银行（汇丰银行）。

[50] 关于高盛的文献非常多。入门性质的介绍，请参阅：Taibbi M. The Great American Bubble Machine. *Rolling Stone*，2009（9）. 从高盛出来担任参议员、州长、内阁成员、中央银行官员的人数之不尽，从泰比的文章可以略知一二："小布什总统时期的约书亚·博尔滕（Joshua Bolten），他是美国政府推出救助计划时的白宫幕僚长；马克·帕特森（Mark Patterson），目前[2009年]担任财政部办公室主任，仅仅一年前，他还是高盛的资深游说专家；埃德·利迪（Ed Liddy），高盛前董事，保尔森任命他负责救助保险巨头美国国际集团（AIG）。在利迪回到高盛后，美国国际集团向高盛提供了130多亿美元。加拿大和意大利的中央银行的负责人都是'高盛人'。世界银行的负责人、纽约证券交易所的负责人、纽约联邦储备银行的两位主席，也都是'高盛人'"。最后顺便说一句，现在负责监督高盛的正是纽约联邦储备银行。

[51] 萨默斯在出任政府高官之际，仍然不遗余力地追逐金钱，他这种经历很难用几句话来总结。对此，马特·泰比的一篇文章有入木三分的描述，尽管从时间上看它似乎稍微有点过时了。请参阅：Taibbi M. Obama's Top Economic Advisor Is Greedy and Highly Compromised. *AlterNet* . 9 April 2009. 2006年，萨默斯不得不辞去已经担任了5年的哈佛大学校长一职，部分原因是他卷入了与俄罗斯股市有关的内幕交易。因丑闻而去职后，他立即担任了一家对冲基金的"兼职总经理"。2008年，即他被广泛预期将加入奥巴马政府担任国家经济委员会主席的那一年，那家对冲基金为他的"兼职工作"支付了520万美元。同一年，萨默斯还从几家华尔街公司收到了270多万美元的"演讲费"——其中他在高盛集团一个下午就赚到了13万美元。当时，奥巴马还曾经考虑任命他接替本·伯南克担任联邦储备委员会主席，但是萨默斯把自己从候选人名单上划掉了，因为他担心不得不在任命听证会上报告自己的收入来源。

［52］请参阅：Holder E. Wall Street Double Agent，Comes in from the Cold. *Rolling Stone*，8 July 2015.

［53］高盛是奥巴马在 2008 年总统选举中的第二大单一捐助支持者。请参阅：Barack Obama（D）. Top Contributors，2008 Cycle. https://www.opensecrets.org/PRESo8/contrib.php?cid=Noooo9638. 仅仅在 2009 年至 2010 年的这短短一年间，高盛的 CEO 访问白宫的次数就达到了十次之多（几乎每隔一个月就有一次）。与奥巴马竞选团队有意制造的公众印象不同，小额捐献者的捐款只占奥巴马 2008 年竞选费用的不到 30%。

［54］一个典型的例子是托尼·布莱尔（Tony Blair）。关于布莱尔在不再担任英国首相后帮助达成的交易，以及他与多家咨询公司之间的“密切合作”，请参阅：Tony Blair Has Used His Connections to Change the World，and to Get Rich. *New York Times*，5 August 2014. 据该文报道，布莱尔每年从 3 家公司（摩根大通、科斯拉风险投资公司和苏黎世保险集团）收取的咨询费就高达 500 万～700 万美元，这还不算他从其他咨询公司收取的咨询费。他还拥有自己的公司，名为“Windrush Ventures Limited”，它在 2013 年“报告了 340 万美元的利润”。布莱尔内阁的其他成员比起布莱尔来也不遑多让，请参阅：Ali T. *The Extreme Centre*：*A Warning*. London：Verso，2015：45-53. 在英国，这样的例子可以说数不胜数。这一切给了我们一个非常深刻的印象，那就是，公共部门的高官已经成为私营部门的高管的学徒。德国的情况也与英国类似，施罗德（Schröder）和菲舍尔（Fischer）已经将他们的专业知识和名人地位“出卖”给了相互竞争的管道项目。菲舍尔有一家以自己名字命名的咨询公司（“Fischer&Company”），除了为与纳布科（NABUCCO）燃气管道相关的能源公司提供咨询外，该公司还为西门子和宝马等公司就“生态问题”提供咨询。菲舍尔还是德国最大的杂货连锁企业 REWE 的“生鲜专家”。

［55］这方面的一个典型例子是前中长跑运动员塞巴斯蒂安·科（Sebastian Coe），即“科勋爵”，他于最近升任国际田径联合会（IAFF）主席。国际田径联合会向来因腐败而臭名昭著。塞巴斯蒂安·科拥有多家体育营销公司，他还担任耐克的国际代表。当然，与金融行业的腐败相比，这些都可以说是小儿科了。更有意思的是，美国政府正在积极地准备起诉总部位于瑞士的国际足联（顺便说一句，塞巴斯蒂安·科自 2006 年以来一直是国际足联伦理委员会的成员），有效地向全球公众展示了美国司法制度对全球管辖权的要求。在一次公关意味极强的行动中，埃里

克·霍尔德的继任者、美国司法部长洛蕾塔·林奇（Loretta Lynch）多次亲临瑞士，逮捕了多名国际足联官员（他们都来自拉丁美洲），然后押送回美国。为了让读者对国际足联的腐败有一个初步印象，这里提供一个数字：国际足联在从2007年至2014年的8年间，每年的平均收入高达12亿美元。直到2015年12月，国际足联仍然说不清楚如此巨额的资金是怎样使用的，当初又是怎么收上来的。自20世纪80年代开始，轻易就可攫取巨额财富的机会像雪崩一样降临，体育领域在腐败狂潮冲击之下普遍沦陷，国际足联只不过是其中一个典型例子而已。不过与金融行业相比，这也是小巫见大巫。读者应该还记得，2008年以后，世界各大银行为了避免遭到美国政府的进一步严厉打击而支付的庭外和解金就有2 600亿美元，大约相当于国际足联在同一时期的全部收入的27倍。

[56] 民粹主义的一个不严格的定义就是对社会精英的仇视。现在的左派和右派的民粹主义政党都憎恶本国的社会精英，而右派民粹主义者的仇视对象至少还要多一个，即外国社会精英。

[57] 这个系统的“熵”的来源是，美国作为全球资本主义扩张的政治主体的逐渐衰弱，这一点，沃勒斯坦等人很早以前就已经指出过了。从历史上看，资本主义总是在某个强大的霸权国家开辟或准备好可供发展的新天地之后才得以大踏步地前进的（霸权国家可能是通过军事力量，也可能是通过自由贸易，不过通常是同时运用这两种手段来完成这项任务的）。资本主义发展的政治准备不仅包括前资本主义或反资本主义的社会秩序的瓦解，还包括通过私人资本积累创造出支持经济进步的新的“现代”社会。放在1945年以后的历史背景下，这就意味着要求各世俗国家建立起一个拥有“发展”议程的全球体系。各个国家拥有自己的主权，但是都融入一个国际自由贸易制度。这个议程也是遏制性的，即如果有必要和可能的话，就要去压制替代性的对立制度。表面上，这个议程在1989年就取得了全面胜利，然而事情并非如此简单。事实证明，美国虽然仍然能够摧毁敌方的政权，却早就失去了以稳定的“亲美”且“亲资本主义”的新生国家取而代之的能力。这就是说，霸权主义在保留了破坏的能力的同时，早就失去了建设的能力。在这里，虽然我们无法细致地探析这种情况得以出现的原因，但我们不难看出，联合国所遭受的一系列失败的“示范效应”肯定是其中的一个原因，美国国内大多数公民对他们所认为的各种“国外冒险活动”的不支持也肯定是其中一个原因。“国家建设”在世界大部分地区都可悲地失败了，原先设想的由自主发展的、对自由贸易友好的国家组成的

全球体系显示出越来越大的漏洞和差距，而那些“失败的国家”则都成了不可预测的、无法控制的政治和经济不稳定事件的永久根源，其中许多国家已经被原教旨主义宗教运动控制，它们拒绝现代主义和国际法，寻求能够替代消费主义的资本主义的发展模式。它们不能期望在自己的国家复制资本主义。其他一些国家也放弃了在国内和平发展资本主义的希望，正试图通过使自己从外围国家（边缘国家）转变为中心国家，成为发达资本主义的一部分。而在发达资本主义国家，则已经聚集了大量第二代移民，他们放弃了进入资本主义—消费主义社会主流的希望。由此而导致的一个结果是另一个移民潮，这是一个带有暴力性的移民潮，这些移民正在冲破边缘地区的各个国已不国的社会，进入了大都市，表现出来的形式是新一类“原始反叛分子”的“恐怖主义”。

［58］见葛兰西，《狱中札记》，“危机说明旧制度已经死去了，而新制度一时又不能建立起来；在这个新旧交替的空位期，将会出现各种各样的病症。”

［59］Merton K. The Matthew Effect in Science. *Science*，1968，159（3180）：56-63.

［60］而且，社会理论也从制度主义向理性选择转变或漂移，至少在它渴望变得更加“肯定式”的，或更加生物—行为主义的这个范围内是如此。

［61］Gerth H，Mills W. *Character and Social Structure*：*The Psychology of Social Institutions*. New York：Harcourt，Brace，1953.

［62］这个术语是由克莱顿·克里斯滕森（Clayton Christensen）创造的（*The Innovator's Dilemma*：*When New Technologies Cause Great Firms to Fail*. Boston，MA：Harvard Business Review Press，1997），随后立即在商学院学生和管理人员中变得非常流行。对这个术语的一个批判性评论，请参阅：Lepore J. The Disruption Machine：What the gospel of innovation gets wrong. *New Yorker*，23 June 2014. 在管理学的话语中，这个概念与平台型公司的关系特别紧密，例如优步、阿里巴巴、Airbnb 和亚马逊等，这些公司都有一个共同点，即它们已经长期正常雇用他们的员工。根据《法兰克福汇报周日版》的报道，2015 年，“破坏性创新”也已经来到了德国（当然，与通常一样，迟了一些），成了德国最流行的管理学术语，“泛滥于报章杂志、书籍、演讲和研究报告中”。“每年定期给‘年度’破坏者颁奖”。在营销活动中，人们经常会谈论“数字破坏”。有专家专门做“破坏咨询”，甚至这样吸引实习生——“准备破坏吗？到我们这里来吧！我们是最好的破坏性雇主！”

(Meck G, Weigunt B. Disrupton, Baby Disruption!. *Frankfurter Allgemeine Sonntagzeitung*, 27 December 2015.)

[63] 为了让读者对这个术语的快速流行及其在真实世界中得到的回应有一个印象，我在这里引述维基百科的一篇文章《(组织的) 韧性》，网址为 en. wikipedia. org/wiki/Resilience_(organizational)，最后访问于 2016 年 1 月 1 日："近年来，对于韧性概念，出现了一种新共识，它是对组织寿命不断缩短的趋势的一种现实回应。韧性涉及主要利益相关者（包括董事会、政府、监管机构、股东、员工、供应商和客户）采取有效措施解决组织安全、风险防范和生存能力等问题的能力。

1. 拥有韧性是指，尽管出现了预料之内的和意料之外的挑战，但是仍然以积极和坚定的态度，保持企业（国家、地区、组织或公司）继续蓬勃发展；

2. 韧性超越了防御性的安全和保护措施，并且应用组织实体的内在力量去抵御危机、击退任何性质的攻击；

3. 韧性是指有能力认识到你自身的情况、你当前的风险、漏洞以及你所拥有的解决它们的手段，并能够作出明智的战术和战略决策；

4. 韧性是一种可客观衡量的竞争优势（即更安全、为利益相关者和股东创造的价值更多）。

[……] 美国国会中的杰出议员也都开始'拥抱'韧性。美国众议院国土安全委员会主席、代表密歇根州的民主党众议员本尼·汤普森（Bennie Thompson）宣布 2008 年 5 月为'韧性月'。众议院国土安全委员会及其下属各小组委员会举行了一系列听证会审议这个问题。奥巴马总统和国土安全部也将'韧性'作为国土安全政策的一个组成部分。国土安全部于 2010 年 2 月发布的'国土安全部四年安全评估报告'，也将'韧性'作为美国国土安全事业的核心任务之一。"

[64] Hall P, Lamont M. *Social Resilience in the Neoliberal Era*. Cambridge: Cambridge University Press, 2013.

[65] Schmidt A, Mark Thatcher M. *Resilient Liberalism in Europe's Political Economy*. Cambridge: Cambridge University Press, 2013; Aldo Madariaga. *The Political Economy of Neoliberal Resilience: Developmental Regimes in Latin America and Eastern Europe*. Doctoral Dissertation, Wirtschafts-und Sozialwissenschaftliche Fakultät. Universitätzu Köln, 2015.

[66] 这与传染病类似：随着抗疟疾的"韧性"的增加，就不再需要消灭作为

载体的蚊子了。

[67] 它的基本原则在玛格丽特·撒切尔夫人的一次讲演中概略地表达出来了。这被称为个人主义的实践主张，但是最好理解为一项新自由主义计划："根本没有社会这种东西。有的只是作为个体的男人和女人，以及家庭。"请参阅：Interview for *Woman's Own*. 23 September 1987，margaretthatcher. org/document/106689，最后访问于2016年1月21日。

[68] 例如，考虑这样一种情况。在某些社会中，当父母参加全职工作不仅是社会的要求，而且还是经济上的必需时，祖父母对于孩童的养育的贡献就是不可缺少的。另一个例子是地中海国家的失业青年，他们仍然与父母住在一起，而且没有失业保险，因此依赖他们的父母的养老金过活。

[69] 这种网络非常适合于个人化的社会生活，而且必需的电子基础设施是由若干庞大的私人公司提供的，其中又以美国的公司占绝大多数。虽然这些公司的电子基础设施产品表面上看是免费提供给所有人的"公共物品"，它们实际上都是社会控制的工具，而且可以带来极高的利润——它们是出租给消费品和服务的供应商的。

[70] 下文对新自由主义下的社会生活的一些特征进行了简要的总结，特别是，那些努力在这个已经患上了病症的社会中"求生存"的人对社会特征的预期。这方面的相关文献非常多，我没有办法在这里一一进行评述。接下来列出一些有代表性的论著，有兴趣的读者可以看一看，（它们包括：Brown W. Neo-liberalism and the End of Liberal Democracy. *Theory and Event*，2003，7（1）；Foucault M. *The Birth of Biopolitics*：*Lectures at the College de France*，1978-1979. London：Palgrave Macmillan，2008；Bockman J. *Markets in the Name of Socialism*：*The Left-Wing Origins of Neoliberalism*. Stanford，CA：Stanford University Press，2011；Crouch C. *The Strange Non-Death of Neoliberalism*. Cambridge：Polity Press，2011；Dardot P，Laval C. *The New Way of the World*：*On Neo-Liberal Society*. London：Verso，2013；Mau S. *Inequality*，*Marketization and the Majority Class*：*Why Did the European Middle Classes Accept Neo-Liberalism*?，Basingstoke：Palgrave Macmillan，2015). 我的目标很简单：提请读者注意，在资本主义终结的空位期，微观层面的行动模式在弥补制度缺陷方面有着至关重要的意义。

[71] 这里面也包括了不稳定的就业。据称，不稳定的就业是个人竞争性的自

我完善的积极动力，对个人的企业家精神的形成也大有助益。

［72］关于这一点，许多人都已经提到过了，例如请参阅：Brooks D. The Self-Reliant Generation. *New York Times*，8 January 2016，布鲁克斯报告了一项对18～29岁的美国人的调查结果，然后说道："你看到，虽然人们都在说创造性的转型，但那只是一个抽象的庆典，更具体的是对秩序、安全和稳定的强烈渴望……'千禧一代'文化的另一个显著特征就是强迫人们'自力更生'，把松散联网的个人主义当作宇宙的正常秩序。'千禧一代'的社会信任度极低……他们希望出现系统的改变，却没有采取任何令人信服的集体行动……但是，在未来，将会出现文化大爆炸。现在的'千禧一代'不可能永远像现在这样，脱离坚实的支撑结构，如果那样的话，他们将无法拥有愉快的中年生活。事情肯定会改变。"

［73］大卫·布鲁克斯在一篇文章中这样写道："2000年大选投票前后进行的一系列调查中，最令人震惊的一个结果来自《时代》杂志的一项调查。当人们被问及自己的收入是不是在美国可以排名前1%时，19%的受访者说自己是最富有的1%美国人中的一位，还有20%的受访者说自己某一天肯定会成为最富有的1%美国人中的一位。既然有39%的受访者持这种看法，所以当总统候选人戈尔先生批判一个有利于前1%的美国人的计划时，不啻于直接对他们开了一枪。"（Brooks D. The Triumph of Hope Over Self-Interest. *New York Times*，12 January 2003.）

［74］虽然底层的药物（其实就是毒品）使用者的习惯决定了，他们总是对世事漠不关心（这是统治者所希望的），而且在政治上也毫无行动能力，但他们却是严厉执法的目标，当然他们的供应商也是如此。原因可能是绩效替代型药物，尽管它们有效地瓦解了底层民众组织起来形成一种潜在的政治力量的可能性，但是，他们沉溺于毒品的习性，也可能会颠覆资本主义所依赖的至关重要的通过竞争赢得成功的伦理。事实上，美国政府一直在试图摧毁拉丁美洲的整个毒品产业（尽管全都劳而无功），以阻止毒品进入美国核心城市。当然，在一个像阿富汗这样的国家，由于美国需要当地的毒品生产部的合作，因此海洛因等毒品的产量在美国占领军的眼皮底下成倍增长。

［75］2013年美国有37 947人死于药物滥用，其中差不多40%的人都是因滥用非法药物所致。与2001年相比，在与毒品相关的违法事件中死亡的人数也大幅增加了（2001年的时候，这个数字为12 678人）。2011年，因毒品犯罪而死亡的人数首次超过了枪支暴力事件的死亡人数，到2013年更是上升到了33 636人。在同一

个时期，因交通事故而死亡的人数则从 2001 年的 42 196 人下降到 2013 年的 32 719 人。这些数据源于美国疾病控制与预防中心、国家公路交通安全管理局、CNN 和美国国务院。

[76] 根据西格蒙德·弗洛伊德（Sigmund Freud）的观点，性欲就是一种只会被满足所强化而不会因满足而减弱的原型性的欲望。这或许可以解释当代广告越来越多地不恰当地使用性意味浓厚的图像的原因。自从 20 世纪 70 年代的“性革命”以来，女权主义的抗议声调不断提高。但是事实上，女性对裸露身体的喜好丝毫不亚于男性——她们能够在任何商品上都看出“诱人的性”的气息。

[77] 对于这种情况，沃尔夫冈·弗里茨·豪格（Wolfgang Fritz Haug）从经典马克思主义的视角进行了剖析，不过可惜的是，他的著作没有英文版。Wolfgang Fritz Haug. *Kritik der Warenästhetik. Gefolgt von Warenästhetik im High-Tech-Kapitalismus*, Frankfurt am Main：Suhrkamp，2009. 另外也请参阅本书第 3 章。我在那里分析了，今天的消费主义是如何将公民变成了私人的、致力于资本积累的公司的客户和用户的。

[78] 在美国，“炫耀性消费”（Veblen）——“可不能比琼斯差”——被集体攀比观念更强的新一代亚裔推到了顶峰。每个人必须有一身昂贵的行头，如果必要的话就去做整容手术，以免令朋友和家人蒙羞。因为朋友和家人可能不想与不符合关于富贵和美丽的最新“西方”标准的人待在一起。

[79] Donauer S. *Faktor Freude：Wie die Wirtschaft Arbeitsgefühle erzeugt.* Hamburg：edition Körber-Stiftung，2015.

[80] Bell D. *The Cultural Contradictions of Capitalism.* New York ：Basic Books，1976.

[81] 事实上，根据兰德尔·柯林斯的预测，恰恰就是这一类人——纪律严明的、高学历的投资者和交易员——他们的就业前景将由于人工智能的发展而变得日益暗淡（Wallerstein et al.，*Does Capitalism Have a Future*? pp. 37－69）. 但是，他们构成了后资本主义空位期的“核心选民”。他们的被破坏和沉沦，成了当今资本主义的心腹之患。

第1章

资本主义将如何终结?

当今世界，一个普遍的共识是：资本主义正面临着自第二次世界大战结束以来前所未有的严峻形势。[1]“伟大的战后和解”仅仅持续到了20世纪70年代，自那之后，政治和经济混乱接踵而来，2008年金融危机只是漫长的危机序列中的最新一个而已。事实证明，危机不但一个接着一个，而且越来越严重，并且通过全球经济以更快的速度在更大的范围内扩散。继20世纪70年代全球通货膨胀之后，紧接着在20世纪80年代就发生了公共债务的持续上升；而20世纪90年代的财政整固，则一直伴随着同一时期私人部门债务的迅速增加。[2]40多年来，失衡几乎成了发达工业世界的常态——无论在国家层面上还是在全球层面上均是如此。事实上，随着时间的推移，在经济合作与发展组织成员，由于危机是如此无孔不入，人们早就已经不再认为危机从本质上就是纯粹的经济危机了；由此导致的一个结果是，人们重新发现了以往关于资本主义社会的观念，即资本主义是一种社会秩序和生活方式，而且从根本上依赖于私有资本积累的连续过程。

在富裕的、高度工业化的——或者，更恰当的说法是，不断去工业化的——资本主义国家中，危机的症状数之不尽，其中最突出的是如下三个长期趋势。第一个长期趋势是，经济增长率的持续下降，2008年的最近一次危机加重了这一趋势（见图1-1）。第二个长期趋势与第一个长期趋势相关，那就是，各主要资本主义国家的整体负债程度普遍持续上升。40年来，这些国家的政府、家庭、金融机构以及非金融企业不断累积起了大量债务（美国的债务增长情况如图1-2所示）。第三个长期趋势是，几十年来，伴随着债务增加和经济增长率的不断下降，经济不平等（包括收入不平等和财富不平等）一直处于加剧过程中（见图1-3）。

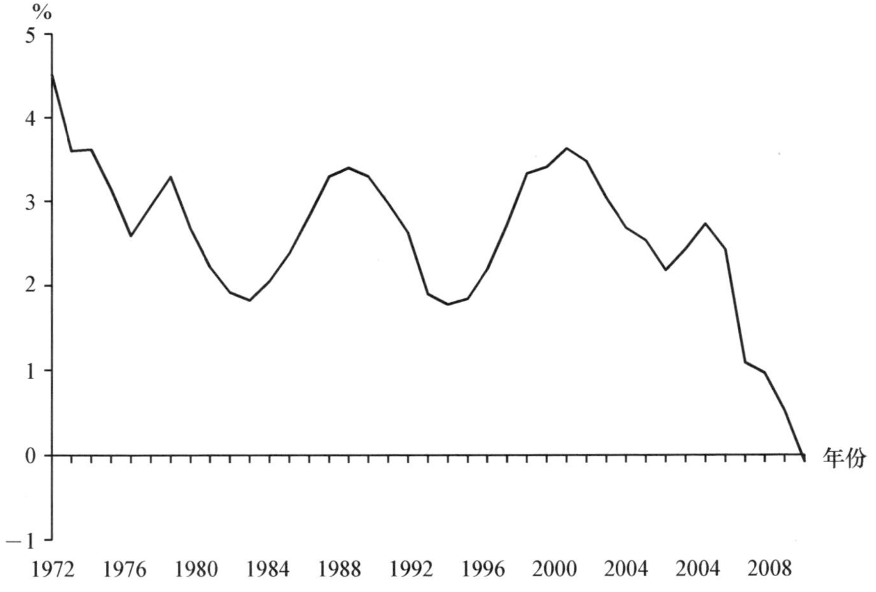

图1-1　20个经济合作与发展组织成员年增长率的平均值（1972—2010年）

注：增长率为5年移动平均值。
资料来源：经济合作与发展组织“经济展望”。

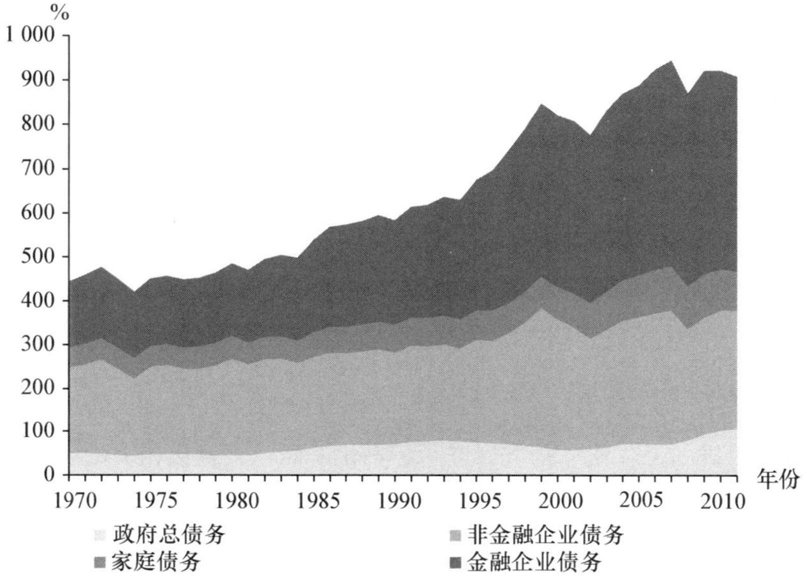

图 1 - 2　美国债务占国内生产总值的百分比（按部门分别列示，1970—2011 年）

资料来源：经济合作与发展组织“成员国民核算”。

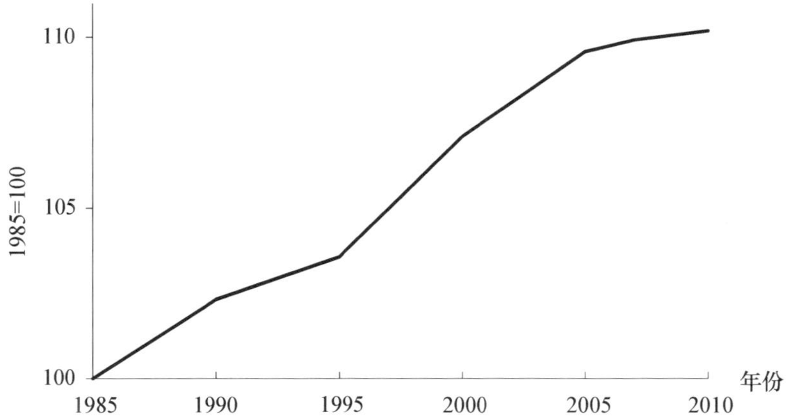

图 1 - 3　不断上升的基尼系数（经济合作与发展组织成员平均水平）

资料来源：经济合作与发展组织“收入分配数据库”。

稳定的经济增长、稳健的货币、适当的社会平等（即保证资本主义利润能够惠及不拥有资本的无产者）——长期以来，人们认为这三者是资本主义政治经济体制获得它所需要的合法性的前提。从这个角度来看，上述危机的三个重要趋势的警示意义是极其强烈的，而且最重要的是，这三个趋势是可以相互强化的。越来越多的证据证明，日趋恶化的贫富分化是经济增长率不断下降的原因之一，因为不平等一方面既阻碍了生产率的提高，另一方面又削弱了总需求。反过来，经济增长率下降也会进一步激化分配矛盾，增加富人向穷人作出妥协让步的成本，并使富人更加严格地恪守统治自由市场的“马太原理”——“凡有的，还要加给他叫他多余；没有的，连他所有的也要夺过来。”[3]另外，不断增加的债务不但无法阻止经济增长率下降，反而只会进一步加剧不平等。这里面的机制是，债务剧增促进了金融化，而与金融化相关的一系列结构性变化恶化了不平等状况，尽管金融化的目的原本在于使依靠工资生活的人的消费水平不会下降（在工资增长停滞和公共服务削减而导致收入不平等日益加剧时）。

这些有害趋势似乎形成了一个恶性循环。这种恶性循环会永远存在吗？有什么反制力量能够打破这种恶性循环吗？如果不能打破（40 年来一直未能打破），那么又会发生什么事情？一些历史学家告诉我们，危机在资本主义体制之下并不鲜见——甚至还可能是资本主义在更长的时期内保持健康所需要的。而且，这些历史学家还说，当这些周期性运动或随机性冲击结束之后，资本主义就会进入新的均衡——至少是暂时进入均衡。但是，我们今天所看到的却是一个资本主义逐渐衰败的持续过程；这个过程尽管已经拖延了很久，但是很显然一直在变得越来越不可逆转。从偶发性的危机中恢复过来也许并不太难，但是要打破一系列相互交织、相互串联在一起的长期趋势就完全是另一回事了。假设我们观察到的越来越低的经济增长率、越来越严重的不平等和越来越膨胀的债务是不可能无限期地维持下去的，假定它们可能会导致一个系统性的危机——对于这种危机的特征，我们并不容易认清——那么我们还能看到即将逆转的迹象吗？

另一个权宜之计

各方面的信息都令人不安。2008 年金融危机是战后一系列危机的高潮。对于当时坠入深渊的情景人们仍然记忆犹新，而且为了防止危机重演的“改革”呼吁和“改革”蓝图也比比皆是。各种各样的国际会议和高峰论坛也是一个接着一个，但是，多年过去了，成果一概乏善可陈。与此同时，作为灾难源头的金融行业却早早地实现了完全的复苏：利润、股息、工资和奖金水平都重新回到了从前的水平，但是重新加强对金融行业监管的议程却在国际谈判和国内政治游说活动中陷入了僵局。各国政府，首先是美国政府，仍然被牢牢地把持在金融行业等赚钱的行业手中。这些行业反过来又得到了充足的廉价货币供给——货币是它们在中央银行中的“朋友们”无中生有地创造出来的［其中一个典型代表是高盛前高管，现任欧洲中央银行行长马里奥·德拉吉(Mario Draghi)］。然后，这些行业又将这些货币囤积起来，或投资于政府债券。经济增长则仍然非常疲弱，劳动市场也是一样；前所未有的流动性未能启动经济强劲复苏；仅有的一点经济增长成果也都被顶层的前 1%的人占有了，而且其中的大部分还进一步集中到了这前 1%的人中的一小部分人手中。收入和财富的不平等达到了前所未有的惊人高度。[4]

我们的确没有多少理由保持乐观。相当长的一个时期以来，经济发展与合作组织各成员国一直在实施货币扩张政策，即通过无限注入货币来维持资本主义经济运行，然而这种政策的设计者其实比谁都清楚，货币扩张不可能无限期地持续下去。事实上，在 2013 年，日本和美国政府也曾尝试过几次，希望能够戒掉对这种货币政策的“毒瘾”，但是，当股票市场应声下跌时，当时所称的这种“逐渐退出”的政策努力就被暂时推迟了。2013 年 6 月中，总部位于巴塞尔的国际清算银行——它是中央银行的中央银行——宣称量化宽松政策到了必须结束的时候了。在它的年度报告中，国际清算银行指出，为了应对危机和缓慢的经济复苏，各国中央银行扩张了它们的资产负债表，导致“各国中央银行现在的资产负债表的总和已经大约 3 倍于危机发生之前的水平，而且这个数字仍然在上升”[5]。虽然量化宽松政策对于防止金融崩溃是必要的，但是现在，必须把目标转变为“使仍然停滞的经济回到强劲的、可持续的经济增长路径中去”。但是，这个目标显然超出了各国中央银行的能力，因为：

> 各国中央银行没有能力制定出符合政府和公众期望的、能够使经济回到真实增长路径中去的结构性改革方案。在经济复苏期间，中央银行的政策能够做到的是为经济复苏争取时间……但是，争取来的时间并没有得到很好的利用，因为持续的低利率和非常规的政策，使得私有部门很容易拖延去杠杆化的过程，使得政府很容易为赤字融资，使得有关当局很容易拖延推进实体经济和金融体系所必需的改革。毕竟，廉价货币使得借贷比储蓄更容易、支出比收税更容易、原地踏步比改革更容易。

很显然，即便是伯南克领导的美国联邦储备委员会也持同样观点。到了 2013 年夏末，美国联邦储备委员会又一次释放出信号，说量化宽松的时代马上就要终结。但是，到 2013 年 9 月，预期中的加息又一次被推迟了。对此，美国联邦储备委员会给出的理由是，经济增长不如人们所预料的那么“强劲”。全球股市应声上涨。当然，关于为什么回归常规货币政策会如此困难这个问题，国际清算银行等国际组织与身处特定政治环境中的各国中央银行相比，能更加自由地说出答案。它们的答案其实早就已经摆明了：如果不利用无限制的货币供给来维持资本主义，唯一的替代方案就是必须通过新自由主义的经济改革来振兴资本主义。这一点，国际清算银行 2012—2013 年度报告的第二个小标题已经简明扼要地概括出来了：“提高灵活性是经济增长的关键”。换句话说，

“经济增长的关键”就是要让大多数人吞下更多的苦药，而让极少数人得到更大的激励。[6]

民主面临大问题

行文至此，对危机和现代资本主义的未来的讨论必须先转向对民主政治的讨论。资本主义与民主在历史上长期被视为“敌手”，但是到第二次世界大战结束后似乎已经实现“和解”。直到 20 世纪中叶，资本所有者一直害怕“民主多数”废除私有财产制，而工人及其组织则担心资本家会为了维持自己的特权而重新祭起专制统治法宝。然而，冷战开始后，资本主义和民主开始相互团结起来，因为经济进步使得工人阶级中的多数人有可能接受自由市场的私有财产制度，这反过来又进一步使得民主自由与资本主义看上去是不可分割的——民主自由实际上依赖于市场和赚钱的自由。然而到了今天，对资本主义经济与民主政体之间兼容性的强烈怀疑在很大程度上已经回来了。在普通民众当中，一个非常普遍的感受是，政治已经再也不能改变他们的生活了；对于“政治阶层”，普通民众的共同看法是，那是一些头脑僵化、无能和腐败的家伙。这个阶层似乎变得越来越“自给自足”、越来越自私自利，而且声称他们自己和他们的政策都是“别无选择”的。由此而导致的一个结果是，选民投票率持续下降，同时选民的波动性不断升高，再加上民粹主义政党的兴起，选民之间的分裂程度越来越大，而政府也普遍变得越来越不稳定。[7]

战后民主体制的合法性是建立在这样一个前提的基础上：国家有能力为了公民的利益，对市场进行干预，并纠正某些市场结果。几十年来不平等状况持续恶化的事实使人们对这个前提产生了怀疑，2008 年危机之前、危机期间和危机之后政府的无能为力则进一步加深了这种怀疑。作为对自己在全球市场经济中变得越来越无足轻重的趋势的一个回应，经济合作与发展组织各成员的政府和政党看到“民主阶级斗争”转变成了“后民主政治”，不禁心下暗喜。[8] 与此同时，资本主义政治经济体系从战后凯恩斯主义向新自由主义哈耶克主义的转型过程则几乎一帆风顺。这种转型可以归结为：促进经济增长的政治模式，由原来的从顶层到底层的再分配，转变为从底层到顶层的再分配。换句话说，在凯恩斯主义下被认为极具经济生产力的平等主义民主制，在当代哈耶克主义下则被认定为对效率的拖累。根据当代哈耶克主义，经济增长的源泉是，保证市场——以及市场所导致的累积优势——完全绝缘于再分配的政治扭曲。

当今，民主—反民主争论的一个核心议题是当代国家的财政危机，其集中反映是自 20 世纪 70 年代以来公共债务的惊人持续增长（见图 1－4）。越来越多的债务的实质是，通过剥削社会的“公共池塘”

图 1－4　政府债务占国内生产总值的百分比（1970—2013 年）

国家包括：澳大利亚、奥地利、比利时、加拿大、丹麦、芬兰、法国、德国、希腊、爱尔兰、意大利、日本、荷兰、挪威、葡萄牙、西班牙、瑞典、瑞士和英国。

资料来源：经济合作与发展组织“经济展望”第 95 号。

（公共资源）让选民维持仅凭自己的能力无法维持的生活水平，同时让机会主义的政治家用不属于自己的钱去购买短视的投票者的支持。[9] 然而，财政赤字不可能是因为再分配型民主政治所导致的，这一点从以下事实就可以看得很清楚：政府债务不断积累的轨迹恰与选举参与度的下降轨迹相吻合（其中选举参与度下降特别明显的，则是收入水平较低的人），同时也与工会化程度的下降、罢工运动的消失、福利国家政策的削减以及收入不平等的急剧扩大步调一致。公共财政状况的不断恶化，显然与总体税收水平的下降趋势有关——而后者则是因为推行了旨在削减最高收入阶层和企业税收的"改革"所致（见图 1－5），也与税收制度的累退性不断强化的趋势有关（见图 1－6）。而且，通过用债务代替税收，各国政府自身又对不平等的加剧作出了进一步的贡献，因为它们为这样一些人提供了安全的投资机会：政府不会向他们征税，只会向他们借款。与纳税人不同，政府债券的买家仍然继续拥有着自己"支付"给了国家的款项，而且可以收取利息（利息通常是从越来越失去累进性

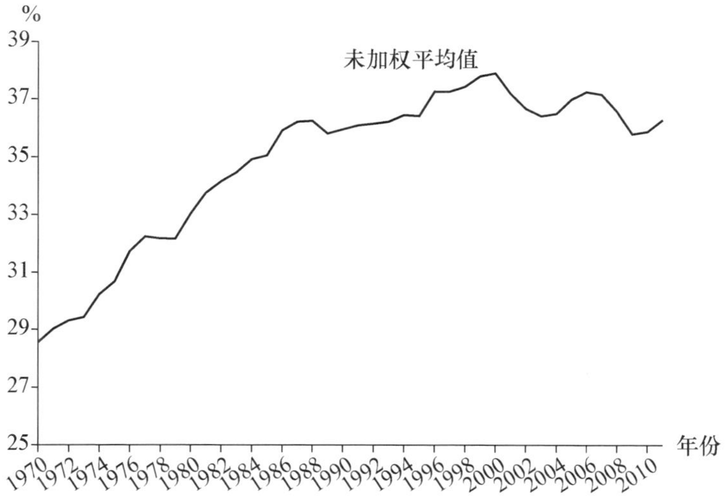

图 1－5　政府税收总收入占国内生产总值的百分比（1970—2011 年）

国家包括：澳大利亚、奥地利、比利时、加拿大、丹麦、芬兰、法国、德国、希腊、爱尔兰、意大利、日本、荷兰、挪威、葡萄牙、西班牙、瑞典、瑞士和英国。

数据来源：经济合作与发展组织"收入统计"。

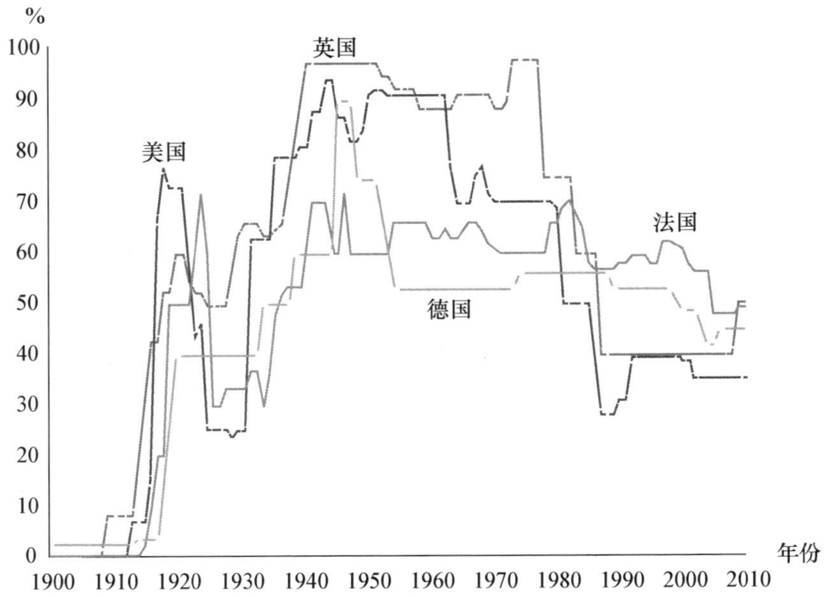

图 1-6　最高边际所得税税率（1900—2011 年）

资料来源：Facundo Alvaredo，Anthony Atkinson，Thomas Piketty and Emmanuel，Saez，The Top 1 percent in International and Historical Perspective，*Journal of Economic Perspectives*，vol. 27，no. 3，2013.

的税收中支付的）；他们还可以将对国家的债权传给他们的子孙后代。此外，公共债务不断迅速飙升这个事实，还可能被有些人在政治上加以利用（事实上已经被利用了）；他们声称，国家应该削减支出，同时将公共服务私有化，而这些显然会进一步限制对资本主义经济的再分配民主干预。

近几十年来，保护市场经济、使之免受民主干预的制度取得了很大进步。在所有国家，工会在衰落，在许多国家甚至几乎已经被连根拔除了（特别是在美国）。经济政策的制定主体，已经日益广泛地被转移到了独立于政府的中央银行手中——这就意味着，不能对决策者通过民主程序进行问责了——但是中央银行最关注的，首先是金融市场的“健康”和“善意”。[10]在欧洲，各国的经济政策——包括工资标准制度和预算编制等方面的政策——越来越多地受到了诸如欧盟委员会和欧洲中央银行这样的超国家机构的支配，而这些机构是超越于民主制度的。这有效地促进了欧洲资本主义的“去民主化”——当然，并不使其去政治化。

尽管如此，“利润依赖”阶层仍然满怀疑虑，他们担心民主制度可能不允许复兴资本主义进行新自由主义的“结构性改革”——即使当代的民主制度早就被严重“阉割”了。虽然出于相反的原因，但是精英阶层也像普通公民一样，对民主政府越来越失去信心，同时也越来越不相信政府拥有适应市场需要、重塑社会的能力。公共选择理论对民主政治的蔑视，即认为民主政治不过是市场正义的腐化力量，尽管有其深刻之处，却反而被机会主义的政客及其“顾客”奉为圭臬，被他们当作行动指南；而且也转化为精英阶层的一个“常识”——市场资本主义如果能将民主政治清洗干净，不但会更有效率，而且也将变得更有“德性”、更加“负责”。[11]这种论调，与第一次世界大战结束后、第二次世界大战开始前，资本主义精英们对德国、意大利法西斯主义（甚至还包括斯大林式共产主义）的经济绩效的赞颂何其相似![12]

就目前而言，新自由主义的政治乌托邦是建成一个“遵奉市场、与市场一致的民主制度”，即取消任何旨在纠正市场缺陷的力量，支持“激励相容”地从底层到顶层的再分配。[13]虽然这个计划在西欧和美国已经推进了很多年，但是它的发起人仍然在担心，在某个特定时候，作为战后和解的遗产的民主政治制度仍然可能被大众所利用，并在最后关头阻止新自由主义的危机解决方案。因此，来自精英阶层的以取消平等主义民主制度为目标的压力仍然继续有增无减；在欧洲，这种压力的表现形式是，将政治经济决策权转移到欧洲中央银行等超国家机构，以及政府领导人首脑会议上。

悬崖边上的资本主义?

资本主义的日子到头了吗？以往的观念，即“现代资本主义”可以按照“混合经济”的形式运行，并且在技术上是“可管理的”、在民主上是“可控制的”，这种观念在20世纪80年代被抛弃了。后来，在新自由主义的革命中，社会与经济秩序也被重构了：据说，它们是无害地起源于“市场力量的自发作用”的。但是，随着2008年金融危机的爆发，人们不再相信自发调节的市场能够达到自身均衡这个前提假设了，但是新的合理的政治经济治理模式却还迟迟没有出现。仅仅这一点，就可以作为一个症状，据以判断这场危机已经演变成了系统性危机。危机状况持续得越久，这种症状也就越明显。

我认为，现在正是再度审视资本主义的时候。从持续了几十年的经济增长率的持续下降、不平等的日益加剧和债务的不断增加，以及自20世纪70年代以来接连发生的通货膨胀、公共债务危机和金融崩溃来看，必须重新把资本主义作为一种既有始也有终的历史性现象来分析。而为了做到这一点，我们必须与各种误导性的关于社会演变和制度变迁的模型分道扬镳。只要我们像列宁主义者那样，把资本主义想象为能够被某个政府或中央委员会以法令形式终结的，我们就不得不认为资本主义是永恒的。（事实上，恰恰是像莫斯科那种形式的共产主义，才是可以通过一个法令就将之终结的。）我认为，我们不能这样想象。资本主义不会被集体决定通过的、设计好的某种新秩序取代，相反，我们认为资本主义将自行崩溃。

我这样说的意思是，我们应该认识到，指出资本主义面临终结这一点，并不意味着必须承担回答什么东西可以取代它这个责任。那其实是现代主义者的一个偏见，说我们只有在看到一个全新的、更好的社会已经出现在地平线上了，而且有一个富有革命精神的群体已经做好准备去实现这个新社会的情况下，才能说资本主义这个历史时期才会结束。这种观点的预设前提是，我们能够在相当大的程度上控制我们的共同命运，但是，在集体行动机制被摧毁后，这种政治行动是不可想象的，我们根本不能指望这一点。我们说资本主义面临即将灭亡的命运，这种断言并不需要用某种对未来的乌托邦想象或者超人类的预言来证明它的正确性。虽然我非常清楚地知道，资本主义在以往已经多次被宣布死亡过，我现在仍然愿意明确地再一次提出这个观点。事实上，自从资本主义这个概念在 19 世纪中期被使用开始，研究资本主义的主要理论家都预测过它即将灭亡，不仅包括激进的资本主义批判者，例如马克思和波兰尼，也包括资产阶级自身的理论家，如韦伯、熊彼特、桑巴特和凯恩斯。[14]

尽管关于某个事件的预测非常合理，它却至今仍然没有发生，这也许会令某些人觉得沮丧，但是这个事实本身并不能说明这个事件永远不会发生。当然，我相信这一次情况将会有所不同。我之所以这么肯定，是因为如下征兆：关于怎样才能使整个资本主义体系恢复如初，那些“天才工程师”直到今天仍然没有提出一个可行的思路——例如，最近公开的美国联邦储备委员会在 2008 年时的讨论记录[15]，以及前面的章节中提到过的各国中央银行对退出“量化宽松”的正确时机的苦苦搜寻，都是明证。当然，这些都只不过是问题的表象。在表象之下的严酷事实是，时至今日，资本主义的“进步”已经基本上摧毁了任何通过限制它来稳定它的力量。这里的要点是，资本主义作为一种社会经济制度，依赖于包含在与它相抗衡的力量当中的“自身动力学”（Eigendynamik）；这也就是说，必须有集体利益和各种制度，对资本积累进行社会制衡，不然资本主义就会自我毁灭。这里的深刻含义在于：资本主义会由于过于成功而“自掘坟墓”。在下文中，我还将更详细地论述这一点。

我所想象的资本主义的终结是一幅画卷，是资本主义由于其自身的原因、由于没有可行的替代方案而逐渐失修、衰亡的过程（我相信这个过程已经开始了）。虽然我们无法准确地预知资本主义到底将会在什么时候消失、如何消失，以及替代资本主义的社会秩序将是什么，但是重要的是，目前没有任何力量能够扭转经济增长、社会平等和金融稳定这三个方面的恶化趋势并终结三者之间的相互强化。与 20 世纪 30 年代的情况不同，在今天，无论左派还是右派，都没能提出一个可行的政治经济模式，没能为资本主义社会提供一个新的、自洽的调节体制。社会整合以及系统整合都受到了不可逆转的损坏，并且还将继续进一步恶化。[16]随着时间的推移，最有可能发生的是较小的或有一定规模的功能失调的持续积累；任何一次功能失调都不一定是致命的，但是大多数功能失调必定都是无法修复的；而且数量之多，肯定是个人无法解决或应付的。在这个过程中，整体的各个组成部分之间相互配合的程度将会越来越低；各种各样的摩擦则会加倍增多；出乎意料的后果将不断扩散，而不同事件之间的因果联系则会越来越隐蔽；不确定性也会激增；各种危机——合法性的危机、生产率的危机或者两者兼而有之的危机——将越来越快地接踵而来，而且危机将变得越来越不可预测和难以治理（过去几十年以来就是如此）。深层功能失调的、彻底失范的社会秩序所产生的经常性灾难必然造成重重压力。为了应对短期危机而设计的各种各样的临时性办法，最终都会在这种重压之下陷于崩溃。

把资本主义的终结设想为一个过程而不是一个事件，这其实也就重新提出了如何定义资本主义的问题。社会是一个复杂的实体，不会像有机体那样生死分明；不过，种族灭绝是个例外，因为灭绝的不连续性总是内嵌于灭绝过程的连续性之中。如果我们说一个社会终结了，我们的意思只是说，它的某些至关重要的组织特征消失了，而其他特征则完全有可能继续存在。为了判断资本主义是生、是濒临灭亡还是已经死去，我们需要把资本主义定义为这样一个现代社会[17]——这个社会确保它的整体的再生产是个人理性和追求资本积累的竞争性的利润最大化行为意图之外的“副产品”，而且这是通过将私有资本与商品化的劳动力结合起来的“劳动过程”实现的，同时还可以实现私人恶德转变为公共利益的“曼德维尔式的承诺”。[18]我坚持认为，当资本主义再也无法实现这个承诺的时候，它作为一个自我再生产的、可持续的、可预测的、具有合法性的社会秩序的历史存在也就宣告终结了。

如此定义之下，资本主义的衰亡决不会遵循任何人事先绘制的蓝图。随着衰亡过程的展开，这一过程必然会诱发政治抵抗和多种多样的集体干预。但是，在一个相当长的历史时期中，这些抵抗和干预将仍然具有勒德主义的特征：它们是局部的、分散的、缺乏协调的、“原始的”。它们只会加剧混乱，却无法创造出新的秩序，最多也只能有助于新秩序的出现（但那是意料之外的后果）。有人可能会认为，这种长期持续的危机应该会为改良者或革命力量提供不止一个机会窗口。然而，混乱的资本主义看起来不仅仅会使自身混乱不堪，而且还会使它的“对手”陷入混乱，使它的“对手”失去打败资本主义或者挽救资本主义的能力。因此，资本主义的终结必将是一种自我毁灭——这是我主张的，也正是我们今天观察到的。

得不偿失的皮洛士式（PYRRHIC）胜利

尽管资本主义可能有很多缺陷，它都已经没有任何势均力敌的对手了，那么为什么还要说它已经陷入了深重危机呢？1989 年，当苏联共产主义体制轰然崩溃时，人们普遍认为那是资本主义的最后凯旋，说那是“历史终结”的时刻。即便是在今天，即 2008 年金融危机之后，“老左派”仍然处于濒临灭绝的边缘，而真正意义上的“新左派”迄今尚未出现。普罗大众、穷人和弱势群体，以及相对来说比较富裕的人，似乎全都被牢牢地囚禁在了消费主义的牢笼当中。公共物品、集体行动和集体组织都变得完全“过时”了。既然已经成了当今世界的唯一的主宰，为什么资本主义的默认发展结果（如果没有其他情况出现的话），反而无法继续维系下去呢？乍一看，资本主义必将灭亡的观点确实好像有点说不通——尽管历史的围墙上写满了关于资本主义命运的不祥预言。例如，就不平等而言，人们可能会逐渐变得对这种状况习以为常，特别是在公共娱乐和政治压制的帮助下。此外还有很多这样的例子：政府重新当选后，削减了社会支出并将公共服务私有化，以便为资本所有者追求更多的利润打开方便之门。又如，环境日益恶化的问题，与人类的寿命相比，总体环境的变化速度要慢得多，所以有人可能会在学会适应环境变化的同时拒绝承认环境在恶化。各种各样的技术进步（如水力压裂技术）肯定会发生，当然它们最多只能为资本主义的苟延残喘多争取一些时间；而且如果消费主义的抚慰力量是有上限的，那么我们显然还离得很远。此外，适应更加耗费时间、更加耗费生命的工作制度，也可以被视为一项竞争性的挑战，因而也是获取个人成就的机会。美好生活的文化定义一直是高度可塑的，而且可能会进一步扩大，以配合商品化的不断向前推进——至少，只要对资本主义"再教育"提出的激进的或宗教的挑战是可以被压制、被嘲讽的或以其他方式被边缘化的，就可以实现这一点。最后，今天的大部分经济停滞理论都只适用于西方，或者只适用于美国，而不是像中国、俄罗斯、印度或巴西这样可能成为经济增长前沿地带的国家；在那里，有大量未开发的处女地，为资本主义的进步提供了可能空间。[19]

我的答案是，事实上，对于资本主义来说，没有任何反对意见能够比资产更多地意味着责任。各种社会制度在内部异质性的基础上蓬勃发展，多元化的组织原则保护它们不会完全投身于某个单一目的，从而挤出其他目的——如果要保证系统的可持续性，其他目的也必须加以考虑。如我们所知，资本主义因反抗利润和市场统治地位的各种运动的兴起而受益匪浅。社会主义和工会主义，通过对商品化设置了一个刹车装置，从而阻止了资本主义摧毁它自己的资本主义基础——信任、诚实、利他主义、家庭和社区团结，等等。在凯恩斯主义和福特主义体制之下，其实是那些真诚地反对资本主义的人或多或少地保证并帮助了总需求的稳定，特别是在经济衰退的情况下。而在经济形势比较有利的情况下，工人阶级的组织甚至会成为促进"生产率提高的鞭子"，即迫使资本家采用更加先进的生产理念。正是在这个意义上，杰弗里·霍奇森（Geoffrey Hodgson）指出，只有当资本主义还不完全是资本主义的时候，资本主义才能生存下去——换句话说，只有当资本主义还没有让自己或它所在的社会摆脱所有"必要的杂质"的时候，它才能生存下去。[20]从这个角度来看，资本主义击败了自己的反对派，实际上可能只是一个“得不偿失”的胜利。这场胜利，使资本主义免受抗衡力量的掣肘，但是，这些抗衡力量虽然有时会对资本主义造成不方便，实际上却是支持着它的。这样说来，莫非凯旋的资本主义已经变成自己最大的敌人了吗?

商品化的前沿

为了探索这种可能性，我们或许可以先转过头去发掘一下卡尔·波兰尼（Karl Polanyi）阐述过的关于市场扩张的社会限制的思想资源，这体现在他提出来的三种“虚拟商品”——劳动、土地（或自然）、货币——的概念中。[21]虚拟商品的定义是，作为一种资源，供求定律或者根本不适用于这些商品，或者只能局部地、别扭地适用于这些商品；因此，一种虚拟商品只有在某种严格限定的、受监管的方式下才能被当成商品，因为完全的商品化会破坏虚拟商品或使其无法使用。然而，市场天生就有扩张到它们原有领域之外的内在趋势。这就是说，市场会从实物产品的交换，扩展到人类生活的所有其他方面，而不管这些方面是否适合商品化——或者，用马克思的话来说，不管这些方面是否适合资本积累的逻辑。因此，除非受到限制性制度的阻碍，否则市场扩张连同资本主义经济和社会制度的可行性，将会永远处在自我破坏的风险当中。

事实上，有充分迹象表明，到了今天，由于旨在保护虚拟商品使之不会被完全商品化的制度性保障措施在许多方面都遭到了严重侵蚀，市场扩张在波兰尼的所有三种虚拟商品上都到达了关键的临界点。不难看出，当今所有发达资本主义社会在劳动、自然和货币三个领域内对新体制的探索就是在这样一个背景下进行的：在劳动方面，寻找新的时间分配模式（具体地说，是寻找在社会和经济关系与追求之间分配时间的新方法）；在自然方面，寻找可持续的能源体制；在货币的生产和配置方面，寻找稳定的金融体制。在所有这三个领域，各资本主义社会都在无助地摸索着如何对市场扩张的逻辑施加更加有效的限制。[22]但是这种扩张的逻辑已经制度化为一种私人得利机制，它对资本主义这种社会秩序来说是至关重要的。而这些限制所针对的核心，则是就业体系对人类劳动越来越高的要求，资本主义生产和消费体系对有限的自然资源的越来越高的要求，以及金融和银行体系对人们对于货币、信贷和债务三位一体越来越复杂的金字塔的信心的越来越高的要求。

只要依次考察这三个波兰尼式的危机领域，我们就肯定会注意到，正是货币的过度商品化，拉垮了 2008 年的全球经济：廉价信贷的无限制供给，转化为越来越复杂的金融“产品”，导致房地产泡沫膨胀到当时人们无法想象的严重程度。早在 20 世纪 80 年代，美国金融市场就实施了去监管化，取消了大萧条以来对货币的私人生产和市场化的限制。当人们刚刚接触“金融化”时，它看上去似乎是能够使过度扩张的美国经济（它在全球资本主义中拥有霸权地位）恢复增长、重建其盈利能力的最后手段；然而，一旦放松了对它的限制，金融行业就把它所拥有的天量资源中的相当一部分用于为进一步取消审慎管制进行游说，更不用说对仅存的规则加以规避了。从“事后诸葛亮”的角度，很容易看出，随着 M—C—M’的旧模式向 M—M’的新模式的转变，产生了巨大风险；与此同时，随着金融行业的不成比例的迅猛扩张，越来越不平等的趋势也形成了。[23]

再来看“自然”这个领域。现在普遍的看法是，资本主义无限扩张与自然资源的有限供给之间的紧张关系日益加剧。从 20 世纪 70 年代开始，各种各样的新马尔萨斯主义理论流行起来。虽然其中有些观点只是“过早发出”的警报，但是没有人能够否认，富裕资本主义社会的能源消费模式，是不能扩张到世界其他国家的，否则就会摧毁对人类生存至关重要的生态环境。一方面是自然资源越来越快的耗尽，另一方面是技术创新——用人工材料替代自然材料、防范生态遭到破坏或修补被破坏了的生态、为避免几乎不可避免的环境恶化而设计生产“防护罩”——这两者之间的赛跑已经正式开始了。但是，一个看似没有人能够回答的问题是：技术创新和保护生态所需要的巨大的集体资源，在一个被麦克弗森（MacPherson）称为“占有的个人主义”统治下的社会中，又怎么可能被动员起来呢?[24]在这样一个竞争性生产和消费的世界里，什么样的人、什么样的制度才能确保适合生存的环境的共同利益?

第三，人类劳动的商品化水平也可能已经达到了一个关键的临界点。迫于国际竞争的压力，劳动市场的去管制化已经取消了任何可能导致对工作时间的一般限制的法规[25]；这种去管制化还使越来越多的劳动者面临随时失去工作的危险。[26]随着妇女劳动参与率的提高（这部分是因为“家庭工资”的消失），家庭可以向雇主出卖的劳动时间增加了，但是工资涨幅却落后于劳动生产率的增长；而且这种情况在美国最为明显（见图 1-7）。与此同时，虽然在很大程度上取消了对劳动市场的监管，工会也遭到了破坏，劳动市场却仍然难以出清，7%～8%的失业率成了新的常态，甚至像瑞典这样的国家也是如此。血汗工厂在包括服务业在内的许多行业大举扩张，不过大多存在于全球资本主义体系的外围，因而不在中心国家有关机构和硕果仅存的工会关注的范围之内，也不在消费者的视野之内。但是，血汗工厂的工人是要与历史上曾经对劳工权利进行过强有力保护的国家的工人进行竞争的，这导致前者的工作条件继续恶化，同时后者的失业率则日益增加。与此同时，人们对工作“侵入家庭生活”的抱怨成倍增长，劳动市场的压力还迫使人们加入提升自己“人力资本”的永无止境的竞争当中。再者，劳动力的全球流动，使得雇主能够用乐意干活的移民代替不乐意干活的本地工人。移民还弥补了低于更替水平的生育率，而生育率之所以会如此低，本身在一定程度上就是雇佣劳动与非雇佣劳动、市场消费与非市场消费之间的平衡发生变化所造成的。最终的结果是，由于阶级和社会团结的缺失，以及随之而来的关于种族多样性问题的严重政治分歧，导致了抗衡资本主义的社会抵抗运动的长期弱化——即便在传统的自由主义国家，例如荷兰、瑞典和挪威，也是如此。

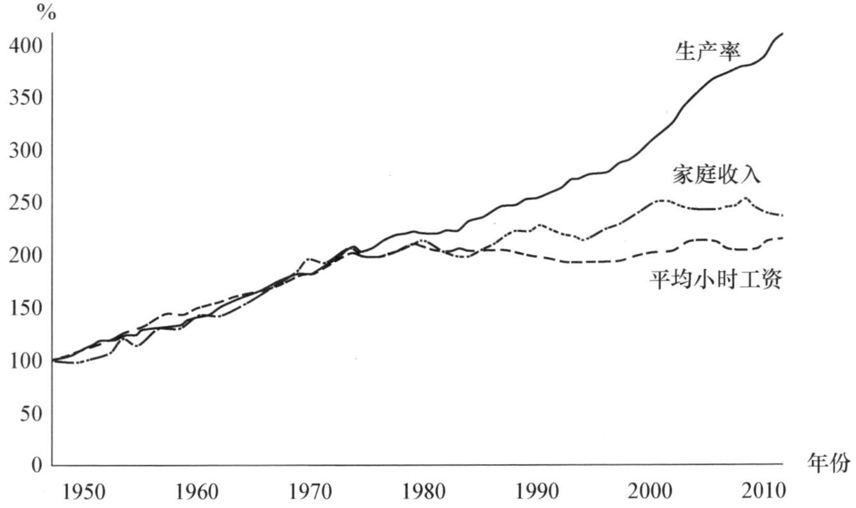

图 1-7 分崩离析的社会契约（美国，1947 年至今）

资料来源：Thomas Kochan，The American Jobs Crisis and the Implications for the Future of Employment Policy，*International Labor Relations Review*，vol. 66，no. 2，2013.

为了保护劳动、自然和货币这三种虚拟商品免受完全商品化的危害，应该怎么去限制、在什么地方限制资本积累？在历史上，这一直是一个聚讼纷纭的问题。但是，当今的情况与历史上的情况有很大不同：在上述三个领域内同时出现了世界性的混乱，这是前所未有的。这种混乱产生于市场对一系列社会制度和各种社会力量（社会角色）的冲击；市场扩张的速度前所未有，它的冲击也引人注目地成功；而受到冲击的社会制度和社会力量——无论是从过去继承下来的，还是在长期政治斗争中建立起来的——原本在相当长的一个时期内一直保证了（至少在一定程度内）资本主义的进步是嵌入在社会中的。但是，“全球化”赋予了市场关系和生产链跨越国家政治和法律界限的能力，自此之后，劳动、土地和货币同时成了危机领域。由此而导致的一个结果是，在现代一度几乎彻底驯服了资本家“动物精神”的那些社会力量——这既是为了整个社会，同时也是为了资本主义自身——被从根本上彻底打乱了。

资本积累不仅会在虚拟商品上碰到“天花板”。从表面上看，商品和服务消费一直在持续增长，因而现代经济学的一个隐含前提——人类的欲望和消费能力是无限的——似乎只要走进任何一家大商场中看上两眼，就能够得到证实。然而尽管如此，资本家仍然普遍担忧，消费品市场在某个时候会达到饱和——这种饱和也许会出现在后物质主义时代，即当人类的欲望与实物商品的购买行为逐渐分离的过程中。这种恐惧本身就反映了成熟资本主义社会中，消费与物质需要的分离很早以前就开始了这个事实。[27]时至今日，消费支出的很大一部分——而且其份额还在继续迅速扩大——并不是为了获得商品的使用价值，而是为了获得它们的符号价值。这就是为什么从业者会发现，他们在广告、产品设计和创新等市场营销活动上的投入会越来越多。然而，尽管市场营销手段越来越精巧，但是文化本身的无形无质的特点却决定了商业成功是很难事先预料的。毫无疑问，在当今这个时代，与以往的时代——让每个家庭都拥有一台洗衣机就能实现经济增长的时代——相比，要取得商业成功，肯定困难得多。[28]

当代资本主义的“五劳”

没有了对立面，资本主义就只剩下自身了，而且是完全缺乏自我约束的自身。资本主义对利润的追求没有终点，而且也不能有终点。资本主义社会不可能崇尚“少即是多”的原则；这个原则必须从外部施加到资本主义身上，否则资本主义的“进步”过程不会有终点，即资本主义将会一直自我消耗下去，直到灭亡。我断言，现在我们已经来到了这样一个位置上，在这里我们可以观察到，资本主义由于消灭了它的对立面而逐渐死去——或者说，它将因为自身过度发展而逐渐死去。为了阐明这个观点，我将首先逐一论述当今发达资本主义的五大系统性“疾病”：

它们全都源于传统制度和政治约束对资本主义发展的限制的弱化——这种弱化以各种方式造成了资本主义的混乱和失序。在这里，我将它们总结为当代资本主义的“五劳”：停滞、寡头式再分配、掠夺公共资源、腐败和全球无政府状态。

雷曼兄弟公司破产 6 年之后，预期经济将陷入长期停滞竟然已经成了一种时尚。在这方面，一个突出的例子是罗伯特·戈登（Robert Gordon）的一篇论文，它引发了大量的讨论。戈登认为，自 19 世纪以来，推动生产率和经济增长的重大创新的浪潮只出现过一次，当时的重大创新的例子包括交通运输速度的提高、自来水在城市中的普及，等等。[29]与这些重大创新相比，近年来信息技术的发展和扩散对提高生产率的作用要小得多（如果有一定作用的话）。虽然戈登的论断看起来似乎有一点技术决定论的色彩，但是，以下这种观点确实言之有理：只有在技术打开了提高生产率的前所未有的新机会之门的时候，资本主义经济增长速度才有希望达到一种足以补偿工人阶级所需的水平。戈登阐述了六种非技术性因素，他把这些因素作为他的预测——资本主义经济增长将会很慢或者根本不会增长——的依据，尽管他的论述从整体上看有点“事后诸葛亮”的味道。戈登把这些非技术性因素称为“逆风”因素。他说，“即使创新能够继续……保持 2007 年以前那 20 年的速度”，这些“逆风”因素也会导致长期停滞。[30]在戈登总结的这六个“逆风”因素中，就包括了两个我认为在一定时期内会与低经济增长交织在一起的因素：其一是不平等，其二是“堆积如山的消费者债务和政府债务”[31]。

令人惊讶的是，关于停滞的当代理论与 20 世纪 70 年代和 80 年代马克思主义者提出的消费不足理论何其相似！[32]更令人惊讶的是，在最近变成了停滞理论家的知名人士当中，竟然包括了“华尔街之友”拉里·萨默斯。萨默斯是克林顿时期金融去监管化政策的总设计师，也是奥巴马属意的美国联邦储备委员会主席一职的第一人选——不过，面对国会的强烈反对，他最终被迫退让。[33]2013 年 11 月 8 日，在国际货币基金组织的经济论坛上，萨默斯公开承认，他已经不再期望接近于零的低利率在可以预见的未来会带来显著的经济增长了，因为他认为这个世界已经深受资本过剩之苦。[34]萨默斯预测“经济长期停滞”将会成为“新常态”，这个预测令人惊讶地得到了包括保罗·克鲁格曼在内的许多经济学家的赞成。[35]为了促进投资，美国和其他国家甚至实行了实际上为负的低利率政策，但是萨默斯只简单地顺便提了一下，在这种政策明显失败的同时，美国和其他国家长期以来的贫富分化却进一步恶化了。正如凯恩斯很早以前就指出过的，收入向顶层人士集中必然会损害有效需求，并促使资本所有者到“实体经济”之外寻找投机性的获利机会。事实上，这正是始于 20 世纪 80 年代的资本主义金融化的原因之一。

全球资本主义的权力精英，可能会由于可预见的未来经济增长率过低或根本没有增长而黯然去职。但是这并不会导致金融部门无法得到高利润，特别是，它们可以利用中央银行提供的廉价货币，在投机性交易中得到高利润。为了防止经济停滞转变为通货紧缩而创造的巨额货币会不会引发通货膨胀，这个问题似乎从来没有人担心过，因为可能会在通货膨胀发生时要求分得一份蛋糕的工会已经不复存在了。[36]当然，在现实世界中，现在人们关注的问题是通货膨胀率过低了（而不是过高了）；越来越多的人接受了这样的观点：健康的经济至少需要维持 2%的年通货膨胀率（如果不能再高的话）。但是，唯一可以预见的通货膨胀，就是资产价格泡沫，萨默斯煞费苦心地提醒他的听众的就是这个。

毫无疑问，对于资本家及其“侍从”来说，未来的道路必定是崎岖不平的，因为极低的经济增长率将使他们无法用经济增量来解决分配矛盾和平息不满。泡沫必定要破灭，而且会在他们意想不到的时间破灭，而且国家能否及时恢复救助受害者的能力也无法确定。现在正在形成中的这个停滞经济与处于稳态或静态中的经济相去甚远；在经济停滞时，随着增长率的持续下降和风险的上升，为了生存下去而进行的竞争将会加剧。在绝望地为了增加利润和继续进行资本积累而拼死拼活的过程中，先前已经被全球化淘汰的对商品化的保护性限制不可能会恢复，恰恰相反，各种各样的新手段都会被找出来，并被用于掠夺自然资源、延长劳动时间、提高劳动强度并鼓励所谓的金融创新。对于这种场景——“有可能产生泡沫的经济停滞”——最恰当的想象是一场所有人反对所有人的战争：到那里，偶尔的恐慌就会刺激大家投入战斗，而残局游戏将会成为流行的消遣。

财阀和掠夺

接下来讨论当代资本主义的第二个疾病。经济不平等不断恶化的长期趋势不会在短时间内停止，或者说永远不会停止。根据凯恩斯主义者或其他人给出的理由，不平等将抑制经济增长。但是，中央银行为了恢复经济增长而提供的廉价货币——当然这种货币只有对于资本来说才是容易获得的，对于劳动来说则根本不容易获得——导致金融部门迅速膨胀并引发了投机性（而非生产性）投资，这就进一步加深了不平等。因此，有利于顶层的再分配趋于寡头化：再分配已经不再像新古典经济学所承诺的那样，为经济发展的整体利益服务了，而是变为从日益贫困和衰落的社会中攫取资源。这样的国家不仅有俄罗斯、乌克兰，还有希腊和西班牙，甚至连美国也日益变得如此。在寡头式再分配中，凯恩斯主义联结富人的利润与穷人的工资的纽带被切断了，从而使经济精英的命运与普罗大众失去了联系。[37] 2005 年和 2006 年，在花旗银行连续向它最富有的少数客户发送的臭名昭著的“财阀经济”备忘录中，就预计到了这种情况；这个备忘录向最富有者作出的保证就是，他们的繁荣再也不用依赖于工薪阶层了。[38]

甚至在那些仍然被认定为民主政体的国家里，寡头再分配以及向财阀经济演变的趋势也已经使精英们信心百倍，不再被噩梦困扰，因为他们相信，在令他们变得如此富裕的社会制度终结后，他们仍然能够生存下去。财阀经济中的资本家，已经不再需要为本国的经济增长担忧了，因为即使一个国家的经济没有增长，他们的跨国财富也照样会增长。俄罗斯或希腊等国的超级富豪，可以带着他们的钱（或者说是他们的同胞的钱）逃到国外——他们最优先的选择是瑞士、英国或美国。全球资本市场为你拯救自己以及你的家人提供了可能，因为你可以带着你的所有财产逃出去。这是一个莫大的诱惑，它会吸引富人提前进入这场游戏的收官阶段——在这个阶段，富人完成套现，然后过河拆桥，身后只留下一片焦土。

与此紧密相关的是第三种疾病，即通过削减开支和私有化来掠夺公共资源。我在其他地方追溯了自 20 世纪 70 年代以来的“双重转型”的起源。这里所说的双重转型，是指从税收国家转变为债务国家，然后又从债务国家转变为紧缩国家。在导致这些转变的原因中，最重要的是 20 世纪 80 年代以来全球资本市场提供的大量机会，使得公司和高收入者能够逃税、避税、选择税制甚至对某个国家政府进行要挟——强行要求减税。同时，削减赤字则基本上完全依赖削减政府开支，即削减政府在社会保障、基础设施建设和人力资本投资上的支出。随着收入日益向顶层的前 1%的人集中，资本主义经济的公共领域不断萎缩——而且往往是急剧萎缩；而对于快速跨国流动的寡头资本来说，公共领域在资金方面陷入饥渴状态对它们是最有利的。私有化也是削减政府支出的一个组成部分；无论用于提高经济生产率、增强社会凝聚力的公共投资对经济增长和社会公平有多大贡献，私有化都会成为削减开支的一个手段。

甚至早在 2008 年之前，许多人就已经想当然地认为，要解决财政危机，就必须削减开支，而不能提高税收（尤其是对富人征收的税收）。通过财政紧缩来巩固公共财政状况的政策，就这样被强加到了社会之上，尽管这样的做法很可能会抑制经济增长。这是又一个证据，它说明寡头经济已经脱离了普通民众——富人已经不准备因为自己以牺牲穷人利益为代价谋取利润而对穷人作出补偿，也不打算因为自己以牺牲整体经济来谋取自身利益而对社会作出补偿了。从表面上看，这似乎就是马克思当年描述过的“根本矛盾”，即生产的社会性与生产资料私人占有之间的矛盾。由于生产率的提高要求更多公共资源，所以，生产率提高与利润的私人积累是不可能共存的。因此，资本主义精英被迫在两者之间作出选择。我们今天已经看到了他们选择的结果，那就是：经济停滞与寡头再分配的结合。[39]

铁笼子的腐蚀

与经济增长率不断下滑、不平等持续恶化、公共资源转变为私有财产一样，腐败也是当代资本主义的一种疾病——第四种疾病。马克斯·韦伯试图通过重新阐述资本主义的伦理基础，为资本主义找到一个新的安身立命之所。韦伯在资本主义与贪婪之间划下了一条明确的界线：他认为资本主义起源于新教的宗教传统。根据韦伯的说法，贪婪的出现与人类社会相始终，它无处不在、无时不在；同时，贪婪不仅不是资本主义的独特现象，它甚至还倾向于颠覆资本主义。韦伯还指出，资本主义并不是建立在致富欲望的基础上的，而是建立在对自我的严格约束、有条不紊地努力、负责任的管理的基础上的，是对使命、召唤和理性生活的冷静奉献的结果。当然，韦伯也预料到了，资本主义的文化价值会随着资本主义的成熟而逐渐褪色，并且变为一个“铁笼”。在这个铁笼中，官僚化管理和对竞争的限制，会取代新教传统，从而也就无法切断资本积累与享乐主义的消费以及原始囤积的本能之间的联系了。但是，韦伯无法预料的是，到了 20 世纪的最后 30 年，新自由主义革命发生了；他也无法预料这场革命带来的前所未有的致富机会。

如韦伯所说，欺诈和腐败永远伴随着资本主义。但是，我们有理由相信，韦伯不可能预料到，随着金融部门的崛起并在经济体系中占据了统治地位，欺诈和腐败会变得如此普遍、如此无孔不入；现在看起来，韦伯对资本主义的伦理辩护针对的似乎不是资本主义而是另一个世界。金融行业是这样一个行业：这个行业中的“创新”很难与扭曲规则或破坏规则区分开来；半合法的和非法的活动能带来极高的报酬；金融公司和监管部门在薪酬上、在专业知识上的差距极大，同时这两者之间的旋转门则为腐败（隐藏得很好的，或明目张胆的）提供了无限可能[40]；最大的金融公司不仅大而不倒，而且由于它们对国家经济政策和税收收入的重要性而“大而不受法律审判”；私有公司与国家之间的界线，比任何其他地方都要模糊，2008 年的政府救市说明了这一点，美国政府大量雇用金融公司前雇员或者金融公司大量雇用美国政府前雇员也说明了这一点。我们观察到，在安然事件和世通事件之后，美国经济中的欺诈和腐败达到了前所未有的程度。但是，2008 年之后曝光的一系列事件，又打破了以前的一切纪录：评级机构被有毒证券的制造者收买，给出了最高评级；离岸影子银行业务、洗钱、为大规模避税提供帮助，成了大银行的“正常”操作方式；将证券卖给不知情的客户，同时让其他客户在这些证券价格上“下注”投机；全世界各主要银行欺诈性地把利率和黄金价格固定下来；等等。近年来，许多大银行被曝光后，不得不为这些行为支付了数十亿美元的罚款；并且新的事件还在浮出水面。乍一看，数十亿美元的罚款似乎很严厉，但是与这些银行的资产负债相比，这种制裁其实微不足道；更何况，这种制裁都是在政府不想或不敢起诉的情况下，以院外和解的形式作出的。[41]

资本主义的“道德沦丧”也许与经济衰落相关，为了占据最后剩下的利润机会而进行的斗争，在末日到来之前变得更加丑恶了，而且变成了真正意义上的“大规模资产剥离”。无论如何，公众对资本主义的看法现在已经是非常愤懑了——人们普遍把整个资本主义体系看成是一个充满了阴谋诡计的肮脏世界，而这个世界的目的，就是确保已经很富有的人将会变得更加富有。今天，再也没有人相信资本主义会实现道德复兴了。随着资本主义越来越变成腐败的同义词，韦伯等人的努力——防止资本主义被贪婪挫败——最终失败了。

脱节的世界

现在，我们终于说到当代资本主义的第五个疾病了。全球资本主义需要一个核心国家来保证外围国家的安全；这个核心国家还需要为整个资本主义体系提供一个可信的货币体制。20 世纪 20 年代之前，这个角色一直是英国所扮演的；从 1945 年到 20 世纪 70 年代，这个角色则是美国扮演的；而在这两个时期之间的那段时间，则是一个在经济上和政治上都非常混乱的时期：核心国家消失了，渴望成为核心国家的各方力量激烈竞争。在资本主义世界经济中，各国货币之间的稳定关系对国际贸易和资本跨国流动至关重要，因而对资本积累也至关重要。但是这种稳定关系需要一个全球最终贷款人的支持。要想让外围国家允许核心国家以低价攫取外围国家的原材料，中心就必须给外围国家的政权提供支持；而且，核心国家还要加强与发达世界之外的外围国家在当地的合作行动，以镇压传统的反对资本主义的力量。

现在，由于美国再也无力扮演它在第二次世界大战结束后曾经扮演的中心角色，同时多极世界秩序又未能形成，当代资本主义越来越饱受全球无政府状态的困扰。虽然（现在还）没有出现大国之间的直接冲突和碰撞，但是，在美国经济增长势头下滑、公共债务和私人债务上升以及连续出现具有极强破坏性的金融危机的情况下，美元作为国际储备货币的功能受到了越来越大的非议（但是也只能如此）。寻找一种能够代替美元的货币——或许也可能采取一篮子货币的形式——的努力也总是无功而返，因为美国一旦放弃用美元给自己融资的特权，就会出现巨大损失，那是它无法承受的。再者，许多国际组织在华盛顿的授意下所采取的旨在稳定经济的举措，反而越来越倾向于使整个资本主义体系的外围变得更加不稳定；正如核心国家所采取的“量化宽松”，在巴西、土耳其等外围国家却造成通货膨胀泡沫一样。

在军事方面，自 20 世纪 70 年代以来，美国在三场地面战争中都没有能够取胜，或者至少陷入了僵局；将来，美国可能更加不愿意以地面战争的方式轻易卷入局部冲突。现在，美国转而大量部署新的、高性能的暴力武器，试图让与它合作的各国政府安心，并试图让人们相信，美国仍然是全球寡头财产权利的守护者，美国本土则是寡头及其财产的安全的避风港。但是，这些武器真的能恢复全球秩序吗？非常值得怀疑。

总而言之，作为依靠一个承诺——会带来永无止境的集体进步——黏合起来的一种社会秩序，当代资本主义所处的形势非常严峻。长期的经济停滞取代了经济增长；经济进步的成果被大多数人分享的份额越来越小；对资本主义货币经济的信心由于承诺越来越难以实现而不断下降。自 20 世纪 70 年代以来，资本主义的核心国家经历了接连发生的三场危机：通货膨胀危机、公共财政危机和私人债务危机。今天，资本主义进入了一个非常艰难的过渡阶段，它必须依靠中央银行提供的无限流动性才能生存。资本主义与民主政治在 1945 年以后迫于无奈组成的婚姻，一步步走向了破裂。在商品化的三个前沿领域（劳动、自然和货币），限制资本主义扩张——这种限制对资本主义本身是有利的——的各种监管制度也崩溃了。在资本主义战胜了它的所有对手之后，目前还没有政治力量有能力重建这些资本主义的对立面。当代资本主义的“五劳”——五种不断恶化的疾病——则时刻危害着它的躯体：经济增长率下降、寡头制、公共领域资金短缺、腐败和全球无政府状态。根据资本主义最近的历史来看，不难预见它将经历一个长期的、痛苦的、越来越严重的溃败时期：这将是一个摩擦不断加强的时期，一个脆弱性和不确定性持续恶化的时期，一个“事故”稳步变成“常态”的时期——而且，这种“事故”的规模很可能（尽管不一定）与 20 世纪 30 年代全球崩溃时的规模差不多。

【注释】

[1] 本文曾在 2014 年 1 月 23 日大不列颠学会举办的盎格鲁—德国基金会讲座

上宣读过，后来发表于 *New Left Review*. 2014（87）：35－64.

［2］我在《购买时间：资本主义民主国家如何拖延危机》一书中更加详细地探讨了这些论点。

［3］请参阅 Matthew 25：29. 这种社会机制最先是罗伯特·默顿（Robert Merton）在 The Matthew Effect in Science. 一文中描述的，与之相对应的技术术语是“累积优势”。

［4］Saez E. Striking It Richer：The Evolution of Top Incomes in the United States.（见赛斯在加州大学伯克利分校网站上的个人主页，下载时间为 2012 年 3 月 2 日）；以及，Alvaredo F，et al. The Top 1 per cent in International and Historical Perspective. *Journal of Economic Perspectives*，2013，27（3）：3－20.

［5］Bank for International Settlements. *83rd Annual Report*，*1 April* 2012－31 *March* 2013. Basel，2013：5.

［6］然而，即便是这种政策，在美国和英国这样的国家也不可能有太大作用，因为在这些国家，仍然有待实施的新自由主义的“改革”已经几乎不存在了。

［7］Schäfer A，Streeck W. *Politics in the Age of Austerity*. Cambridge：Polity，2013.

［8］Korpi W. *The Democratic Class Struggle*. London：Routledge and Kegan Paul，1983；Crouch. *Post-Democracy*.

［9］这是詹姆斯·布坎南（James Buchanan）及其领导的公共选择学派提出的一个非常有说服力的观点。关于财政危机的公众选择学派的观点，请参阅：Buchanan，Tullock G. *The Calculus of Consent*：*Logical Foundations of Constitutional Democracy*. Ann Arbor：University of Michigan Press，1962.

［10］人们经常会忘记如下这个事实：大多数中央银行，甚至包括国际清算银行，长期以来一直是（或者今天仍然是）私人所有的。例如，英格兰银行和法兰西银行直到 1945 年之后才被国有化。20 世纪 90 年代开始，许多国家开始强调中央银行的“独立”性，这可以认为是再私有化的一种形式。

［11］当然，正如科林·克劳奇（Colin Crouch）所指出的那样，新自由主义就其实际存在的形式而言，是一种政治上已经根深蒂固的巨型跨国公司主导的寡头体制。请参阅：Crouch. *The Strange Non-Death of Neoliberalism*.

［12］Daniel A，Bell. *Beyond Liberal Democracy*：*Political Thinking for an*

East Asian Context. Princeton, NJ: Princeton University Press, 2006; Berggruen N, Gardels N. *Intelligent Governance for the 21st Century: A Middle Way between West and East*. Cambridge: Polity, 2012.

[13]“遵奉市场……”这种说法源自安格拉·默克尔。这位总理大臣的公开言论似乎一贯有意含混化和神秘化。她于2011年9月说的原话是:“Wir leben ja in einer Demokratie und sind auch froh darüber. Das ist eine parlamentarische Demokratie. Deshalb ist das Budgetrecht ein Kernrecht des Parlaments. Insofern werden wir Wege fi nden, die parlamentarische Mitbestimmung so zu gestalten, dass sie trotzdem auch marktkonform ist, also dass sich auf den Märkten die entsprechenden Signale ergeben.”这段话大体上可以译为:“我们当然生活在民主制度下,这是一个令人高兴的事实。这是一种议会民主制,因此预算权是议会的核心权力。在这个范围内,我们将会致力于以如下这种方式在议会中形成共同决定:它同时也是遵奉市场、与市场一致的,以保证相应的信号能够出现在市场上。”

[14] 因此,如果历史证明我是错的,至少也有不少人“相伴”。

[15] 例如,请参阅:Morgenson G. A New Light on Regulators in the Dark. *New York Times*, 23 April 2014. 这篇文章描绘了“2008年全球金融危机中,中央银行面对每一场灾难时束手无策的令人不安的画面”。

[16] 关于这些术语,请参阅:Lockwood. Social Integration and System Integration. pp. 244-257.

[17] 或者,也可以用亚当·斯密的术语,这是一个“进步的”社会,即一个旨在实现生产力增长和经济繁荣的社会;如果用货币经济的规模来衡量,这原则上是无限的。

[18] 对于资本主义的其他一些定义强调的资本主义商业市场交换的“和平本质”。请参阅:Hirschman A. Rival Interpretations of Market Society : Civilizing, Destructive or Feeble?. *Journal of Economic Literature*, 1982, 20 (4): 1463-1484. 这种定义忽略了一个事实,即非暴力的“自由贸易”通常被限制在了资本主义体系的核心;从历史上和空间上看,边缘区域的暴力却是非常猖獗的。例如,由私人暴力管理的非法市场(毒品、卖淫、武器贸易等)为“合法投资”提供了巨额的资金——这是一种原始的积累。此外,合法的公共暴力和非法的私人暴力是经常被混合在一起运用的,这不仅体现在资本主义体系的前沿地带,而且体现在核心地

区向其边缘地区的合作者提供的支持中。我们还需要把用于对付异议者的公共暴力包括在内——当资本主义体系的核心区仍然存在着真正意义上的工会的时候。

[19] 不过，最近对这些国家的经济表现和前景的评价已经比两三年前低得多了。最近，对“金砖五国”的热情称赞已经被对“脆弱五国”（土耳其、巴西、印度、南非和印度尼西亚）的经济前景的焦虑和质疑取代了。请参阅：Landon Thomas Jr. *New York Times*, 28 January 2014. 自克里米亚危机以来，我们也经常听人谈起俄罗斯经济的“结构性缺陷”。

[20] “每个社会经济系统必定至少依赖一个以上结构不同的子系统才能运行。因此，必须始终有多种生产方式共存，使得社会形态作为一个整体具有应对变化所必不可少的结构多样性。”请参阅：Hodgson G. The Evolution of Capitalism from the Perspective of Institutional and Evolutionary Economics. //Hodgson, Geoffrey et al. *Capitalism in Evolution: Global Contentions, East and West*. Cheltenham: Edward Elgar, 2001: 71ff. 我对同一个观念也进行过阐述，不过不是从功能主义的角度，请参阅我提出的“有益约束”的概念：Beneficial Constraints: On the Economic Limits of Rational Voluntarism. //Hollingsworth, Rogers, Boyer R. *Contemporary Capitalism: The Embeddedness of Institutions*. Cambridge ; Cambridge University Press, 1997: 197-219.

[21] Polanyi. *The Great Transformation*. pp. 68-76.

[22] 或者，防止商品化“过界”（transgression）。“过界”用德语来说，则是“steigerungslogik”。

[23] 请参阅：Tomaskovic-Devey D, Ken-Hou Lin. Income Dynamics, Economic Rents and the Financialization of the US Economy. *American Sociological Review*, 2011, 76 (4): 538-559.

[24] MacPherson C B. *The Political Theory of Possessive Individualism: Hobbes to Locke*. Oxford; Clarendon Press, 1962.

[25] 例如，考虑法国的例子。在社会主义总统及其党派的支持下，法国对每周 35 小时工作制的最后“堡垒”发起了冲击。

[26] 从资本主义的前沿来看，领先的投资银行已经开始向其最底层的雇员提出建议，他们“应该每个月只过四天周末，这是改善工作条件的更广泛的努力的一部分”，请参阅：Wall St. Shock: Take a Day Off, Even a Sunday. *New York*

Times，10 January 2014.

[27] 请读者想一想这些场景：消费品行业和零售业每年在圣诞节前夕组织的大型酬宾活动，以及美国每年感恩节后的“黑色星期五”。普通消费者因为无处不在的“疯狂大减价”和集体购物狂潮的刺激，会变得近乎歇斯底里！

[28] 消费主义文化对当代资本主义再生产至关重要。这种重要性是绝对不能低估的。在资本与直接生产者的分配冲突中，消费者是资本的最终盟友，尽管直接生产者和消费者通常是同一群人。通过对最低价格的搜寻，消费者击败了作为直接生产者的他们自己，即把自己的工作机会送到了国外；当利用消费者信贷来弥补自己不断下降的购买力时，他们也加强了自己为履行法律义务而努力工作的消费主义激励——他们成了债务人，贷款人有强制执行权。请参阅：Calder L. *Financing the American Dream：A Cultural History of Consumer Credit*. Princeton，NJ：Princeton University Press，1999.

[29] Gorden R. *Is US Economic Growth Over? Faltering Innovation Confronts the Six Headwinds*. NBER Working Paper no. 18315，August 2012.

[30] 根据戈登的观点，2007年以前的20年的平均经济增长率为每年1.8%。在那六个“逆风因素”的影响下，美国收入后99%的人口所能享受的经济增长率将下降到每年0.2%；请参阅：Gordon. *Is US Economic Growth Over?*. pp. 18ff.（当然，前1%的人口的“经济增长”完全是另一回事。）需要注意的是，戈登认为，真实基础增长率将会低于1.8%。

[31] 戈登的预测引发了许多争论。关于未来人工智能和机器人等方面的技术进步的影响，争议尤其大。虽然技术进步在这些领域中是完全可能的，但是技术进步的成果不可能平均分配。没有社会保护，这些领域的技术进步将会损害就业并导致社会进一步两极分化。技术进步对经济增长的贡献，很可能会被它所带来的不平等完全抵消。

[32] 这方面的论著很多，请参阅：Magdoff H，Paul Sweezy P. *Stagnation and the Financial Explosion*. New York：Monthly Review Press，1987. 有的经济学家已经对消费不足理论对2008年后资本主义经济分析的适用性进行过评估，请参阅：Foster B，Magdoff F. *The Great Financial Crisis；Causes and Consequences*. New York ：Monthly Review Press，2009.

[33] 这大概也是因为，萨默斯必须公开他于2010年年底辞去在奥巴马政府中

的职位之后，从华尔街金融企业收到的大额收入。请参阅：The Fed，Lawrence Summers，and Money. *New York Times*，11 August 2013.

［34］2005 年，伯南克也提出了相同的观点（当时他即将接替艾伦·格林斯潘，担任美国联邦储备委员会主席一职），他用“储蓄过剩”来说明美国联邦储备委员会为了刺激投资而“向市场提供的充足流动性”未能见效的原因。如今，萨默斯很自然地接受了左派停滞理论家们的观点——20 世纪 90 年代和 21 世纪初的“繁荣”只是一场幻觉：“廉价货币过多了、借贷过多了、财富过多了。经济出现了巨大的繁荣吗？但是产能利用并没有太大的压力，失业也没有处于显著过低的水平，通货膨胀也完全处于一片静谧当中。所以，即便是一场巨大的泡沫也不足以导致总需求的过剩。”在国际货币基金组织的网站上可以观看萨默斯讲演的视频（也请参阅本书导论中的注释［21］）。

［35］Krugman P. A Permanent Slump?. *New York Times*，18 November 2013.

［36］当然，工会的“缺席”，正是当初会出现超额利润以及需求不足的原因之一。

［37］在美国和其他地方，富人积极反对工会和最低工资制度，尽管低工资会削弱总需求。很显然，他们之所以能这样做，是因为充足的新增货币供给，使得有条件取得货币的那些人能够在金融市场上获取巨额利润，从而取代了普通民众的购买力。只有在来自中下层民众的需求旺盛的情况下，才能吸引富人增加“储蓄”并投资服务业和制造业。正是出于这个原因，（代表制造业企业的）英国工业联合会总干事才会大声疾呼——向工人支付更高的工资，因为有太多的人被困在低薪工作上了。请参阅：Companies urged to spread benefits widely. *Financial Times*，30 December 2013.

［38］Research C. Plutonomy：Buying Luxury，Explaining Global Imbalances. 16 October 2005；Citigroup Research. Revisiting Plutonomy：The Rich Getting Richer. 5 March 2006.

［39］需要提请读者注意的是，资本主义关心的是利润而不是生产率。虽然这两者有时会一起变化，但是当经济增长要求公共领域大幅扩张的时候，两者就不再一起变化了，所谓的“瓦格纳定律”描述的就是这种情况（Adolph Wagner：*Grundlegung der politischen Oekonomie*. 3rd. Leipzig，1892.）。也请参阅温特

(Winter) 1982 年的著作。资本家对利润(而不是生产率)的偏好，与资本主义私有产权一起，阻碍了经济和社会的进步。

[40] 这其中也包括了最“顶级”的腐败：布莱尔和萨科齐现在都为对冲基金工作。在对冲基金看来，他们作为国家领导人的经历，显然是在金融部门获得高薪职位所需的一种学徒训练。

[41] 关于银行因“错误行为”而被罚款的报道频繁见诸报端。例如，2014 年 3 月 23 日的《法兰克福汇报》报道，自金融危机开始至 2014 年，单是美国的一些银行就已支付了大约 1 000 亿美元的罚款。

第 2 章

民主资本主义的危机

2008 年发生于美国的金融体系的崩溃，后来演变为一场全球范围的经济和政治危机。[1]对于这个震撼世界的事件，我们应该如何进行概念化？主流经济学倾向于认为，社会是受某种走向均衡的一般趋势所支配的，危机和变革只不过是对一个正常的、有序统一的体系的稳定状态的短期偏离而已。但是，社会学家一般不会像经济学家这样“泰山崩于前而不改色”。作为一个社会学家，我不会把我们当前的苦难解释为某个更具根本性的稳定条件发生的一次扰动，相反，我会将这场“大衰退”[2]以及随之出现的公共财政的近乎崩溃，视为发达资本主义社会政治—经济构造中一种基本的、隐含的紧张关系的表现。正是这种紧张关系的存在，才使得非均衡和不稳定成了常态而不是例外；社会—经济秩序内部一个接一个危机的历史演替，正是这种紧张关系的表现形式。在此基础上，我还会更加明确地指出，当前这场危机，只有从我们所生活的社会形态的持续的、内在的冲突性转型这样一个角度出发，才有可能得到完全理解；这种社会形态就是我们所称的“民主资本主义”。

民主资本主义是在第二次世界大战结束之后才完全确立的，而且只是在我们这个星球的“西”半球，即北美和西欧建立了起来。在那之后的差不多 20 年里，它在这些地方运行得非同寻常地好——如此之好，以至于直到今天，这个时期从未间断过的经济增长情景仍然主导着我们关于现代资本主义是什么样子、能够做到什么样子、应该是什么样子的看法和预期。然而，考虑到随后出现的长期失调，我们这种直观感受其实忽略了一个基本事实，即紧接着第二次世界大战的这个四分之一世纪应该被视为真正的例外。我的观点是，真正能代表民主资本主义的正常状况的，并不是那所谓“光辉的 30 年”，而是随后的系列危机；这也就是说，民主资本主义的正常状况是由资本主义市场和民主政治之间的特有冲突所主导的，在 20 世纪 70 年代，当经济高速增长阶段走到了历史终点时，这种冲突就已经强有力地“王者归来”了。在本章接下来的各节中，我将先剖析这种冲突的性质，接着转而讨论它所造成的一系列政治—经济失调，这些失调是当前全球危机的先声，它们塑造了这场全球危机。

市场还是选民？

资本主义和民主制度的联姻真的是天作之合吗？人们对此的疑虑由来已久。从 19 世纪到 20 世纪中叶，资产阶级和政治上的右派一直都在表达他们对民主这种“大多数人的统治”的恐惧，认为民主不可避免地意味着穷人对富人的统治，最终将导致私有财产权利和自由市场的消失。而当时处于上升势头中的工人阶级和左派政治人物则警告说，资本家可能会与其他反对民主的反动力量联合起来，废除民主制度，以保证自己不会被一个致力于经济和社会再分配的永久性的多数派政权所统治。在这里，我不准备展开分析上述这两种观点的相对优劣之处，尽管有历史证据表明，至少在工业化的资本主义世界中，左派有更多的理由担心右派通过推翻民主制去拯救资本主义，而右派其实不用过多地担心左派会为了民主制而取消资本主义制度。无论如何，在第二次世界大战结束之后的那些年间，左右两派似乎达成了广泛的共识，即他们共同假设，要想让资本主义与民主制度相互兼容，就必须保证资本主义受到普遍的政治控制——例如，关键企业和行业要国有化，或者让工人“共同参与决策管理”（就像在德国那样）——这样才能保护民主本身不受自由市场的限制。在那些日子里，凯恩斯成了左右两派的共同导师（在一定程度上，卡莱茨基和波兰尼也是），而哈耶克则暂时销声匿迹了。

然而，也正是从那个时候开始，许多主流经济学家就逐渐变得越来越痴迷于指责机会主义政客的“不负责任”了。他们说，短视的政治领袖们为了迎合没有受过良好经济学教育的选民，以追求充分就业和社会正义为名，对“只要不受到干预，原本就是有效的市场”横加干预；这些经济学家声称，真正意义上的自由市场，原本能够在长期中实现充分就业和社会正义的目标，但是，如果遭到了政治扭曲，那么就肯定无法实现了。根据“公共选择理论”的标准说法，经济危机从根本上说，实际上就源于以实现特定社会目标为名、扭曲市场为实的政治干预。[3]在公共选择学派的经济学家看来，正确的干预只有一种，那就是能够保证市场摆脱政治的干预；而错误的、扭曲市场的干预则多种多样，但是它们都来自过度的民主，或者更确切地说，源于被不负责任的政客带入经济体系的民主——而在经济中，本没有民主什么事。不过，直到今天，像哈耶克那么彻底的经济学家依然不是很多，他在生命的最后几年主张为了维护经济自由和公民自由废除“我们现在这种民主制”。不过，当前的新制度主义经济理论的“固定旋律”则肯定是哈耶克式的。要想让资本主义体系正常运行，就必须以法治原则去约束经济政策，即要在立宪层面上保护市场和私有财产权利不受政治干预，要有独立的监管机构，要保证中央银行不受选举压力，要成立一系列无须担心会被民众“选下台”的国际机构（例如欧盟委员会或欧洲法院），等等。但是，这样的理论从根本上回避了“从这里出发，怎样才能到达那里”这个关键问题；而这很可能是因为这些理论家其实并没有答案，或至少没有一个可以公开的答案。

要想确定资本主义和民主之间发生摩擦的根本原因，可以有很多种途径。从当前的目的出发，我把民主资本主义定义为这样一种政治经济形态：它由两个相互冲突的资源配置原则或体制所主导，第一个原则是按照边际生产力配置资源，或者说，让“市场力量自由发挥作用”即可（其优点自然会显示出来）；第二个原则是以社会需要或社会应得权利为基础来配置资源，也就是说，通过民主政治的集体选择过程来确定资源配置的方法。在民主资本主义之下，政府在理论上需要同时尊重这两个原则，尽管这两者实质上几乎不可能“和平相处”。而在实践中，政府在某个时期内可能会喜欢这一个却忘了另一个，直到吃尽了苦头为止：如果未能坚守自己的贸易保护和再分配性质的民主承诺，政府就有可能失去其多数党执政地位；如果无视自己补偿生产性资源所有者——他们会用边际生产力的语言表达自己的要求——的承诺，政府又会引发经济失调，使得经济发展越来越不可持续，最终同样会损害对自己的政治支持。

在标准经济学理论构建的自由主义乌托邦中，民主资本主义下如上所述的两个配置原则之间的紧张关系，是通过将理论转变为马克思所称的“物质力量”来克服的。根据这种观点，经济学是一种“科学知识”，能够告诉公民和政治家真正的正义是市场正义，在这种正义观下，每个人都按照自己的贡献获得报酬，而不是根据被重新定义为权利的个人需要来获得报酬。如果这种经济理论真的被广泛接受为一种社会理论，那么在这个限度内，它确实会“成为现实”，在成为一种行动性的理论的意义上——但因此也就暴露了它作为一种说服性质的社会建构工具本质上的修辞属性。但是，在现实世界中，要劝服人们摆脱“非理性的”、对有别于市场规律和财产权利的社会和政治权利的信念却并不那么容易。直到今天，非市场的社会正义观念一直在有力地抵抗着经济理性化的企图，事实上，在这个推进新自由主义的沉闷年代，这种观念也许与后者同样有力。人们——普通人——总是顽固地拒绝放弃经济也可能是有“道德的”这个观念，根据这种观念，他们拥有一系列优先于市场交易结果的权利。[4]事实上，只要他们有机会——如果生活在一个有效的民主制度下，他们是有机会的——就肯定会倾向于坚持以下做法：以一种或多种方式捍卫社会对经济的优先地位；保证社会承诺和社会义务在市场压力之下仍有足够的“灵活性”；维持社会对独立于不断波动的“市场信号”的专制人类的期望；等等。波兰尼在《大转型：我们时代的政治与经济起源》一书中所强调的反对劳动商品化的“抗衡运动”，所指的也就是这些。

对于主流经济学家来说，诸如通货膨胀、公共财政赤字，以及私人债务和公共债务过高之类的经济失衡现象，其根源无非两个：或者是因为人们未能充分理解经济规律（这些规律支配着作为一种财富制造机器的经济），或者是因为人们在自私地追求政治权力时无视这些规律。与此相反，政治经济学家则认为，市场配置仅仅是政治经济体制的一种；这种体制由那些掌握了稀缺的生产性资源并因此在市场中占据强者地位的人的利益所主导。此外还有另一种体制，即政治配置，它是那些经济实力不强，但是潜在政治权力可能很大的人所偏好的。从这个角度看来，标准经济学基本上是在理论上拔高了为那些拥有强大市场力量的人服务的政治—经济社会秩序，并将他们的利益等同于共同利益。因此，它代表的是生产性资本的拥有者对于分配的诉求；他们声称，这是高效的、在科学上合理的经济管理的自然的“技术要求”。而从政治经济学的角度看来，主流经济学家对经济中的失衡现象的解释——失衡是传统的“有道德的”经济的原理与现代的理性原则之间的分裂所导致的——只是一种有明确倾向性的“失实陈述”，因为这种解释遮蔽了如下事实：“经济的”经济也必定是一种“有道德的”经济——对于那些在市场上有命令权的人来说。

在主流经济学的语境下，危机似乎是对政府未能尊重作为经济的真正主宰者的自然规律的惩罚。与此相反，一种名实相符的政治经济学理论则认为危机是生产性资源的拥有者对民主政治的“卡莱茨基式反应”（Kaleckian reactions）的结果：民主政治进入了专属他们的排他性领域，妨碍了他们最大限度地发挥自己的市场力量，并因此打破了他们对靠自己精明的冒险行为获得适当回报的期望。[5]标准的经济学理论把社会结构和利益及权力的分配看作是外生给定的，认为它们是不会变化的常量，因此将它们遮蔽起来；也就是说，为了让经济显得“科学”这个目的，它们变成了不可见的、自然给定的。因此，这种理论所能够想象的唯一的政治，就是机会主义地，或者最好也不过是自认无能地向经济规律屈服。根据这种经济学的定义，好的经济政策一定是非政治的。然而问题在于，在那些认为政治是一种对抗市场的不可或缺的资源的人看来，这种观点是无法接受的；这些人不愿受经济规模约束，会插手干预一切他们觉得正确的事情。除非能够说服他们，使他们认同，新古典经济学所述的，就是而且也应该是社会生活的自明模式，否则他们通过民主的途径表达出来的政治要求，就会与标准经济学理论给出的“处方”背道而驰。这个事实有深刻的含义。它意味着，对于一个经济，如果在概念上对它进行充分拆解，它是有可能用一个趋向均衡的模型来描述的；但是对于一个政治经济则不然，除非该政治经济完全没有民主，而且实行（由经济学家充当国王的）柏拉图式独裁统治。正如我们将会看到的，资本主义的政治学，为了将我们带出腐败堕落的民主机会主义的无边荒漠、进入自我调节的市场的应许之地，已经用尽了最后一分力气。但是，直到现在，民主的抵抗仍然还在继续，同时因抵抗而导致的市场经济的失调也一直在加剧。

战后和解

第二次世界大战结束后至 20 世纪 60 年代末，民主资本主义似乎一帆风顺，但是在那之后的10年里，它就经历了第一场危机。当时，整个西方世界的通货膨胀率都开始飙升，而且经济增长率又同时出现了下降，这使得资本与劳动之间和平相处的政治经济模式越来越难以继续维持下去——二战之后，这种模式成功地终结了各国灾难性的国内冲突。从根本上说，这种模式的实质是，赋予已经组织起来的工人阶级政治民主，让他们的生活水平稳步提高，同时还可以获得社会保障，以此来换取他们对资本主义市场和私有财产权的接受。然而，超过20多年的不间断的经济增长，导致普通民众从心底里把连续的经济进步理解为民主政体下的一种公民权利——而到了经济增长下滑的时候，这种感知就会转换为一种强大的政治期望；这种期望会让政府既觉得荣耀又觉得无奈，因为随着经济的持续放缓，政府将越来越无法满足这种政治期望。

劳动和资本之间的战后和解的上述结构在所有建立起了民主资本主义制度的国家中是基本相同的，尽管不同国家的国情可能截然不同。战后和解的具体内容通常包括：扩大推行福利国家制度、工人有自由参加集体工资谈判的权利、保证完全就业的政治承诺，等等。但是，当经济增长在20世纪60年代末开始变得举步维艰后，这种组合就很难维持下去了。有了自由参加集体工资谈判的权利，工人就能够通过他们的工会，根据工资肯定能够逐年稳步提高的期望（这种期望早就变得根深蒂固了），去采取集体行动；政府的完全就业承诺，再加上福利国家制度的普及，也保证了工会不用担心会不会因为自己提出了工资增长高于生产率增长的方案而造成就业岗位损失。因此，政府的政策抬高了工会的谈判能力，使之超过了自由劳动市场原本可以维持的程度。到了20世纪60年代末期，这种力量终于通过席卷全球的劳工浪潮充分地表现出来。使这股浪潮火上浇油的是，工人们受一种强烈的、人人都有权利追求更高的生活水平的政治权利感所激发，同时却不受对失业的恐惧感的制约（因为有政府保证充分就业的承诺）。

在随后的几年里，整个西方世界的政府都面临着同样一个难题：如何在不取消凯恩斯主义的完全就业承诺的情况下，让工会取消或放缓提高工会成员工资的要求。在工资集体谈判制度的体制结构不利于三重“社会合约”谈判的那些国家，大多数政府在整个20世纪70年代都坚信，为了容纳真实工资上升而允许失业增加，对于它们自身的生存来说太过冒险了——如果说它们考虑的不是资本主义民主的稳定性的话。唯一的出路是采取这样一种“有包容性”的货币政策：为了保证工人自由参加工资集体谈判的权利并保持政府的完全就业承诺，允许通货膨胀率逐年加速上升。这是不得不付出的代价。

在通货膨胀的早期阶段，对于那些有强大的工会作为自己的代表、在政治上强大到足以在事实上实现工资指数化的那些工人来说，通货膨胀本身并不是一个大问题。通货膨胀政策在一开始的时候，是以牺牲债权人和金融资产持有人的利益为代价的，这些人通常不包括工人（或者至少在20世纪六七十年代时是如此）。这就是为什么可以把通货膨胀描述为工人阶级和资本家之间的分配冲突的“货币反映”的原因。一方面，工人阶级既要求就业有保障，又要求在本国的国民收入中享受较高的份额；另一方面，资本家则千方百计地最大化自己的资本回报。当工人阶级和资本家依据彼此无法兼容的关于自己有权拥有什么东西的观念采取行动时，即一边强调公民的应得权利，而另一边则强调财产权和市场力量时，通货膨胀也许还可能被视为社会失范的表现。在这样的社会中，由于若干结构性的原因，各方无法就社会正义的共同标准达成共识。正是在这个意义上，英国社会学家约翰·戈德索普（John Goldthorpe）在20世纪70年代后期提出，在允许工人和公民通过集体政治行动纠正市场结果的民主资本主义市场经济中，高通货膨胀是不可能彻底根除的。[6]

在一个经济增长率不断下滑的世界中，对于那些面临工人和资本相互冲突的要求的政府来说，一个避免零和性的社会冲突的权宜之计是，采取一种让所有人都能接受的货币政策。在第二次世界大战刚刚结束的那些年里，经济增长给那些正在与各种彼此无法兼容的经济正义概念苦苦斗争的政府提供了新增的商品和服务，让它们得以使不同阶级之间的敌意缓和下来。而现在，各国政府则必须处理好大量新增的还没有被实体经济吸收的货币——增发货币的实质是将未来的资源挪到现在来消费和分配（即“寅吃卯粮”）。这种平息冲突的模式，尽管一开始可能有效，但是不可能无限期地永远持续下去。因为正如哈耶克不厌其烦地一再指出过的，不断加速的通货膨胀必定会导致相对价格、偶然所得与固定收入之间的经济关系，以及经济学家所称的各种“经济激励”的经济扭曲，而且这种扭曲最终是无法控制的。到了最后，通货膨胀必定会引发资本所有者的卡莱茨基式反应（他们早就越来越满腹疑虑了），从而导致失业，并使那些在刚开始的时候从通货膨胀中受益的工人受到惩罚。到了这个时候，一切就都为时已晚了。民主资本主义之下的政府将面临巨大压力——停止实施试图取悦所有人的再分配工资政策，并恢复货币纪律。

低通货膨胀、高失业率

到 1979 年之后，通货膨胀被驯服了（见图 2-1）。当时，被美国总统卡特新近任命为联邦储备委员会主席的保罗·沃尔克（Paul Volcker）将利率提高到了史无前例的高水平，结果导致失业率飙升到了大萧条以来的最高水平。当里根总统于 1984 年获得成功连任后，沃尔克的“盲动”式加息停止了，据说里根总统担心沃尔克冒进的反通货膨胀政策会产生政治上的负面作用。

在对美国亦步亦趋的英国，撒切尔夫人也在 1983 年赢得了第二个任期。里根和撒切尔夫人都是在失业率高企和迅速去工业化的情况下赢得连任的（引发后者的原因之一正是紧缩性的货币政策）。不管是在美国还是在英国，反通货膨胀政策都伴随着政府和雇主对工会的坚决打压攻击，这方面的典型例子包括里根粉碎空中交通管制员罢工的胜利、撒

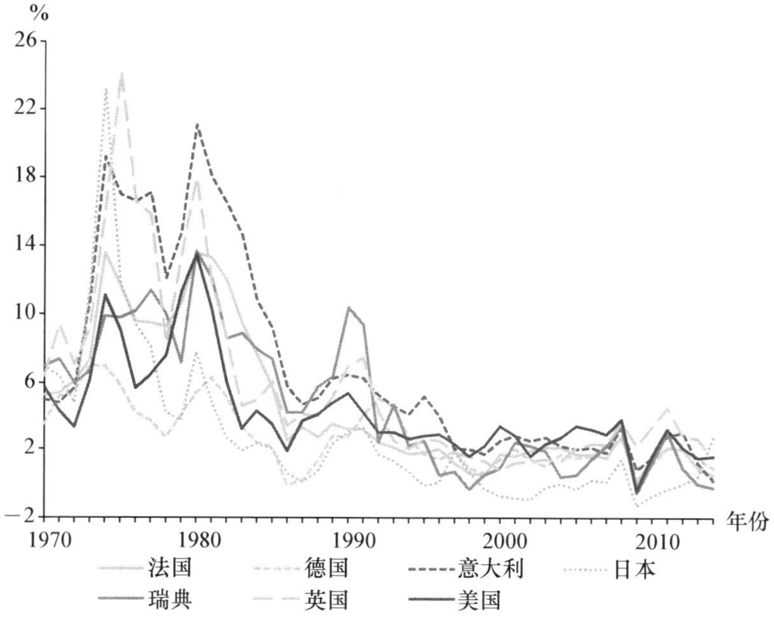

图 2－1　通货膨胀率（1970—2014 年）

资料来源：经济合作与发展组织“主要经济指标数据集”。

切尔夫人对全国矿工工会的无情打击。在随后的几年里，通货膨胀率在整个资本主义世界都继续保持在低位，不过失业率则基本上稳步抬高（见图2－2）。与此同时，工会活动几乎在所有的地方都减少了。至于罢工，则变得非常罕见，以至于一些国家干脆停止了罢工，数据统计见图2－3。

当美国政府抛弃原先已经普遍被人们接受的战后民主资本主义的传统智慧的时候，新自由主义时代就开始了。这种传统智慧认为，失业将会损害政治支持——不仅对当时的政府是如此，对于民主资本主义本身也是如此。里根和撒切尔夫人在各自选民身上进行的大胆“实验”，引起了全世界决策者的高度关注。但是，那些希望通货膨胀的结束意味着经济失衡结束的人注定很快就会失望。随着通货膨胀的消退，公共债务开始急剧上升，而且这个结果并不完全是意料之外的。[7]

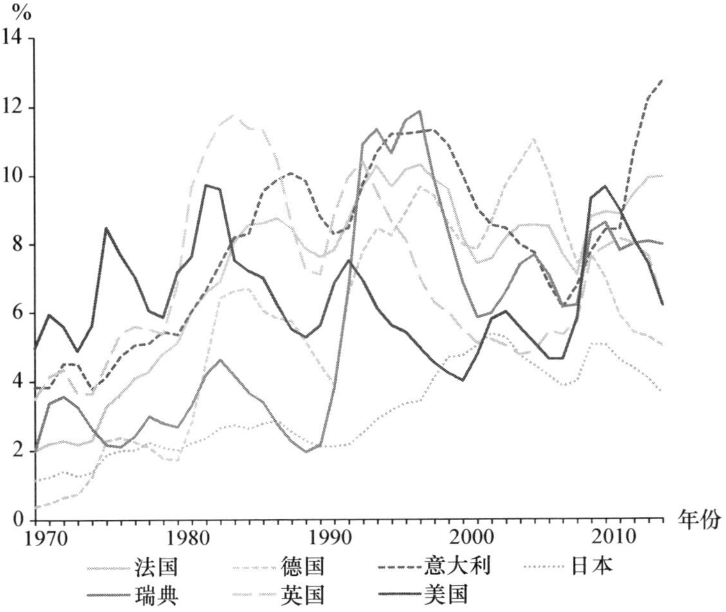

图 2-2　失业率（1970—2014 年）

资料来源：经济合作与发展组织“经济展望数据库”第 92 号和第 98 号。

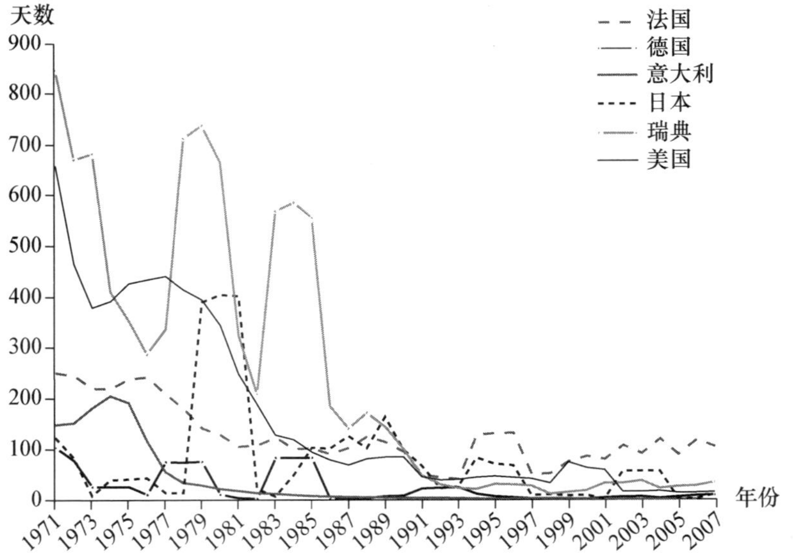

图 2-3　每 1 000 名员工的每年罢工天数（1971—2007 年）

资料来源：本书作者根据国际劳工组织劳工统计数据库和经济合作与发展组织劳工统计数据计算（3 年移动平均数）。

导致 20 世纪 80 年代的公共债务不断增多的原因有很多。在收入一方，经济增长停滞使得纳税人比以往更加讨厌纳税，而且随着通货膨胀的结束，通过所谓的“税级攀升”实现的自动增税也走到了尽头。同样的分析也适用于通过削弱本国货币来持续贬值公共债务的做法，这个过程在一开始的时候对经济增长有所裨益，然后就干脆逐渐取代经济增长，即减少了一个国家相对于其名义收入的累积债务。而在支出一方，由货币“维稳”政策所造成的失业率上升，要求不断提高社会援助支出。20 世纪 70 年代为了“回报”工会放低工资要求而创设的各种各样的社会赋权计划（社会福利）——其性质就好比“新社团主义时代”的递延工资——也开始到了兑现的时间，因而日益加重了公共财政的负担。

这样，再也不能用通货膨胀去弥补公民的要求与“市场”的要求之间的鸿沟了，于是确保社会安宁的重任就落在了国家头上。在某个短暂的时间内，公共债务似乎也能实现通货膨胀的这种功能，于是变成了一种便利的与通货膨胀对等的政策工具。就像通货膨胀一样，公共债务也使得政府有可能用当前事实上还没有生产出来的资源去解决现时的分配冲突，也就是说，公共债务让政府可以借未来的资源（加上手头现有的资源）来应付一时之需。随着市场和社会分配的斗争从劳动力市场转向政治舞台，选举的压力就取代了工会的要求。政府不再注入货币引发通货膨胀，相反，政府开始越来越多地借入债务，以便满足作为公民权利的利益要求和服务需求，同时政府还竭力主张要让收入反映市场的判断，以此来帮助将尽可能多的生产性资源用到有利可图的地方上去。低通货膨胀显然有助于这一点，因为它让债权人相信政府债券将会长期保值；在通货膨胀结束之后紧随而来的低利率也有这种效果。

然而，与通货膨胀一样，公共债务的积累也不可能是永无止境的。经济学家早就提出警告说，公共赤字支出将会“挤出”私人投资，引发高利率和低增长，但是他们从来没能确定最关键的临界点究竟在哪里。

在现实世界中，事实证明，至少在短时期内，在解除对金融市场的管制的同时，通过不断地“打击压制工会”（union-busting）来容纳通货膨胀，是有可能将利率保持在低位的。[8]还有一点是，在许多资本主义国家，尤其是在国民储蓄率异常低的美国，国家不仅会把它的政府债券卖给本国公民，而且会卖给外国投资者，包括各种各样的主权财富基金。[9]而且，随着债务负担的不断加重，公共支出中不得不用于还本付息的比例也越来越大——即便是在利率保持低位时也依然如此。因此重要的是，必定存在这样一个时点（虽然事前不太可能明确地搞清楚到底是何时），不管是外国的债权人，还是本国的债权人，都会开始担心怎样才能把他们的钱收回来。到了这个时候，通常也就为时已晚了，因为来自金融市场要求巩固公共预算、恢复财政纪律的压力将会剧增。

解除管制与飙升的私人债务

1992 年的美国总统选举是被两个赤字问题所主导的：一个是联邦政府的赤字问题，另一个是整个国家的赤字问题，后者即对外贸易赤字。最先围绕着“双重赤字”问题展开竞选活动的比尔·克林顿最终获得了胜利，从而拉开了全球各国纷纷进行财政整固的序幕；而最急于推进这项工作的，则是美国领导下的一系列国际组织，例如经济合作与发展组织、国际货币基金组织等。一开始，克林顿政府似乎打算通过社会改革，例如增加对教育的公共投入，来拉动经济增长，最终达到缩小公共赤字的目标。[10]但是，到了 1994 年，民主党在国会中期选举中失去了多数党地位，在那之后，克林顿政府就转向了紧缩政策，包括大幅削减公共支出，改革社会政策——用克林顿总统自己的话来说，就是要告别“我们所知道的福利”。从 1998 年至 2000 年，美国联邦政府几十年来第一次实现了预算盈余。

但是，这个事实并不意味着克林顿政府已经找到了无须挪用额外的、仍然有待生产出来的经济资源就能够稳定民主资本主义的政治经济的万全之策了。事实上，克林顿的社会冲突管理策略严重依赖于金融部门的去管制化，这种去管制化过程在里根担任美国总统时就已经开始启动，克林顿政府只是比以前更加有力地推动它而已。[11] 由于持续的去工会化和大幅削减社会福利支出所导致的收入不平等的急速恶化，以及因为财政整固所引发的总需求严重萎缩，这些都被公民和企业所遇到的一个史无前例的机遇所抵消了；这个机遇就是：借钱。为了描述以私人债务代替公共债务这种现象，有人专门创造了一个相当贴切的术语——“私有化的凯恩斯主义”（Privatized Keynesianism）。[12] 现在，不是政府借钱去资助大家，使每个人都有机会住进舒适的房子，或者让每个人都有机会掌握某项工作技能（然后在劳动市场上出售），而是创造一个极度宽松的债务体制，允许公民——有时甚至是强迫公民——自担风险，去获得贷款，用于支付他们的教育费用，或者使得他们有能力住进某个不那么赤贫的城市社区。

当然，克林顿的财政整固政策和借助于解除金融管制来促进经济复兴的政策令许多人受益。富人省下了高额的税收，尤其是富人中的“聪明人”，他们抓住机会进入了金融部门，依靠越来越复杂的、现在几乎可以完全不受约束地出售的“金融服务”赚得钵满盆满。不过，穷人似乎也“发达”起来了，至少他们中的一些人至少在一段时间内是如此。不管到头只是如何空欢喜一场，在短期内，次级抵押贷款确实不但成功地替代了同期被废止了的社会政策，也有效地替代了工资的提高——在现在已经变得“更有弹性的”劳动力市场的底端，人们永远等不到工资增加了。尤其是对于非洲裔美国人来说，拥有一个家不仅是“美国梦”已经实现的标志，而且确实是急需的替代养老金的办法——当时，他们中的许多人在劳动力市场已经得不到养老金了，至于那誓要永久性地实施紧缩政策的政府，就更加不用奢望了。

在相当长的一个时期内，“居者有其屋”计划为中产阶级——甚至相当一部分穷人——提供了一个很有吸引力的机会，即投身于早就热潮涌动的房地产投机。在 20 世纪 90 年代至 21 世纪初，这种投机活动使富人变得更加富裕；但是，它很快就变得风险丛生。由于对房屋的需求激增，房价不断上涨，在这种情况下，那些本来根本买不起房却已经买下了房子的人，就纷纷采用新的金融工具，将部分或全部房屋产权价值提前支取出来，用于弥补快速上升的支出（例如，让下一代接受大学教育的成本），或者直接用于个人消费（以抵消工资的停滞或下降）。有一些房主还大胆地加杠杆，利用新贷款买入第二套或第三套住宅，他们以为房地产价值的上涨是永无止境的。因此，与公共债务激增的时代不同，在那时，对未来资源的挪用，是通过政府的借款实现的；而现在，挪用的未来的资源却正是无数个人在已经实现了自由化的金融市场上出售的，他们承诺向债权人支付大部分预期的未来收益，而这些债权人则为他们提供立即购买任何他们喜欢的东西的“权力”。

因此，在这个财政整固和公共紧缩的时代，金融自由化发挥了很好的补偿和替代作用。个人债务取代了公共债务，而由快速增长的高盈利行业提供的高薪所造就的个人需求，则取代了国家通过支持基础设施建设行业和其他行业的就业和利润而释放的集体需求（见图 2－4）。这些动态变化在 2001 年后进一步加速，当时，为了防止经济下滑以及随之而来的高失业率回归，美国联邦储备委员会将利率降到了极低的水平。除了让金融行业获得史无前例的高额利润之外，美国的“私有化了的凯恩斯主义”政策还维持了一个表面上看来欣欣向荣的经济，对此许多人都深感羡慕，其中竟然也包括欧洲的劳工运动人士。事实上，艾伦·格林斯潘所采取的通过超发货币以支持美国社会迅猛增长的借债需求的政策，已经被欧洲的工会领导人赞誉为一种成功的榜样。他们兴高采烈地指出，与欧洲中央银行不一样，美国联邦储备委员会有法律义务，不仅要提供货币稳定性，而且要保证高就业水平。当然，这一切到 2008 年就全都戛然而止了——20 世纪 90 年代和 21 世纪初的繁荣所依赖的国际信用金字塔，在这一年轰然倒塌。

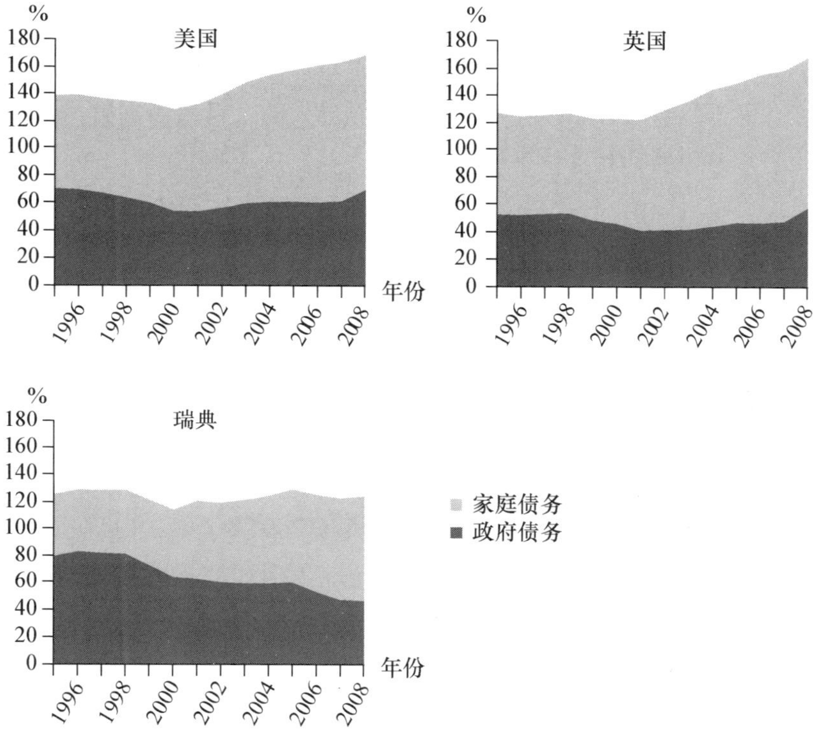

图 2－4　财政（政府债务）整固及私人债务占国内生产总值的百分比（1995—2008 年）

资料来源：经济合作与发展组织“经济展望数据库”第 87 号，经济合作与发展组织“国民核算数据库”。

主权债务

2008 年，随着“私有化了的凯恩斯主义”的破产，战后民主资本主义的危机进入了第四个同时也是最后一个阶段（如前所述，前三个阶段分别是：连续的通货膨胀年代、公共赤字年代和私人债务年代。见图 2－5）。[13]当全球金融体系在风雨飘摇中即将解体之际，各民族国家都竭尽所能试图重振经济信心，但是它们采取的方法却是，将由以往进行财政整固时为了补偿而发放出去的债务变成的坏账社会化（国有化），再加上为了防止“实体经济”崩溃而不得不进行财政扩张，这两者共同造成了公共赤字和公共债务再一次飙升。不过，我们在此应该指出，这种新事态根本不能归咎于机会主义的政治领导人的盲目超额支出，也不能归咎于被误导的公共机构（就像“公共选择”理论和 20 世纪 90 年代主要在世界银行和国际货币基金组织等国际机构资助下出台的大量制度经济学文献所暗示的那样）。[14]

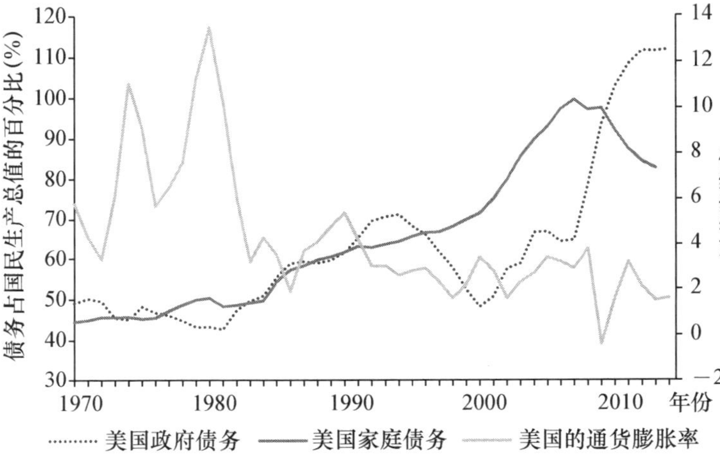

图 2－5　美国民主资本主义的四次危机（1970—2014 年）

资料来源：经济合作与发展组织“经济展望数据库”第 98 号；经济合作与发展组织“核算数据库”；经济合作与发展组织“主要经济指数数据集”。

2008 年之后的公共债务大跃进，彻底粉碎了前十年的财政整固可能取得的一切成果。这反映了如下事实：没有一个民主国家敢于让自己的社会承受另一次规模相当于 20 世纪 30 年代的大萧条的经济危机，尽管这可以说是对金融部门的过度解除管制的“适当”惩罚。再一次，政府通过政治权力动用了未来的资源，目的只是为了维护当前一时的社会稳定——国家自愿也好，不自愿也好，都不得不将最初由私人部门创造的新债务当中的相当大一部分承担下来，以便再一次让私人部门的债权人安心。但是，尽管这种做法有效地扶持了金融行业的“赚钱工厂”，使它们再一次很快就恢复了高得离谱的利润、薪酬和红利，但是它并不能阻止人们日益加深的怀疑：在拯救这个“金融市场”的过程中，民族国家的手也许伸得太长了。事实上，早在全球经济危机还远远没有结束时，债权人就开始吵吵嚷嚷着要求回归到财政紧缩下的稳健货币政策上去，因为那样的话，他们就不用再担心他们大幅增加了的政府债务投资会打水漂了。

自2008年金融危机之后的三年里，民主资本主义之下的分配冲突，已经演变成了全球金融投资者与主权民族国家之间一场难解难分的拉锯战。以往是工人与雇主斗、公民与财政部长斗、私人债务人与私人银行斗，现在则变成了金融机构与刚刚才被它们勒索过并拯救了它们的国家（政府）斗。但是，权力与利益的深层结构还要复杂得多，依然有待系统的探索。例如，自金融危机以来，金融市场已经重新开始向不同的国家以差异极大的利率收取利息，因而给各国政府施加了不同的压力——各国政府必须让它们的公民默许史无前例的开支削减；反过来，这又是与基本上完全没有改变过的分配的市场逻辑相一致的。考虑到当今大多数国家都承担了数额极其庞大的债务，因此政府债券的利率即使只上升一点点，也完全可能引发财政灾难。[15]与此同时，市场还必须避免将政府推入不得不宣布主权破产的境地——而这恰恰是一旦市场压力过大，政府总会选择的一种做法。这就是为什么必须找到其他一些国家，它们愿意救助处于最危险状态的国家——目的是保护自己免受第一轮违约导致的政府债券利率普遍上扬的冲击。为了保护投资者利益，国家之间在另一种情况下也可能“团结”起来，那就是，如果主权债务违约会对违约国家之外的银行体系造成严重冲击，就可能会迫使那些银行的所在国将会再一次将大量的坏账国有化，以稳定经济。

在当今的民主资本主义制度下，基于社会权利的要求与自由市场运行“提出”的要求之间的紧张关系，还有很多其他的表现形式。一些国家的政府，包括美国的奥巴马政府，曾试图通过更多的债务催生新一轮的经济增长——它们希望，在未来实施财政整固政策时，将会得到某种增长红利的帮助。其他国家私底下也许希望回到通货膨胀，即通过“温柔”地剥夺债权人来慢慢消化以往积累的债务。与此同时，金融市场则可能正在打算展开一场反对政治干预的斗争，一劳永逸地重建市场纪律，并终结一切破坏金融市场的政治企图。

但是，如下事实的存在使得情况更加复杂化了：金融市场需要政府债务来保证投资安全；要求预算平衡的压力太大，反而可能会剥夺金融行业非常想要的投资机会。在各发达资本主义国家，中产阶级将他们的很大一部分储蓄投资在了政府债券上，同时许多工人现在也都大力投资补充养老金。平衡预算很可能意味着，国家不得不向中产阶级收取较高的税收，从而减少他们可以储蓄起来并投资到公共债务上的收入。那样的话，公民将不但无法收到利息，而且也不能将储蓄留给自己的子女。然而，尽管没有债务（或者能够可靠地履行对债权人的义务）的国家应该会使提倡平衡预算的人觉得满意，但是这也可能意味着，他们必须以大幅削减公共福利和服务的形式去支付政府所需的流动资金，而公共福利和服务也是他们所依赖的。

然而，无论日渐兴起的围绕着公共债务的国际政治“横截面结构”是多么复杂，金融稳定的代价最终都很可能不是由那些手握金钱（或至少是手握大笔金钱）的人来支付的。例如，公共养老金改革将在财政压力下加速；世界上任何一个国家的政府违约，私人养老金都会受到冲击。当然，公共财政的巩固、外国政府的破产、公共债务的利率上升，以及（如果有必要的话）对国内和国际银行的又一轮救助，所有这些都是要埋单的，而最终支付代价的将会是普通公民，支付的形式或者是用他的私人储蓄，或者是通过公共福利的缩减、公共服务的减少和税收的增加。

系列转移

第二次世界大战后的经济增长期结束以来的 40 多年里，民主资本主义内部的结构张力从一个“制度位”（institutional location）转移到另一个“制度位”，然后又转移到下一个，从而引发了一系列虽有区别但又有系统相关性的经济失调。在 20 世纪 70 年代，民主对社会正义的诉求和资本主义对依据边际生产力进行分配的要求（或对“经济正义”的要求）之间的冲突，首先是在国内的劳动力市场上表现出来的。在那个时代，由于政治上必须保证充分就业，工会所施加的工资压力引发了持续加剧的通货膨胀。到了后来，这种实际上通过货币贬值进行的再分配在经济上变得不可持续了，从而迫使政府冒着极高的政治风险停止这种做法，于是这种冲突转移到了选举舞台。在选举舞台上，这种冲突又导致公共支出与公共收入之间出现了越来越大的差距，进而引发公共债务急速上升——选民对社会福利和公共服务的要求，超过了民主资本主义经济能够为“税收国家”作出的奉献的限度，但是政客必须对选民作出回应。[16]

当然，公共债务的增加也不可能是永无止境的。很快，控制公共债务就变得势在必行了，但是，出于维持社会稳定的考虑，在控制公共债务的同时，还必须伴随着解除金融管制、放松私人信贷准入。后者在这种情况下就成了一种满足公民对安全保障和经济繁荣的要求的替代方法（公民这种要求不仅是根深蒂固、习以为常的，而且在政治上也是非常强大的）。但是，这种做法也不过是苟延残喘而已：它起作用的时间只延续了 10 年左右，然后全球经济就在政府为了补偿财政紧缩而许可的、通过透支未来以满足当前消费和投资的、不现实的承诺的重压之下，几乎喘不过气来了。这样一来，社会正义的流行观念和经济学所坚持的市场正义之间的冲突，再一次改变了场所——这一次，这种冲突重新出现在了国际资本市场上，以及金融机构与选民、政府、国家和国际组织之间的复杂斗争当中。因此，现在的问题也就变成了，国家能够在多大程度上迫使本国公民接受财产权和市场的利润期望，同时还能够避免被迫宣布破产，并保护那种也许依然称得上是它们的民主合法性的东西。

容忍通货膨胀、接受公共债务、解除对私人信贷的管制，这些都不过是政府在面对民主资本主义下两种明显不可调和、相互矛盾的配置原则之间的冲突时所采取的权宜之计——其一是社会权利，其二是由市场评估的边际生产力。容忍通货膨胀、接受公共债务、解除对私人信贷的管制，这三者在短期内都可以起到一定作用，但是很快就会引发比它们能够解决的问题还要严重的问题，这也就表明，在资本主义民主政体下实现社会稳定性与经济稳定性之间的长期“和解”，只是一个乌托邦式的美好愿望。政府在解决摆在它们眼前的危机时所能够做到的，只不过是将危机推向新的舞台，让它们以新的形式重新出现。我们没有任何理由认为，这个过程——民主资本主义内在矛盾的连续展开过程，它表现为形式不断“推陈出新”的经济失调———已经结束了。

政治动荡

行文至此，有一点似乎已经很清楚了，那就是：民主资本主义的政治可控性在近年来已经被急剧削弱了——虽然某些国家的情况比其他国家更加严重一些，但是从新兴的全球政治经济体系整体来看，也是如此。这也就意味着，无论是对于民主还是对于经济，风险都在增大。自大萧条时代以来，各国的决策者几乎从来没有遇到过像今天这样大的不确定性。市场不仅仅要求财政整固，而且也期待未来经济能够以适当的速度持续增长，但是这两者怎样才能结合起来，各国的决策者并不清楚。这方面的一个典型例子是爱尔兰。在爱尔兰承诺大力削减赤字以后，政府债券的风险贴水出现了下降，但是仅仅几个星期之后，就再一次上涨了，究其原因，据说是因为该国的财政整固计划太严格了，以至于人们预期根本不可能实现经济复苏。[17]再者，现在人们已经有了广泛的共识，即下一个泡沫正在这个世界的某个地方形成，因为在这个世界上，廉价的货币确实已泛滥成灾。在金融危机后，次级抵押贷款有所收敛，或者至少在短期内是如此。但是还有大宗材料市场，或者更重要的，还有新兴的互联网经济。从根本上说，没有什么东西可以阻止金融企业利用中央银行提供的过剩资金——为了它们尊贵的客户，当然也是为了它们自己，将资金投入任何可能出现的新增长部门。说到底，金融部门的管制改革在几乎所有方面都已经遭到了失败，现在对金融企业的资本充足率要求并不比过去高，2008 年的时候“大而不能倒”的那些银行今天仍然“大而不能倒”。这也就是说，大型银行今天拥有的“勒索”政府和公众的能力与几年前相比有过之而无不及。然而严酷的现实是，2008 年那种由国家提供对私人资本主义的紧急救助模式在今天已经不可能再重复一次，因为公共财政之手已经伸长到了极限。

而且，民主本身在当前的危机中的处境也与经济一样危急——如果说没有比经济更加危急的话。在当今各资本主义国家，不仅仅是“系统整合”——各国的资本主义经济的有效运行——已经变得危如累卵，而且它们的“社会整合”也是如此。[18]随着新的紧缩时代的到来，各民族国家调解公民权利与资本积累需要之间的矛盾的能力受到了严重影响。所有国家的政府在试图加税时都面临着强大的阻力，尤其是在那些高负债国家；在这些国家里，要花费很多年的公共收入才能付清很久之前就已经消费掉的商品的债务。而且，当今世界，全球各国的相互依赖越来越紧密，再想假装经济与社会的紧张关系、资本主义与民主之间的紧张关系能够在本国政治共同体内部得到解决，已经不可能了。今天，没有任何一个政府能够在不考虑国际约束和义务的情况下闭关自守。民主资本主义的各种危机和矛盾，早就变得国际化了，它们不仅会在某个国家内部，而且会在不同国家之间展开，当然，危机和矛盾的组合方式、它们如何交织发挥作用的形式，则仍然有待我们去探索。

正如我们现在几乎每天都会从报纸上读到的，市场已经开始发号施令了，就像各主权和民主国家一直以来可能会对它们的公民所做的一样（但是公民则肯定会进行反抗），这是史无前例的一件事情。那些总部位于曼哈顿的评级机构，以前曾经在全球金融行业将灾难带给我们这个世界的过程中发挥过不光彩的作用，现在又正在威胁要下调许多国家的政府债券甚至整个资本主义经济的评级——而那些国家，之所以承担了过去完全不可想象的新增债务，目的就是要救助金融行业。政治依然在控制和"扭曲"市场，但是似乎只是发生在远远超越普通民众的日常体验和组织能力的层面上，例如，"武装到了牙齿"的美国——不仅是用航空母舰，而且还用无限供给的信用卡来武装——依然在让中国购买它不断攀升的债务。不过，所有其他国家都必须聆听市场说了些什么。这样一来，公民越来越倾向于认为，本国政府不是他们的代理人，而是其他国家的代理人，或者说是像国际货币基金组织和欧盟这样的国际组织的代理人；与传统的民族国家相比，现代国家与选举压力之间的隔膜已经越来越厚了。例如，在希腊和爱尔兰这样的国家，民主制度实际上已经被有效地"中止运行"很多年了：为了符合国际市场和国际组织所定义的"负责任"的标准，民族国家的政府不得不实施严格的紧缩政策，而其代价则是对自己的公民越来越"不负责任"。[19]

有许多国家，民主者被市场先发制人地压制下去了，这不仅限于那些目前正在遭受市场袭击的国家。有的国家，例如经济表现相对较好的德国，也承诺将在未来的数十年里一贯地削减公共开支。此外，德国政府还将再次让公民向有违约风险的国家提供流动性，这不仅仅是为了救助德国的银行，也是为了稳定欧洲共同货币，并防止各国公共债务利率的普遍上涨（一旦有一个国家出现违约，这种情况就很可能会发生）。这项政策的政治代价非常高昂——默克尔领导的政党在德国地方选举中的节节败退，就是这种代价的体现。默克尔偶然也会流露一些略带民粹主义色彩的言论——这位总理在2010年初曾说，也许债权人也应该承担一部分代价——在这种时候，市场就会表示"震惊"（表现在新发行的政府债券的利率的上涨上），于是她马上就会缩回去。现在，德国政府的论调又变了，用德国财政部长的话来说，德国准备从过时的"统治"，转变为所谓的"治理"，因为原来的政府已经不能适应全球化的新挑战了。当然，"治理"的一个特殊含义就是持续削减联邦议院的预算。[20]

当今各民主国家新当选的政府首脑们的政治愿望是不可能满足的。国际市场和国际机构不仅要求政府而且要求公民“真心实意地”实施财政整固政策。所有国家都必须保证那些反对紧缩的政党在选举中以惨败收场，而且无论是政府还是反对派都必须公开地承诺“稳健财政”，否则偿债的成本就会被抬高。事实上选民们在选举中并没有多大选择权；因此这种选举也许会被他们视为舞弊，很可能还会引发各种各样的政治动荡——从不承认选票计数结果，到民粹主义政党的崛起，再到街头暴动。

造成这种情况的原因之一是，分配冲突的舞台越来越远离民众政治了。始于 20 世纪 70 年代的国内劳动力市场，以及它们给社团主义的政治动员和阶级内部的联合带来的无数机会，还有 20 世纪 80 年代的公共支出的增加，都没有摆脱华尔街人士的掌控和算计。自那之后，民主资本主义解决矛盾冲突的舞台就已经变得无比复杂了，任何不属于政治和金融精英阶层的人都几乎不可能认清背后的利益关系，甚至连搞清楚什么才是自己的真正利益都极其困难。[21]虽然这可能会使得普通民众对生活完全“无感”，却能让精英生活更轻松，因为在这个世界中，盲目遵循金融投资者的要求被认为是唯一理性的、负责任的行为。对于那些拒绝放弃社会理性和社会责任的人来说，这样一个世界——认为唯一理性和负责任的行为就是将尽可能多的资源投入到越来越复杂的金融产品——无疑是荒谬的。在民主制度如我们所知被有效地“中止”的地方，比如在像希腊、爱尔兰和葡萄牙这样的国家，街头暴动和民众叛乱，对于那些缺乏市场力量的人来说，已经是最后剩下来的政治表达方式了。难道我们不应该希望，我们在不久的将来会看到更多的、以民主为号召的这种例子？

社会科学并不能解决（或者，即使硬说能，作用也极其有限）当今资本主义的经济和社会失调背后的结构张力和矛盾。但是社会科学确实能够将它们放在聚光灯下进行剖析，并揭示出危机的历史连续性，从而有助于增进对当前的危机的理解。社会科学还能够——而且必须——阐述清楚，民主国家已经摇身一变，成了收债机构，而且只为全球投资者的利益服务。[22]相比这下，C. 赖特·米尔斯（C. Wright Mills）所说的“权力精英”的涌现似乎是自由主义多元化的一个闪亮的例子。在今天，经济力量越来越变成了政治权力，而公民则几乎被完全剥夺了民主防御手段，也被完全剥夺了争取政治经济利益和提出要求的能力，尽管这种能力原本就根本无法与资本所有者相比。事实上，只要回顾一下 20 世纪 70 年代以来民主资本主义的系列危机，我们就会发现，也许真的存在（尽管只是暂时的）一个可以解决发达资本主义的社会冲突的方案；当然，这种方案必定只有利于如今牢牢地占据着政治上不可动摇的堡垒——国际金融产业——的有产阶级。

【注释】

［1］本章的一个早期版本曾经用于 2011 年在佛罗伦萨大学研究院的马克斯·韦伯讲座。非常感谢我的研究助手丹尼尔·默腾斯（Daniel Mertens）对我的帮助。本章曾经发表于：*New Left Review* 71. September/October 2011，pp. 5-29.

［2］关于这里所用的“大衰退”（Great Recession）这个术语，请参见：Reinhart C，Kenneth Rogoff K. *This Time Is Different：Eight Centuries of Financial Folly*. Princeton，NJ：Princeton University Press，2009.

［3］公共选择理论的经典文献是：Buchanan，Tullock. *The Calculus of Consent：Logical Foundations of Constitutional Democracy*.

［4］请参阅：Thompson E. The Moral Economy of the English Crowd in the Eighteenth Century. *Past & Present*，1971，50（1）；Scott J. *The Moral Economy of the Peasant：Rebellion and Subsistence in Southeast Asia*. New Haven，CT：Yale University Press，1976. 很显然，这些权利的确切内容在不同社会、不同历史时期和不同国家之间都会有所不同。

［5］在一篇有重要历史意义的文章中，迈克尔·卡莱茨基指出，投资者的“信心”是决定经济绩效的一个关键因素（卡莱茨基：《全面就业的政治因素》）。根据卡莱茨基的观点，投资者的信任取决于资本所有者目前的利润预期在多大程度上受政治权力的分配及其产生的政策的制约。经济失衡——在卡莱茨基这里，就是指失

业——会随着企业对受到政治干预的威胁的预期而加剧。在这个意义上说，是“错误”的政策导致了企业信心的丧失，而信心的丧失反过来又可能导致资本所有者不再投资。从卡莱茨基的这个思想出发，有可能将资本主义经济建模为一种互动博弈，它与自然或机器般的机制不同。从这个角度来看，资本家面对非市场分配政策，在什么时点上会作出反向反应，就不一定是固定不变的、数学上可预测的，而可能是“可讨价还价的”。例如，它既可能参照可变的历史上的“渴望水平”来确定，也可能通过策略性的计算来确定。这也正是为什么在普遍主义的——历史和文化因素无关紧要的——经济模型的基础上给出的预测往往都会归于失败的原因。这种模型假设了一些固定参数，而在现实世界中，这些参数都是由社会决定的。

[6] Goldthorpe J. The Current Inflation: Towards a Sociological Account. // Hirsh, Fred, John Goldthorpe. *The Political Economy of Inflation*. Cambridge, MA: Harvard University Press, 1978.

[7] 早在20世纪50年代，安东尼·唐斯（Anthony Downs）就已经注意到，在民主国家，公民对公共服务的需求往往会超过政府可提供的资源；例如，请参阅：Why the Government Budget Is Too Small in a Democracy. *World Politics*, 1960, 12 (4). 另外也请参阅：James O'Connor J. The Fiscal Crisis of the State. *Socialist Revolution*, 1970, 1 (1～2).

[8] Krippner G. *Capitalizing on Crisis: The Political Origins of the Rise of Finance*. Cambridge, MA: Harvard University Press, 2011.

[9] Spiro D. *The Hidden Hand of American Hegemony; Petrodollar Recycling and International Markets*. Ithaca, NY: Cornell University Press, 1999.

[10] Reich R. *Locked in the Cabinet*. New York: Vintage, 1997.

[11] Stiglitz J. *The Roaring Nineties: A New History of the World's Most Prosperous Decade*. New York: W. W. Norton, 2003.

[12] Crouch C. Privatised Keynesianism: An Unacknowledged Policy Regime. *British Journal of Politics and International Relations*, 2009, 11 (3).

[13] 图2-5显示的是最重要的资本主义国家美国的危机发展情况。在美国，危机的四个阶段表现得非常典型。对于其他国家，危机的表现形式与美国有所不同，因为必然要反映各国的特殊条件，包括各国在全球政治经济中的不同地位。例如，在德国，早在20世纪70年代，公共债务就已经开始大幅飙升了。出现这种情

况的原因是，德国的通货膨胀水平一直很低，因为德国联邦银行的独立性很高，而且早在 1974 年就采取了特别的货币主义政策。请参阅：Scharpf F. *Crisis and Choice in European Social Democracy*. Ithaca，NY：Cornell University Press，1991.

［14］在这方面，一部有代表性的论文集是 Strauch R，Jürgen von Hagen. *Institutions，Politics and Fiscal Policy*. New York：Springer，2000.

［15］例如，对于一个公共债务相当于国内生产总值 100%的国家来说，向债权人支付的平均利率增加了多少个百分点，它的年度赤字就会增加多少个百分点；这就是说，如果当前的预算赤字水平为国内生产总值的 4%，那么利率增加 2%，预算赤字水平就会增加一半。

［16］例如，请参阅：Schumpeter. The Crisis of the Tax State.

［17］换句话说，即便是市场，也不愿意把自己的赌注放到供给侧，尽管根据供给学派的"真经"，只有削减公共支出才能刺激经济增长。另一方面，或许也可以推断出，对于某个特定的国家来说，多少新债务就已经足够了（再多就太多了）。

［18］这些概念源于：David Lockwood. Social Integration and System Integration.

［19］Mair P. *Representative versus Responsible Government*. MPIfG Working Paper 09/8. Cologne：Max Planck Institute for the Study of Societies，2009.

［20］例如，We need new forms of international governance，global governance and European governance. *Financial Times*，5 December 2010. 舒伊夫承认，如果德国议会根据国际组织的要求放弃了对预算的管辖权，那么就不会得到一张选票，然而他又说："［但是］如果你们多给我们几个月的工作，如果其他成员国也同意，那么我看还是有机会的。"舒伊夫是以当年《金融时报》欧洲最佳财政部长的身份说这番话的。

［21］例如，现在许多国际组织都会呼吁国家与国家之间要推进再分配式的"团结"，以便支持其中某个国家，例如，要求斯洛文尼亚去帮助爱尔兰、希腊和葡萄牙，等等。这种呼吁掩盖了这样一个事实：在这种所谓的"国际救助"活动中，真正得到支持的并不是普通民众，而是国内外的相关银行——如果得不到救助，这些银行就不得不承担损失，从而导致它们的利润下降。这种呼吁也完全忽略了国与国之间的收入差距。虽然德国人平均来说要比希腊人富裕一些（尽管极少数希腊人

比几乎所有的德国人都富裕），但是斯洛文尼亚人平均来说要比爱尔兰人更加贫穷——事实上，统计数据表明，爱尔兰人的人均收入比几乎所有欧元国家（包括德国在内）都要高。从根本上说，新的冲突模式已经将阶级冲突转变成了国际冲突，导致各国相互对抗，同时所有国家都受到来自金融市场的要求紧缩公共支出的压力。普通民众被告知，他们有权利要求其他国家的普通民众作出一定“牺牲”来帮助他们——当然作出“牺牲”的，都是其他国家的普通公民，而不是那些早就重新开始得到巨额“奖金”的银行。

［22］Wright C. *The Power Elite*. Oxford：Oxford University Press，1956.

第3章

作为顾客的公民：新消费政治学的思考

40年前，约翰·肯尼思·加尔布雷思（John Kenneth Galbraith）在《公共利益》杂志上发表了一篇里程碑式的论文，题为《公共物品与私人地位》；后来，约瑟夫·蒙森（Joseph Monsen）和安东尼·唐斯（Anthony Downs）沿着同样的思路分析了美国为什么会成为一个——用约翰·肯尼思·加尔布雷思的话来说——“私人富有、公共贫困”的社会。[1][2]但是，蒙森和唐斯并不认同当时的流行解释，即大公司可以通过“狡黠而邪恶的广告”操纵消费者，促使他们购买“相对来说本来不那么需要或想要的私人商品和服务”。相反，蒙森和唐斯强调，要想在真正意义上搞清楚公共部门与私营部门之间在产品配置上的差异的根源，就一定要把消费者的欲望这个“更根本的因素”分析透彻。他们认为，消费者在“模仿他人”的同时又想显得“与众不同”，这种“欲望”驱使他们“在大的群体”（或者说，阶级）之间划出了非常显眼的界限，同时在这些群体内部，则通过各自的“个体性”更加微妙地实现了彼此之间的区分。以凡勃伦在《有闲阶级论》一书中提出的炫耀性消费概念为基础，同时再结合20世纪60年代形成的“地位追求”理论（用于分析美国社会中出现的通过消费来追求地位的行为），蒙森和唐斯将这种欲望描述为“人的性格的内在组成部分之一。无论是在资本主义社会，还是在社会主义社会；也无论在过去，还是在现在，都是明显存在的——至少在某种程度上”。他们说，这一点“具有根本性的重要意义，可以将它视为关于人类天性的一项‘定律’”。

那么，为什么这种被视为某种接受于人类学中的常数的“消费者差异定律”，会影响到现代政治经济学中的私人领域与公共领域之间的相对资源配置？蒙森和唐斯的论点的核心在于，他们所谓的“政府物品”——公共当局生产或分配的产品——是“着眼于一致性而设计出来的”。陆军步枪的标准化就是一个最明显的例子：

> 这类产品比较容易由官僚机构制造和管理，这符合作为政府物品分配原则的平等理念。但是，也正是因为这种性质，这种产品无法体现地位差异，而体现地位差异正是发达工业社会中绝大多数商品的主要功能之一。

蒙森和唐斯对这两种商品提供方式之间的区分是非常有益的；在下文中，我将从这种区分入手展开分析。如前所述，存在着两种提供方式，它们分别拥有适用于不同类型的商品的内在能力，一种是公共的和集体的物品，由国家政府当局管理；另一种是私人的和个人的商品，由商业市场调节。但是，在分析时，我将不会对这两种模式进行共时性的比较，同时也不会在经济人类学的永恒财产空间中进行研究，相反，我从一个历时性的角度，全面考察两者之间的相互关系的发展过程。而且，我也不会将产品差异化锚定于追求地位这种永久性的“人类倾向”，相反，我将把产品差异化与一种特殊的效用最大化模式联系起来，这种效用最大化模式是转型时期人们所喜好的——从一个满足“需要”（need）的经济向一个满足“想要”（want）的经济的转型、从卖方市场到买方市场的转型、从“贫穷社会”到“丰裕社会”的转型，它始于

20 世纪 70 年代初，即蒙森和唐斯的论文问世的时候。因此，在这个意义上，我的建议是，回归“制度主义者”对公共领域的“饥荒”的解释，而那恰恰是蒙森和唐斯基于他们的“人性理论”所反对的。

定制商品

我们现在已经知道，20 世纪 60 年代末 70 年代初是战后民主资本主义发展史上的一个分水岭。时至今日，关于战后国际生产和消费体系的危机及其最终崩溃，已经是一个老生常谈的话题了。这个体系被简称为“福特主义”，它是一个基本上内在一致的体系，在所谓的战后“辉煌 30 年”间，它维持了资本主义前所未有的长期经济增长。对于这种体系的死亡，今天人们记得最清楚的标志性事件，可能是 20 世纪 60 年代末席卷全球的劳工运动浪潮，它源于工人阶级的部分成员拒绝遵守泰勒制工厂的纪律、要求更高的工资和更短的工作时间以及要求从政治上保证就业的“公民权利”。

然而，构成资本主义积累进程瓶颈的，并不仅仅是劳动力市场。产品市场也出现了类似的变化——事实上，这两个市场上的变化是错综复杂地交织在一起的。福特主义要求大规模地生产标准化商品，用于满足从农村（和农业）生活方式向城市（和工业）生活方式转变的过渡社会的需要，在这种城市化过程中，人们会用不断增长的收入去购买各种耐用消费品（例如汽车和冰箱），这些耐用消费品都是他们（及其家庭）第一次有能力拥有的。在这个阶段，明显地，“需要”仍然占主导地位，同时稀缺性也是一个显而易见的事实，因此人们需要的、能够负担得起的都是便宜和可靠的产品。不过，只有在达到了规模经济之后，以相对较低的价格大量地、稳定地提供技术成熟的耐用消费品才可能变成现实。因此，产品市场处于受益于需求稳步增长的大型寡头垄断企业的控制之下，导致生产扩大通常难以跟上需求增长的速度。事实上，对于福特主义体系下的大规模生产厂家来说，问题只可能出在生产上，销售根本不是问题——客户通常都对漫长的交货期习以为常，会耐心地等待公司送货。

在采访一些对那个分水岭年代有第一手经验的德国经理人时，我经常会听到他们带着深深的怀旧感情，说起20世纪50年代和60年代的“分配经济”（Zuteilungswirtschaft）：你所要做的一切，就是生产出一个标准化的产品，然后将它配送到某个等待已久的客户手中，客户百分之百愿意配合公司的生产计划，只要能够拿到产品就心满意足了。（描述这种现象的另一个德语术语是Versorgungswirtschaft，可以将它翻译为“供给经济”。）由于既定的竞争结构和他们对低价格的渴望，客户并没有多少选择权。一个典型例子是，亨利·福特在谈到他生产的T型车时的说法——“无论你喜爱什么颜色，那都是你自己的事情。但是我们只生产黑色的。”——在战后福特主义的卖方市场上，仍然适用于描述生产者与消费者之间的关系。我甚至还听到有的经理说，战后西方的有管理、有组织的资本主义与东方的国家社会主义之间的差异，其实并不像当时人们所认为的那么大——只不过产品交付期在东方还要更长一些。私营部门与国营部门之间的差异也不是太大，例如，向邮政局申请安装电话与向大众汽车购买新车的过程非常相似：在这两种情况下，都需要一个为期半年或更长时间的等待期。在西欧各国，第一波“汽车化”浪潮实际上是在国有企业或政府支持企业推动下实现的：在德国是大众汽车、在法国是雷诺、在英国是英国利兰、在意大利是菲亚特，等等。

到了1971年，越来越明显的迹象表明——当然，这些都只是“后见之明”——战后的福特主义时代即将结束。在20多年不间断的经济增长和充分就业之后，工人们开始反叛，要求从利润中分得更大的份额，消费者也越来越难以对付。整个西方世界，大批量生产的标准化耐用消费品市场都出现了饱和的迹象。基本需求已经大体上被完全覆盖了——既然洗衣机还能用，为什么要买一台新的呢？即使有很多人愿意买新换旧，仅凭更新换代，需求也无法维持可观的增长率。福特主义时代的危机在这种体系的原型——大型汽车制造业——身上表现得最为突出。汽车制造业的生产能力不断增长，但是在20世纪70年代初却突然发现自己陷入了困境：一方面，越来越多的工人奋起抵制泰勒式的工厂管理制度；另一方面消费者面对大批量生产的标准化产品越来越无动于衷。一个例子是，在20世纪70年代初，大众甲壳虫的销量突然大幅下滑，大众公司陷入了深重的危机，许多人甚至认定它将走向末日。[3]"增长的极限"在一夜之间成了公共辩论的中心议题。资本主义企业和民主政府都手忙脚乱地去寻找新的生产和消费模式，以便结束这个危机——不然它可能会发展成为资本主义政治经济面临的基本危机。

在今天，我们可以看得非常清楚，这场危机是如何导致生产过程和产品线的深刻重组的。工人被彻底解除了"武装"，这不仅仅是因为可用的劳动力供给的长期增加——首先是大量妇女进入了劳动力市场，其次是生产系统越来越国际化——而且还因为企业为了克服产品市场危机而采取的策略。对于我们要分析的问题来说，更重要的是后者。虽然有些左派人士仍然希望结束"异化劳动"和"消费暴政"，但是资本主义企业已经采取了一系列相当有效的举措：重新设计了它们的产品和生产流程（借助于新的微电子技术，企业能够大幅缩短生产周期）；使用专用性不那么强的制造机器，从而降低了产品的盈亏平衡点；尽量减少使用体力劳动，或者至少将公司迁移到劳动力更便宜和更受尊重的其他地方。

简而言之，对于福特时代末期标准化商品市场的长期停滞，资本最重要的一个回应是，使商品变得不那么标准化。在20世纪60年代末，蒙森和唐斯提出了"消费者差异化定律"，并以美国汽车制造商每年都会改变汽车轮毂和尾翼的设计为证据来说明：现在产品更新换代的速度已经远远超出了他们的想象。事实上，到了20世纪80年代，产品设计的加速，再加上更有弹性的生产设备和更灵活的劳动力，福特主义时代几乎全部的商品都变得可以定制了；这也就是说，工业大规模生产的庞大的、同一化的商品，被细分成越来越小的、多样化的子产品，以更好地满足越来越小的潜在客户群体的特殊偏好。[4]随着大规模生产逐步让位于“精品生产”，消费者越来越不愿意妥协了，尽管当年在购买标准化商品时，他们不得不作出妥协——不同的买家所喜欢的理想商品，与生产者能够提供的一刀切的标准化商品之间，必须存在差距。随着产品差异化的推进，制造品和服务与个体消费者的特定效用函数的拟合度越来越高了。同时，除了通过标准化产品满足消费者的共同需求之外，产品差异化还可以通过激发或更多地关注个人需求，鼓励和促使消费者去“精炼”他自己的效用函数。

产品定制化为什么在经济上具有如此强大的吸引力，并且最终还帮助资本主义经济从20世纪70年代的停滞中走了出来？这是因为，它极大地增加了工业产品的附加值：产品越接近消费者的特殊偏好，消费者就越愿意付出更高的代价——而且，事实上，他们也就越愿意努力工作、越愿意介入参与经济增长新范式所需的购买力；同时，在这个过程中，从稀缺市场到饱和市场的过渡也就完成了。例如，随着微电子技术革命的不断发展，消费者可以选择的汽车型号越来越多——汽车公司甚至可以邀请消费者自行设计新车，让新车完全体现个人偏好。到20世纪80年代，在沃尔夫斯堡大众汽车厂，同一天生产出来的汽车中，已经找不到两辆完全相同的了。就这样，汽车也就逐渐变得更加复杂、更加昂贵；因此毫无疑问，在新产品战略成功实施后，汽车行业的盈利能力恢复了。

旨在克服福特时代末期资本积累停滞的商品定制，是当时资本主义社会强大的商品化潮流的一部分，也是至关重要的一部分。产品多元化恰恰是消费者“想要”的，而在大批量生产的时候，产品开发尚未涉及消费者“想要”而不是“需要”的东西；现在消费者的这部分需求被激活了，并提供了赚取利润的机会。在这里，我不打算展开讨论这个过程到底是由消费者驱动的还是由生产者驱动的这个重要问题——蒙森和唐斯认为更重要的是需求侧，而不是供给侧，他们的答案与私人企业的批评者并不一致，后者如约翰·肯尼思·加尔布雷思。对现代市场营销的考察表明（那个时期恰恰是市场营销发展史上的一个关键时期），需求侧和供给侧这两者可能都很重要。营销活动“发现”了消费者的偏好，而且通常也会“发展”消费者的偏好；它向消费者询问他们想要什么，而且也向他们提出了他们可能会喜欢的许多事物，其中包括一些他们从未想象过的事物。因而从这个角度来说，好的市场营销应该将消费者视为共同设计者，即努力将尽可能多的商业上没有价值的欲望（“想要”）或潜在的欲望引入市场关系。当然，这样一来，也就将福特主义时代的卖方市场转变成了买方市场，从而赋予消费者几年前难以想象的巨大权利，因而也就使得生产者的生活开始变得举步维艰了。同时，这也是资本主义下的市场力量闯入世俗社会生活中的巨大一步，罗莎·卢森堡（Rosa Luxemburg）在她的《资本积累》一书中，用隐喻的手法称之为“土地掠夺”（land-grabbing，德语为 Landnahme）。无论如何，更多地关注消费者，对于依赖利润的企业来说，本身就是走出停滞状态的一条出路。不要忘记，当时市场已经饱和，而且有些人还认为，工薪阶层为了经济发展而奋斗的物质激励的作用，也已经处于严重削弱的边缘了。[5]

通过消费社会化

在分析时，牢记如下这一点非常重要：在到达分水岭后的那些年间，为了将资本主义从饱和市场的幽灵手中拯救出来，社会生活商业化已经达到了无远弗届、无孔不入的程度。事实上，进入 20 世纪 70 年代以后，资本主义企业学到的最重要一课就是，为了实现商业扩张，必须尽可能地推进消费者和产品的个性化。多样化的消费使得个人获得了迄今从未有过的表达社会身份的机会。20 世纪 70 年代和 80 年代也是传统家庭和共同体迅速失去权力的一个时期，这就为市场提供了填补快速扩大的社会真空的机会，而当代的“解放思想家”却误以为这是一个全新的自主和解放的时代的开始。多样化消费和利基市场崛起的可能性，以及第一代耐用消费品的加速淘汰，也有助于工作纪律的重建——既适用于传统的工人，也适用于新加入就业大军的劳动者，尤其是妇女。

当然，商业化的多样化——市场和商业关系从“满足需求”转变为“服务愿望”——远远不限于汽车产业。福特主义模式终结后，涌现出来的其他高增长行业还包括奢侈品业，从香水到手表，再到时装，都遵循了通过更有针对性的市场营销来推进产品差异化和加快产品更新换代的模式。在这方面，一个典型的例子是斯沃琪手表。生产销售斯沃琪手表是1983年才首次出现的一个营销创意，当时亚洲的钟表制造商开始用石英微处理器代替机械发条。在这里，手表的批量生产没有完全消失，但是变得更加复杂精巧，每个批次的产品都是专为发展自己的市场利基而设计生产的，都可以说是利基生产的一个例子。还有麦当劳，也与此类似，它最终也转向了产品多元化，致力于“重新发现”各地的美食，从而将自己的“高级烹饪技艺”推广到了前所未有的地区。又如，葡萄酒的生产在20世纪80年代也走上了与汽车生产同样的道路：各国的葡萄酒厂商纷纷放弃了将来自不同产地的不同葡萄汁混合到一起生产出“通用型葡萄酒”的做法，转而生产一系列多样化的葡萄酒产品，并且做到了每种产品都具有可识别的特点和产地。

体育世界翻天覆地的变化，也许是商业化转向深度和广度的最好的体现。直到20世纪70年代，奥运会仍然是所谓的“业余爱好者”受到保护的专属领地，不容职业运动员染指。当时人们认为，奥运会绝对不能被用来谋利，因为它是专门为那些痴迷于体育运动的人提供的一个舞台，他们可以借此展现自己的身手，同时顺便宣扬一下爱国精神。不过，自20世纪70年代之后，在很短的时间内，以往的“奥林匹克运动会”就变成了一个巨大的赚钱机器，无论是对运动员来说，还是对众多的赞助商、广告商、媒体和其他生产各种各样的与体育锻炼或保养身体有关的消费品的企业来说，都是如此。更重要的是，只要仔细看一下，在进入“丰裕社会”后，体育运动发生的转变，我们就不得惊叹万分！在以往，运动会是用来展示严格遵守纪律和自我控制的精神的，运动员不会得到任何物质奖赏，而只能获得参加比赛的荣誉感，而现在，运动却变成了一种娱乐，所有的体育赛事都弥漫着强烈的金钱的气息；在以前，运动场是一个“准战场”，现在却变成了一个专业性的举行“露天派对”的场所，为粉丝和运动员提供了展示自我、成为名人的机会，也成就和锻炼了他们“娱乐至死”的志趣和能力。同时，时尚也在体育运动中发挥了重要作用，无论是观众还是运动员，都可以把体育场当成表演舞台来利用。体育作为一种社会活动在不到30年的时间里完成的这种转变——从一定意义上的禁欲主义精神，转变为消费主义的自恋精神——的标志是两家德国公司的飞速成长。它们就是众所周知的阿迪达斯和彪马。从只为当地市场服务、只生产两三种款式的足球鞋和跑步鞋的小生产商，发展成为年销售额达到数十亿美元的全球性跨国公司，阿迪达斯和彪马实际上是从各种各样的时尚产品中赚取巨额利润的：它们生产销售的，不仅仅是数百种款式不断变化的跑鞋，还包括所有的时尚产品，例如香水（男用的、女用的）。[6]

我认为，商业化为奥尔格·齐美尔（Georg Simmel）所称的一种全新的“社会化”（Vergesellschaftung）创造了非常多的机会——而且显然是相当有吸引力的机会。这里所说的“社会化”是指让个人与其他人联系起来，从而界定自己在世界上的位置。在后福特主义的“丰裕市场”中，可供选择的消费可能性无穷无尽，而这就提供了一种机制，允许人们把某种购买行为设想为一种自我认同和自我表达的行动，即能够将某个人与特定社会团体分开，同时又能与他人结合在一起的行动。通常，这种行为的结果相当于一个漫长的以内省方式探索个人偏好过程的结果。与更传统的社会整合模式相比，这种通过消费者的选择行为完成的“社会化”，自愿程度显得更高一些，同时社会约束和身份限制则更少一些——事实上，可以说完全没有任何义务——除了马克思恩格斯所说的“赤裸裸的现金支付义务”（bare Zahlung）之外。这是因为，在一个成熟的“丰裕市场”中，购买东西无非意味着，从一个基本上可以说是无限的可选项中选出你最喜欢的（且能负担得起的）那一个，传统的社会关系中至关重要的谈判或妥协在这里也许完全不需要。事实上，在高级消费社会中，消费者会遇到的唯一其他行为者，就是企业——它们的市场营销部门专门猜测你的每一个愿望并努力满足之（无论你的愿望有多么特殊）。而且，这种企业从来不与消费者争论；它们会倾听消费者、顺从消费者的意愿，并且还会尽力去搞清楚消费者的愿望和需求——甚至比消费者自己知道得还要更早一些。

因此，这种通过消费完成的社会化的性质自然是单向独白性的，而不是双向对话性的，是自愿性的而不是强制性的，是个体的而不是集体的。从这个角度来看，研究与当今丰裕社会有关的特定“消费政治”应该是卓有成效的。在成熟的后福特主义市场里，替代品的供应几乎是无限的，因此很容易退出通过购买建立起来的集体身份认同，根本不需要经过“重要的其他人”的“认证”。这种情况被广泛地视为一种“解放”，这是很显然的，因为不但用不着购买大规模生产的标准化产品了，而且也不用受传统共同体（如家庭、社区、民族或国家）以及它们所提供的集体认同的约束了。事实上，在今天即使是时尚，约束力——有人也可能会说，压迫性——也远远不如以前的统一制造体制那么强了。现在，同时共存着无数的“亚时尚”（无论在音乐界还是在时装行业，都是如此），而且每一种亚时尚通常都只能流行几个月，它们来来去去，就像走马灯一样。

由于消费共同体比传统的“真实”的共同体更容易被放弃，所以这种社会身份认同是通过更弱、更松散的纽带构建起来的，这使得个人能够很轻松地从一个身份切换到另一个身份，而不需要面对任何“必须给自己一个适当的理由”的压力。由于市场极尽多样化之能事，因此无论是谁，总能从市场得到什么东西；同时，国际化进一步增加了可选商品的种类，并突出了本地的传统共同体与由临时的共同消费者组成的无边界社会之间的不同之处——后面这种共同体是通过购买决策建立起来的，或者更简单一些，是通过点“赞”建立起来的，是可以“开开心心”地放弃的。通过社交媒体——Twitter、Facebook 等——实现“社会化”是这种趋势的进一步扩展，而且这不仅仅是因为这些公司提供了一系列高度个性化的市场营销工具。企业、政治家和各行各业的名人都很快就学会了，可以利用社交媒体来“定制”一个想象中的由“关注者”构成的共同体，而且在每一天中的任何时刻都可以接收到伪个人信息。在政治领域，也有政治家希望利用这种新技术来填补传统政党组织日趋萎缩后留下的空白。同时，它还代表了政治生活的进一步个性化。一个例子是，安格拉·默克尔在听完一场歌剧后，会立即让她的“关注者”知道，她是多么喜欢这场歌剧。

公共领域的市场化

从福特主义时代后期开始，资本主义陷入了停滞，为了挽回这种局面而开始的对社会生活的史无前例的商业化，则对战后“混合经济”时期的集体（国家）与个人（市场）之间的关系产生了深远的影响。在我看来，更加重要的是，商业化还改变了公共领域遗留下来的公民与国家之间的关系，从而改变了政治的本质。国家与高度发达的、动态的消费品市场“平起平坐”导致的一个结果是，进一步增大了投资资本对公共服务私有化的压力，其中就包括电信、无线电广播和电视，其传统形式越来越被认为是老旧的、虽然有公益性但却沉闷无聊的，而且对用户向消费者转变的趋势全无反应。当技术进步使得传统的公共服务产品也能够与制造业产品同样迅速更新、实现多样化时，世界各国政府都接受并提倡这样一种观点：只有私营企业能够满足越来越苛刻的消费者日益增长的预期，随时关注消费者的新需求和新愿望，有针对性地生产出更多定制化产品。

在接下来的几年里，新近实现私有化的电信和电视业的商业化进程的推进比其他任何行业都要更加迅速。因此毫不奇怪，正是从这些领域里涌现出了一大批顶级富豪，其中最典型的例子包括默多克和贝卢斯科尼（Berlusconi），他们是最成功的大众娱乐企业家中的两位。在德国，直到20世纪70年代中期，仍然只有两个公共广播电视频道，主要报道公共事务，并承担了法律规定的“教育”任务，例如，播放歌德、莎士比亚、布莱希特等人的经典作品，甚至直播联邦议院的辩论。相比之下，在今天，德国的大多数城市都可以接收到超过100个电视频道（其中许多来自国外），而原有的两个公共频道则不但观众已经大幅萎缩（通常只有年老的少数观众会坚持观看这两个公共频道），而且它们的节目结构也发生了根本性的变化，它们也在模仿那些更有趣也更成功的私人渠道。或多或少地，所有其他欧洲国家也都出现了同样的变化——商业化导致高收视率节目纷纷转变为付费电视，其中最典型的是英国。而在美国，国有的电视广播网络现在也只在高度分散的媒体市场中占据了一个小小的位置，而且所提供的也几乎全是娱乐性节目。

电信业也发生了大体相同的变化。以德国为例，直到20世纪80年代末，德国的全国性电话系统仍然是由邮政局经营的，而且它的利润实际上是被用于补贴邮政服务的。下面这个小小的细节可以说明整个电信系统的“公共服务精神”：德国的公共电话亭上曾经钉着一块牌子，上面写着醒目的几个字——“长话短说！”（“Fasse Dich kurz”）意在敦促民众不要滥用他们的“特权”，利用国家的珍贵通信线路喋喋不休地说一些闲话。与此形成鲜明对照的是，几年前，一家蓬勃发展的私人电话公司，为每一个可以想象得到的消费群体量身定做了无数商业计划，其中有一个广告的内容是，一群年轻人在一幅巨大的标语牌下用手机交谈，标语牌上的口号有意识地影射了前商业化时代的那个标语——“让我们聊到地老天荒吧！”（“Quatsch Dich leer”）

私营部门新的消费模式鼓励和推动原有公共服务私有化的第三个例子是游泳池的变化。在第二次世界大战结束之后，几乎每个地方社区都建成了公共游泳池。这些游泳池通常比较简陋，但是利用率非常高，因为人们普遍认为游泳对身体健康有益，而且孩子们也可以通过学习游泳来完善自己的人格，学会拯救溺水者的本领。然而，到了20世纪70年代，去这种公共游泳池游泳的人开始大幅减少，公共游泳池的运行也面临着极大的财务困难。与此同时，一种名为“游乐池”（Spaβbäder）的私营游泳池却开始流行起来。这种私营游泳池配有热水漩涡、桑拿浴室、餐厅、人造海滩，甚至购物中心。当然，“游乐池”的入场费要比日薄西山的公共游泳池高得多，但是它可以给消费者带来的乐趣也多得多。于是随着时间的推移，越来越多的社区关闭了公共游泳池，或者将它们出售给了承诺会重建的私人企业——当然，随后将作为“游乐池”来运营。即使是在仍然保留公共游泳池，而且所在社区也有足够的资金来支付相关费用的情况下，它们也都按照“私人竞争”的精神重新进行了设计。然而一般来说，在这个问题上，包括政治领导人在内，以下观点逐渐变成了主流：只有私营部门才能很好地适应更富有和更苛刻的消费者的不断变化的需求，在这种情况下，国家能够做的最好的事情就是，不要成为潮流的对立面，国家要主动关闭原来的公共设施，邀请私营企业提供更加丰富多彩、更加乐趣横生的服务，尤其是提供选择自由。

因此，在 20 世纪 80 年代和 90 年代，许多方面的“涓涓细流”逐渐汇成了一种所谓的“政治智慧”，即公共提供的服务和私人提供的服务之间的区别仅仅在于，国家要满足那些对每个人来说都完全一样的需要，而私人市场则必须瞄准每个人作为个体的真正的愿望。虽然这原来只是一种强烈的私有化动力，但是也很快就辐射到了政府活动的核心领域——对于这些服务，无论出于何种原因，都是不应该外包给市场的。然而，在一定程度上，政府开始承认私有部门本身相对公共部门拥有内在的优越性，并鼓励公民在与国家官僚机构进行互动时，把自己视为消费者。相应地，与公众接触的国家官员则被教导说，他们不再是合法的公共机构或“共同意志”的代表，而要把自己视为在竞争性的市场中提供特定服务的供给方，最大的驱动力来自消费者的欲望和竞争的压力。正是根据这样一种精神（仍然以德国为例），在施罗德政府推进的改革中，原来的“劳工局”（Arbeitsamt）被更名为“就业局”（Arbeitsagentur），这个机构不得不学会将失业者称为“客户”。这种做法显然是新工党的“第三条道路”的要求；据说，国家提供的服务有各种各样的缺点，其根源就在于缺乏对客户真正需求的关注。“第三条道路”的关键是引入了所谓的“新的公共管理”范式；根据这种范式，在（非常不幸地）仍然不存在商业市场的情况下，可以暂时用一系列巨细无遗的定量绩效指标去替代来自市场的纠正性反馈。

集体最小化

我们完全可以说，新的“消费政治”对原来的“政治政治”的侧面影响甚至可能比国家职能私有化的影响更大。由于以前的公共职能被大量转移到了私营部门，公共领域同时也在不断缩小甚至消失；在“改革主义”政府的支持下，提供公共物品的私人渠道与公共渠道之间的天平倒向了前者。因而，国家之作为国家的合法性的物质基础也开始趋于萎缩。然而，政治合法性的下降并不仅仅限于公共服务的提供领域。相反，这种下降渐渐地扩展到了公民权利的核心领域，这就是说，在后福特主义时代，公民与国家之间的传统关系越来越严重地受制于消费品市场上的客户与生产者之间的关系。

说得更明确一些，我认为，在20世纪70年代危机之后，原本以恢复资本主义积累的动力为宗旨的消费结构调整，使得“客户暨公民”的态度和期望不可避免地辐射和扩散到了公共领域的其他部分——事实上，这种态度和期望也是这种结构调整所引致的、养成的。与新的消费体制相比，国家以及仍然由国家负责提供的物品看起来显得越来越枯燥乏味，就像福特主义时代市场饱和时的标准化产品一样。蒙森和唐斯在他们发表于1971年的开创性论文中，就是利用这种对比来解释“私人富有”与“公共贫困”之间的巨大鸿沟的。在这里，我们可以顺便指出，蒙森和唐斯对这种情况并不满意，因而他们并没有盲目地欢呼市场对国家的胜利，而是提出了一系列如何改善资本主义政治经济中“私人富有”与“公共贫困”之间的不平衡性的建议。他们为各国政府设计的策略是，不要试图对“消费者与生俱来的争取社会地位的奋斗精神”宣战，相反，必须适应这种趋势，进而“利用消费者对消费差异化的愿望去推动其他公共目标”。事实上，他们给出的其中一些补救办法与20世纪90年代开始实施的公共部门改革措施非常相似：加大“政府提供的公共物品”的差异化程度，使之不再那么千篇一律；让那些“不需要由政府分配的物品”转而由私人部门提供；将“商品和服务的私人生产者”作为“政府物品的供应商”；政府行动的组合更加多样化，如更少的国防支出、更多的教育支出和住房补贴等；将政府权力进一步下放给地方和社区。[7]

蒙森和唐斯提出的与私人市场竞争、重建政治合法性的建议似乎是非常引人注目的——这尤其是因为它们与20世纪90年代和21世纪初期占统治地位的新自由主义的反国家主义政策相当不同——但是它们最多只能在非常有限的政府活动的范围内服务于这种目的，一旦超出了这个范围，其效果就会适得其反。这是因为，尽管满足多样化、个性化和自由选择的期望有可能会增加由政府（而不是商业机构）**交付**某些商品和服务的合法性，但是对这种商品和服务的生产对于公民的责任感却有很大的颠覆性，特别是涉及公民对于如何衡量权利和义务的“集体审议”时。蒙森和唐斯将“公共物品”等同于“政府物品”；他们使用这些术语，意味着他们认为“公共物品”不仅仅是可分割的，而且在原则上是可以由与使用它们的个体消费者相对独立的专门机构来生产的。但是，有些集体物品其实是不可分割的，必须由受益于它们的人共同生产，或者至少由他们构成的集体共同决定。这些物品包括：社会团结、分配正义以及构成公民身份的一般权利和义务。我把这些集体物品称为“政治物品”；而且我坚持认为，它们之所以吸引人，依靠的并不是产品多样化的这种手段，恰恰相反，如果用判断现代商品的标准去判断它们，最终肯定会导致它们严重供不应求。

更具体地说，我认为，究其本质而言，做一个公民肯定不可能像当一个客户那么舒适，如果用相同的标准去衡量，那么就会失去作为公民的意义。如果仅仅从客户的权利这个角度去看待公民的权利，那么在结构上，公民身份就必定会与以往大众市场上的客户身份相似，即每个人都必须接受这样的生活——自己的各种特有偏好中，只有一些被接受，而其他则会受到损害。更加重要的是，在一个运行良好的民主国家中，公民不仅仅“消费”政治决策，而且还会被邀请参与并确实有义务参与政治决策的“生产”。正是在这个过程中，他们必须通过一定形式的公开对话，对个人具体的、未经审查的“原始”想法进行严密审查。要完成这些，需要的可能是集体行动而不是个人行动，集体行动则反过来要求更大的投资，这又会导致交易成本高昂，而且不能保证最终结果满足每个人的偏好。事实上，公民这个角色的一个基本要求就是，公民必须心甘情愿地接受自己原先反对的或违背了自身利益的决定。因此，纯粹从个人的角度来看，结果很少是最优的；这就意味着，个人的偏好无法得到完全满足这个缺憾，必须通过身为公民的满意来加以补偿，而这种满意，只有通过合法的民主程序才能得到。在民主体制下，政治参与对公民的要求是，时刻愿意根据一般原则来证明自己的选择的合理性并在需要时进行重新调整，即不能着眼于多样化来发展自己的偏好，而要着眼于不同偏好的聚合和统一。此外，与“客户权利”不同，公民身份要求人们为整个社会提供总体性，特别是通过缴纳税款（即将一定税款一次性地交给合法组成的政府，用于尚未定案的用途），这明显区别于以市场价格逐次逐个地购买特定商品或服务。

政治共同体的本质决定了它们是这样一些“共和国”：或者根本不能转变为市场，或者不可能在转变为市场的同时失去某些核心特质。与受发达消费模式主导的社会中出现的高度灵活的选择共同体不同，政治共同体从根本上说都是命运共同体。而命运共同体的核心，不在于要求共同体的成员坚持自己的个性，而在于要求他们接受共同的身份认同，并将前者融入后者。与市场关系相比不同的是，政治关系必然是“刚性的”和“持久的”；政治关系强调的是（而且必须强调）责任的强关系，而不是选择的弱关系。它们是强制性的而不是自愿性的，是对话性的而不是单向性的；它们要求努力、付出和牺牲。政治关系需要的是忠诚——用阿尔伯特·赫希曼（Albert Hirschman）的话来说，在有机会的时候，就会奋力“呼吁”，而不会选择“退出”。[8]

因此，在福特主义时代终结之后，政治不可能再经历一次资本主义企业和产品曾经实现过的那种重新设计了。政治不是简单地服务于个人的特殊愿望和需求，相反，政治必须对它们进行公开的审查，目的是将它们整合成一个“共同意志”，这个共同意志集中并将取代个人的意志。但是，许多人仍然还是持有一种顽固的看法，即政治就其核心而言，在结构上是与大规模生产相似的，因此不公平地将政治决定与现代消费市场中容易且自由的选择进行相比。毫无疑问，政治产品的多元化和创新永远都不可能跟上消费市场上的多元化和创新的步伐。由于政治关乎社会秩序的创造和规范，因此其结果不可能分解为适合个人不同品位的个别产品，正如其消费过程以及消费者对生产的参与最终也不可能是自愿的一样。这就意味着，在现代消费品市场已经成为满足社会需求的最佳一般模式的情况下，公民开始期望公共当局也会作出同样的个性化回应（与他们已经习惯的、从私人企业那里得到的回应一样），但是他们必然会失望，即使政府领导人努力这样做——无视公共物品与私人物品之间的差异——也无济于事。结果只能是，为共同生产“公民物品”贡献自己力量的动力将会枯竭，这反过来又会破坏国家生产“公民物品”的能力，而这正是“作为政治的政治”的合法性所依赖的。在后福特主义的丰裕时代，随着消费主义培育出来的期望的普遍化，新的市场模式不断地渗入到公共领域，市场社会日益去政治化，各国政府管理公共秩序的能力也日益退化。[9]

作为消费的政治？

那么，在丰裕社会中，市场提供（公共物品）远远超越政治提供的高吸引力会带来什么后果呢？一方面，中产阶级似乎拥有了足够大的购买力，他们要想获得自己想要的东西，依靠的是商业手段而不是政治手段，因此将会对复杂的集体设定偏好和集体决策过程失去兴趣，而且会认为参与传统政治是不值得的（因为需要以牺牲个人效用为代价）。不过，尽管我们或许可以将这种态度称为“政治冷漠症”，但是这并不意味着所有中产阶级将完全不会去了解世界上发生了什么（例如不再关注新闻）。当然，近年来有不少人确实是这样做的。事实上，出生于20世纪80年代和90年代并在商业化世界中成长起来的这一代人中，有相当一部分从来没有养成过看报纸、看电视的习惯。例如在德国，50岁以下的人中，几乎没有人收看那两个以相对传统的关注公共利益的报道而闻名的公共电视频道。尽管这两个公共电视频道的老龄观众的投票率仍然非常高，但是，即便对他们来说政治也已经逐渐转变成某种形式的娱乐了：政治被视为一种观赏性体育运动，而且观众已经习惯以蔑视的眼光看待这种运动了——自第二次世界大战结束以来，政党和政客从来没有像今天这样被公民鄙视过。

当然，从政治到市场的大规模“迁移”并不意味着人们不能通过所谓的“非传统的”或“非常规的”政治参与模式来表达自己的观点。事实上，年轻和富裕的中产阶级在这个方面的表现似乎相当不错：每当他们觉得自己利益受损或感到担心时，他们就会发出声音。但是，他们所采取的大多数行动都不是为了争取什么东西，而是为了反对某些东西。他们所反对的事物，通常是政府以促进作为整体的共同体的集体利益为由而倡议、却被共同体的部分成员所强烈反对的——而且对于反对成功后可能导致的更广泛的后果，这些反对者却既不愿负责也没有能力负责。当然，对政府项目的怀疑——政府项目往往是不合理的，甚至是腐败的——通常是相当有道理的；但是这一点并不能改变如下这个事实，即这种政治参与通常是脱离政治情境的，并表现为个人决策行为（可能与消费有关，也可能与消费无关）。而且，对于参与者来说，利害攸关的诉求，不在于某项具体的政策是不是适合某个集体目标，而在于他们是不是必须“购买”由政治领导人决定并由公共当局强加给公民的某种公共物品。因此，这样的参与整体上是消极的，本身就表明公民通常不对集体提供公共物品抱有多少期待，而且符合以下条件的政府项目也非常少（如果有的话）——人们愿意接受与自己的偏好不完全匹配的多数决定。

在个人市场选择全面压倒了集体政治选择之后，政治必然变得“脱离政治语境”。政治不再与作为一个整体的社会如何（或希望如何）组织起来的统一的愿景相关，相反，政策决定变得个体化了——公民个体通过一次一个的购买（或拒绝购买）决策来作出政治决定。在某种程度上，这看上去就像几十年前有人说过的所谓“意识形态的终结”。然而，在 20 世纪 60 年代，当时社会更加有组织、更加服从权威，因此“务实”的精英能够根据不同问题的特点去处理不同的问题。但是，在今天更加分散的社会中，相比之下，政策的制定却没有一个连贯的且可执行的“意识形态”背景，这就使得任何一个可能的政策都会面临阻力。这方面的困境显然与政党普遍丧失了社会地位有关。在以往，政党是非常有效的“中介机构”，负责并有能力将不同社会阶层的需求纳入一个大体上内在一致的平台。然而，当今时代，在许多国家，类似的这种纲领对于各相关政党和选民都不再具有重要意义了——又或者，像在美国一样，已经变成了那种渗透了“机会主义精神”承诺清单上的“若干事项”，这种承诺清单受制于民意调查结果，而不取决于政治意志，通常在选举前不久才草草拼凑而成，而在选举结束后就立即弃之不顾。

当代政治与现实情境的“脱节性”，以及它与私人消费的随机性和不用负集体责任的性质的显著相似之处，尤其体现在如下事实上：年轻人比以往任何时候都更加不愿意加入任何政党（加入某个政党意味着认同该政党的整个政治纲领，包括个人不喜欢但为了纲领一致性和“党的团结”而必须接受的部分）。再一次，这样说并不意味着各政党根本不能吸引年轻人介入。但是，德国等国家近年来的经验表明（德国等国具有相当强大的政党传统），在吸引年轻人时，最成功的方法是让年轻人在某个具体问题上认同某个政党的政策，特别是，不能要求年轻人正式接受一般的“党员义务”，更不用说要求他们遵守“党的纪律”了。（当然，那些通过加入某个政党来追求政治上的成功的人另当别论。）“随时可以退党”的标志必须非常清晰，大门也必须时刻打开。

这种“单一问题政治”有一个显著的特征——个人承诺是有限的、基本上随时可以终止的。从结构上看，这与购买某个品牌、某个款式的汽车或手机并没有太大的不同；如果这些产品不能继续让你觉得称心如意，你马上就可以“抛弃”它们，转而使用不同的款式或别的厂家的产品，根本不用觉得有什么愧疚。这样一来，政治参与行动就像消费行为一样了，或者说，也是一种享乐主义的个人效用最大化行为。再也不能要求人们忠贞不二了，如果真的那样要求，就根本不会有人参与政治行动。在丰裕社会的消费文化中，作为公民义务的政治参与，已经让位给了作为娱乐的政治参与；也就是说，政治参与不再是一种集体义务了，而是变成了一种个人偏好，就像任何一种其他偏好一样。当然，这并不是说“政治市场”没有试图去效仿“消费品市场”。与选举有关的“市场研究”和广告支出早就呈现出了爆炸增长的势头，而且选民偏好的波动性也似乎与客户需求的波动性一样大。但是，政治领域中的“产品创新”仍然非常罕见，同时“政治产品”的差异化也很难实现。但是需要提请读者注意的是，在许多国家中，所谓的“利基政党”（即瞄准某个特定的细分群体的政党）越来越多，例如德国的“盗版党”（Piraten）；同时原来更传统的“全民党”（Volksparteien）则在不断地走向衰微。在后福特主义时代，商业市场长期呈现细分趋势，大批量生产标准品的福特主义生产者普遍衰败，“全民党”的命运也类似。

现代消费习惯渗透到公共领域导致的另一个后果是，对于政治的公众想象越来越严重地“蜕变”成了在选战中胜出的政治人物的权力游戏、丑闻和滑稽剧。当然，由于在“是否符合人民的利益”这个方面，“政治市场”与“商业市场”相比一直处于严重的劣势，因而在公民眼中，政治自然会显得越来越“自我指涉”，政治人物也就显得越来越自恋了。事实上，既然严肃的政治事件已经被降级成了市场事件，那么“观众”关注点也就极其有限了，在这种情况下，向上述方向的演变也就可以说是不得不了——这也就是说，“观众”除了关注政治人物的个性、风格和外表之外，又能关注什么呢？经过一段足够长的时间后，也许这种“腐化”的趋势就不可阻挡了：对于“政治能够做什么”的公众预期可能已经被侵蚀到了最根基之处，提出有效的公共需求所需要的公民技能和组织结构可能完全萎缩且无法再恢复了；与此同时，政治人物则可能会变成“公众形象专家”，而不再代表某种符合公共利益的愿景（尽管这种愿景也可能存在偏差）。

在后福特主义时代，中产阶级以及一代代的“新人”已经将对美好生活的期望从公共领域转向私人消费了；即便是那些因缺乏购买力而依赖于公共供给的人也受到了这种趋势的影响。公共领域的严重“损耗”，使得他们失去了表达自己意见的唯一有效途径，也使得他们所拥有的“政治货币”大幅贬值——如若不然，这些“政治货币”能够在很大程度上补偿他们因缺乏商业货币而遭受的损失。虽然位于社会底层的人们在商业市场和资源配置方面没有任何实力，但是他们仍然有可能加入政治联盟，并从需要他们支持比自己更强大的潜在盟友那里获益。此外，只有在关于美好社会的集体愿景中，改善底层民众的生活才会显示出其重要意义，而市场社会通常是不会有这种愿景的。事实上，在丰裕社会中，由于“愿望满足”的去政治化趋势，穷人在很多方面都会受到损害。潜在的“具有改革头脑”的中产阶级对集体项目再也没有太大的兴趣，也没有什么信心了，因为他们能够通过市场来满足自己，从而也变得更加抵制税收了。这确实是事实：随着政治的社会重要性以及对政治的“敬意”的下降，全世界几乎所有国家和地区的人们对税收的抗拒都在增加，甚至在斯堪的纳维亚半岛也是如此——结果是，几乎所有富裕的民主国家的税收水平都在持续下降。

这样一来，底层民众就只能靠自己了；他们面对的是一个既缺乏合法性，又缺乏物质资源的政治体系。在这个政客明星化、政治演艺化的世界里，底层民众所能做的已经只剩下追随比他们更年轻的一代人的步伐，即不再积极地参与投票，甚至象征性地拒绝参与政治，尽管从原则上说，那可能是他们追求更加美好的生活的最后一线希望所系。西欧各国已经变得越来越像美国了。至于新自由主义观念笼罩下的民主转型，也只能让我们想起阿尔伯特·赫希曼（Albert Hirschman）当年针对尼日利亚的国有铁路的观察结论：当富人对（公共物品中）的集体供给失去了兴趣，转而选择更加昂贵（但是他们完全负担得起）的私人供给时，他们也就退出了公共领域，从而在促进私人服务的发展的同时，进一步加速了前者的恶化，甚至连那些因为无法负担私人提供的替代品而依赖于集体供给的穷人，也不愿意再使用了。[10]

【注释】

[1] 本章曾经发表于：*New Left Review* 76. July/August 2012，27－47.

[2] Monsen R. Downs A. Public Goods and Private Status. *National Affairs*，1971 (23)：64－77.

[3] 请参阅：Streek W. *Industrial Relations in West Germany*：*The Case of the Car Industry*. New York：St. Martin's Press，1984.

[4] 在当时，这种现象被描述为从大规模生产向“灵活专业化”的转变，例如，请参阅：Piore M，Charles Sabel C. *The Second Industrial Divide*：*Possibilities for Prosperity*. New York：Basic Books，1984. 或者，有时也被称为“多样化的优质化生产”，例如请参阅：Streeck W. On the Institutional Conditions of Diversified Quality Production. //Matzner，Egon，Streeck W. *Beyond Keynesianism*：*The Socio-Economics of Production and Employment*. London：Edward Elgar，1991：21－61.

[5] 至少对于20世纪70年代的许多“批判理论家”来说，似乎确实是如此。更早一些，克劳斯·奥费（Claus Offe）在他写于1967年的博士论文中进行了分析。他的博士论文后来出版了，请参阅：*Leistungsprinzip*，*industrielle Arbeit*. Frankfurt am Main：Europäische Verlagsanst，1970. 奥费考虑了劳动动机在长期中

的枯竭趋势问题，不过导致这种趋势的原因不是需求饱和，而是生产组织的变化。奥费预测，生活机会根据社会权利进行分配的压力将会越来越大，而不是以“通过竞争表现出来的个人绩效”为基础（《绩效考核与工业生产》，第 166 页）。但是，重新设计高度多样化的商品的不可抗拒的吸引力，也可能有助于维持（其实不仅仅是维持，甚至扩大）竞争—占有的个人主义，以及基于不同绩效获得不同奖励的制度的合法性。

[6] 对于体育运动，批判理论家们长期以来一直强调它是“工作世界”的一个典范，其特点是激烈的竞争、差异极大的奖励和对时间的严格测量。过去几十年来的变化，还包括妇女更广泛的参与，以及赛事设计师们通过不懈的努力，终于说服了观众——激烈的运动会使一个人看起来更加性感、更加成功和快乐。

[7] Monsen，Downs. Public Goods and Private Status. pp. 73–75.

[8] Hirschman A. *Exit*，*Voice and Loyalty*：*Responses to Decline in Firms*，*Organizations and States*. Cambridge，MA：Harvard University Press，1970.

[9] 我对政治与市场之间的关系的大部分论点与科林·克劳奇在他于《后民主主义》一书中的开创性分析有所类似。不过，克劳奇强调的是“推动”公共事务离开公共领域，进入商业领域的因素，而我则提请读者注意，后福特主义消费模式的复兴对日趋“羸弱”的民主政治的“拉力”。在这两种情况下，将政治参与重组为消费，将公民重新定型为消费者，都反映了在一个市场化的世界中，国家构建的命运共同体的衰落。

[10] Hirschman. *Exit*，*Voice and Loyalty*. pp. 44ff.

第4章

欧洲财政整固国家的兴起

在“经典”的税收国家（德语中的“Steuerstaat”）[1]被所谓债务国家[2]取代后，财政整固国家（Consolidation State）随之兴起。这个过程始于20世纪80年代，而且出现在了所有富裕的资本主义民主国家当中。“财政整固”是对“国家财政危机”的当代回应——早在20世纪60年代后期，随着战后经济增长的结束，国家财政危机就已经开始积累了。[3]公共债务的长期增长、全世界各国当前试图控制公共债务的努力，是与发达资本主义国家的“金融化”（及其复杂纷繁的运行机制和运行障碍）相互交织在一起的。[4]正如我在下文中将会阐明的，这种向财政整固国家的转变，本身就包含了深刻的政治制度重建意义，不仅仅涉及战后民主资本主义，还涉及与之相关的国际秩序；特别是在欧洲，财政整固的趋势，还与欧洲经济与货币联盟（EMU）政治治理规模的空前扩大，以及日益转变为一个非对称的财政稳定机制的过程高度重合。

在本章中，我首先将会简要地回顾一下导致各国向财政整固国家转型的一系列事态的发展过程；其中，2008 年的全球金融危机是一个关键时刻。接下来，我将概述“当代财政整固政治学”——即在当前这个经济持续低增长（甚至可以说是长期停滞）、经济不平等日益恶化、债务水平不断创造新纪录的时代，国内和国际两个层面的财政整固政策都有哪些。然后，我再讨论欧洲各国的具体财政整固政策，特别是在危机期间，一个一体化的、作为统摄各民族国家和国际关系及超国家机构的独特架构的“欧洲财政整固国家”是如何出现的，它对国内民主和国际秩序都产生了深远影响。最后，我将考察财政整固政策的若干政治经济后果，特别是它对国家、社会与市场之间的关系的影响，以及公民有权利期望在未来能够从民主政府和民主参与过程中获得的东西的影响。

从国家财政危机到大衰退

从 20 世纪 70 年代中期开始，经济合作与发展组织成员的累积债务开始急剧上升（见上文图 1－4）。几乎所有国家的债务水平都在提升——无论国家大小、经济表现如何，也无论执掌政府的政党的政治倾向如何；只有英国、德国和美国是例外。英国是因为北海石油的发现和开采，德国是因为两德统一，美国则是因为国防支出的急剧上升（以及急剧下降），但是这些都是暂时的。直到 20 世纪 90 年代中期，债务水平才似乎开始稳定下来，这个负债增长周期维持了整整 20 年。不过，到 2008 年以后，各国债务就又重新回到了迅速增长的长期通道之内。

公共债务的不断增加源于公共预算赤字的持续累积，不过这种预算赤字并不是凯恩斯主义政策导致的，而是政府收入与政府支出相比长期不足的结果。对此，制度经济学中的公共选择学派给出的一个解释非常流行。[5]这个解释将公共财政视为一个管理不善的“公共池塘”（public pool)，民主选举中获得多数选票的政党、在政府中身居高位的政治人物都拼命利用这个公共池塘中的资源去满足越来越多、越来越奢侈的集体诉求，却不用承担相关的成本。[6]然而事实并非如此。正如我在其他地方已经证明的[7]，在经济合作与发展组织成员，公共债务的长期上升，恰恰对应着有组织的劳工运动的政治权力以及社会民主政治的普遍的长期下降。工会入会率的下降、全国性选举投票率的滑落、罢工运动几乎完全消失、失业率长期居高不下、工资增长的停滞，以及经济不平等状况的加剧，都证明了这一点。[8]

导致这种情况出现的原因，既然不是再分配式的民主，那么到底是什么呢？如前所述，遵循熊彼特和金赛德（Goldscheid）等学者的论述传统，马克思主义理论家詹姆斯·奥康纳（James O'Connor）早在19世纪60年代末已经颇有预见性地指出，公共债务的不断扩大，意味着政府在资本主义生产和所有制关系下可以运用财政工具与资本主义经济发展对国家支持的要求之间的差距越来越大了。[9]根据奥康纳的说法，在资本主义社会中，资本积累的合法性和效率都必须由国家提供——前者通过各种各样的社会消费，后者则通过对公共基础设施的投资。奥康纳还预见到，公共部门的工会对国家财政的压力将会不断增加，因为它们会要求得到与私营企业员工同样的工资和福利，从而使国家也患上服务业的“成本之疾”。[10]而且，有意思的是，尽管位于政治光谱的另一端，但是丹尼尔·贝尔却赞同奥康纳的不少分析，尽管他似乎比较不重视功能性需求和结构性矛盾（这一点与公共选择学派有点类似），而是把重点放在了从新教价值观到“物质性的消费主义”或“资产阶级享乐主义”的文化转型上。[11]

从事后的角度来看，从税收国家到债务国家转变的路径并不像一开始的时候看上去那么简单。人们根据自己的经验就可以认识到，在20世纪80年代初，通货膨胀结束后，赤字财政政策就已经流行开来，公共债务也就开始积累起来了。在此之前，高通货膨胀取代了实际经济增长，但是也消除了部分公共债务，从而减缓了债务的积累。通货膨胀甚至还在一段时间内维持了不错的就业水平。[12]然而，随着货币稳定政策的推行，失业率上升了，而且长期居高不下，这导致社会支出增加；这种情况维持了大约10年，然后等新自由主义改革开始之后才受到控制。直到那时为止，公共债务基本上是作为“自动稳定器”的社会保障体系的“惯性”而发挥作用的。[13]但是，除此之外，在美国，通货膨胀的结束也结束了所谓的“税级攀升”（所谓税级攀升，是指由于名义收入上升，纳税人适用的税率变得更高）。再者，这种情况还有力地强化了民众——特别是中产阶级——对税收的抗拒心理，引发了税收改革运动。而税收改革通常意味着最有利于高收入者的减税，例如20世纪80年代初的里根减税运动。

总的来说，“国家的财政危机”并不是因为公民权利的增加所导致的，而主要是由民主资本主义社会纳税能力的普遍下降所造成的（见上文图1-5）。虽然直到20世纪70年代中期，税收收入大体上一直保持了与公共开支同步上升的态势，但是到80年代中期，税收收入就开始停滞不前了，其后经过一个短暂的复苏阶段，从20世纪末又开始下降。到2007年，税收收入回落到了12年前的水平，而且在金融危机期间又进一步下降。促成这种情况出现的一个很重要的因素是资本主义经济的“全球化”，它导致国家之间的税收竞争不断加剧——各国政府争相对企业和高收入者减税。[14]全球化也扩大了资本所有者通过在不同国家之间转移资产（或者干脆迁入国际避税天堂）来逃税的机会。[15]换句话说，如果非要说自20世纪70年代以来，富裕的资本主义民主国家的财政问题愈演愈烈是因为需求不断上升的“革命”所致，那么这场革命也不是普通公民的革命，而是那些拥有资本、命令资本的人的革命。

早期关于财政危机的各种理论未能预测到的另一个方面是，它们全都低估了资本主义国家长期通过借款来维持赤字的可能性。事实上，在20世纪的后1/3个世纪以及21世纪初，公共债务的不断增加是与资本主义经济的日益金融化息息相关的，而金融化至少部分体现在金融部门的爆炸式增长以及信贷资金的急剧增加上。在资本主义制度下，借助于信贷的力量，一方面，面对公民需求与资本家的基础设施需求之间日益扩大的差距，国家能够应付自如；另一方面，面对纳税人（个人和企业）对于税收越来越强烈的抵制情绪和行动，国家也能生存下来。金融化使得政府有可能推迟财政手段彻底不敷应用（因而必须进行实质性改革）的那一天的到来。极低的名义利率，使得不断上升的债务更加"易于管理"。事实上，低利率很快就成功地"引诱"各国政府用借钱来替代税收，因为收税变得更加困难了。此外，债务国家还可以在国际层面找到生存空间。这方面的一个典型例子是，美国将它的公共债务大举出售给世界各地的主权投资者，特别是各石油生产国政府，它们正急于寻找一条"回收"自己的盈余的途径，同时还希望可以借此获得用于对抗本地区的敌人甚至本国民众的军事保护。

在那之后的很多年里，金融服务业在美国和英国都成了最重要的持续增长的行业。[16]布雷顿森林国际货币体系崩溃后，美元变成了全球最主要的储备货币，美国据此享受到了"过度的特权"，因为它能够用本国货币在国际上清偿自己的债务，所以只要真的有需要，它实际上可以无限制地印制货币来偿还债务。随后，各国的法定货币的供应都变得非常宽松，促使不断扩张的金融行业迅速转变成了全球资本主义的金融部门。对金融机构的管制大幅放松，刺激了前所未有的"金融创新"，吸引了世界各地的资本，进而使"金融创新"自身也变成了政府手中的一个重要工具——不仅对那些希望推动经济增长的国家是如此，对那些拼命寻找借贷途径的国家也是如此。事实上，随着整体信贷供给的不断扩大，不仅仅国家的杠杆化程度越来越高，公司和私人家庭也变得越来越"杠杆化"了。因此，债务国家的兴起也就成了嵌入发达资本主义世界的全面债务化运动的一个组成部分——公共债务实际上只占总债务的一小部分（下文图4-1给出了其中六个发达国家的情况）。[17]

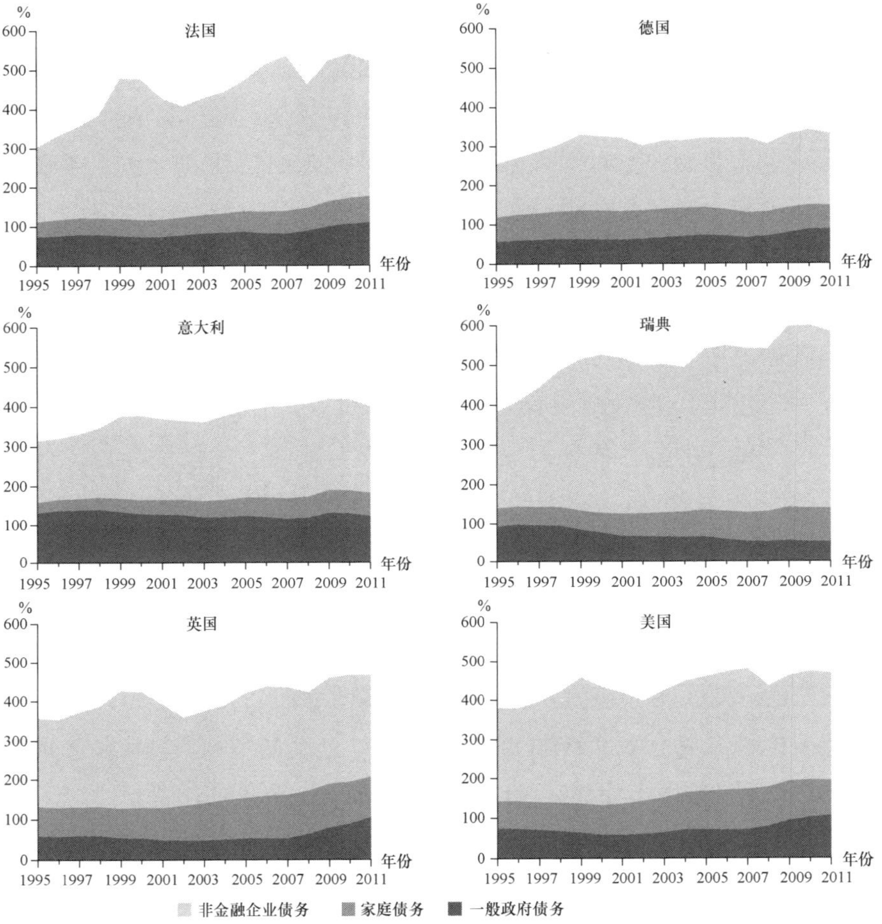

图 4-1　六个国家的负债（不包括金融机构）占国内生产总值的百分比（按部门分别列示，1995—2011 年）

资料来源：经济合作与发展组织“成员国国民核算”，非合并数据。

债务国家的“治理”与资本主义的全面杠杆化趋势之间的密切联系，在 20 世纪 90 年代若干发达国家首次尝试财政整固的过程中可以看得非常清楚。在美国，克林顿之所以能够在 1992 年当选为美国总统，一个重要的原因就在于他承诺要改变联邦预算和贸易平衡“双赤字”的局面。美国于 1989 年以后收获的“和平红利”似乎打开了削减赤字的机会窗口；同时像瑞典这样的福利国家所连续经历的两轮财政危机

(1977年以后和1991年以后)，也被视为一个有普遍意义的警告信号。美国通过经济合作与发展组织和国际货币基金组织等国际组织，发动各资本主义民主国家展开了财政整固运动，试图通过削减支出和改革预算制度，来恢复平衡预算，扭转债务不断上升的趋势。[18]

事实上，在20世纪90年代，各发达国家确实将公共支出降低到了与它们停滞不前的收入更接近的水平（见上文图1-5)。

在美国，美国政府于克林顿结束其第二个总统任期之前实现了预算盈余。但应该指出的是，这在很大程度上是由于以下原因才得以实现的：货币大幅扩张导致的低利率、1989年苏联解体以后国防开支大幅削减（后来的事实证明这只是暂时的)、经济增长（特别是金融部门的增长)，以及社会保障支出的减少（这是失业率走低和民众应享权利被削减的共同结果)。[19]

美国政府在20世纪90年代实施的财政整固政策，反映了美国选民对公共债务持续居高不下的担忧。同时，也可以假定债权人担心主权借款人的长期偿债能力。无论如何，在放松金融管制和经济扩张的时代，民众要求推进财政整固的压力，恰恰为发动有利于私人部门的“缩减国家”运动提供了机会，这就是说，引导公民利用私人信贷，来作为对以前免费的公共服务的替代品。在我们看来，金融化不仅要求财政紧缩——以确保主权借款人的未来信誉——而且使得财政紧缩有可能实施，进而使得“缩减国家”有可能实施。由于家庭为了弥补公共服务的削减而承担了负债（这是在中央银行提供的低利率的帮助下实现的)，从而为私人部门打开了进入以前专属政府的全新领域的大门。这种性质的债务还弥补了公共支出被削减所导致的总体需求不足 ——这也就是许多人所称道的“私有化的凯恩斯主义”效应。[20]

财政整固的第一个浪潮大约持续了10年（从20世纪90年代中期开始，直到“大衰退”的前夕)，取得了相当可观的成功（见上文图1-4)。在欧洲，这受益于《马斯特里赫特条约》所设定的欧洲经济与货币联盟的债务上限的助力；但是在美国，却因2001年后小布什政府的减税政策和国防开支迅速增加而受到了阻碍。无论如何，随着与公共债务一起发展起来的私人债务的不断堆积，所有这一切成果都迅速消解了（即便是在后者暂时停止增长时，私人债务也在持续增加），而且在2008年的金融危机中彻底崩溃了。债务国家与现代资本主义金融化之间的紧密联系，再一次在这里表露无遗——各国政府发现，最终还是得由自己去消化私人部门在放松金融管制后“创造”出来的坏账。事实上，它们还不得不承担伴随着为了防止国民经济完全崩溃而推出的刺激性支出而来的额外债务。特别饶具讽刺意味的是，正是政府为了保护社会免受投机性借贷活动的危害而承担的大量债务，使得金融市场怀疑它们有没有能力履行其作为债务人的义务，而这种投机性借贷活动本身却是政府放松管制的政策和廉价货币所推动和鼓励的。现在，许多国家的政府债券的风险溢价都在上升，这是债权人对它们的偿债能力的信心下降的显著标志（见图4-2）。现在，到了债务国家“重建为”财政整固国家的时候了。[21]

图4-2　若干经济合作与发展组织成员的政府债券的长期利率*（1998—2014年）

*不包括希腊。因为包括希腊将严重扭曲整体利率水平，并使其他成员的利率变化无法显示在图中。

资料来源：经济合作与发展组织“经济展望”，第95号。

当然，要理解“财政整固国家”的政治学，就必须先理解“债务国家”的政治经济学。债务国家的兴起与经济不平等的普遍恶化同时发生，两者之间有非常紧密的联系。资本主义经济在走向“全球化”过程中，税收可得性持续下降，从而使得政府对信贷的需求不断上升；但是另一方面，对越来越富裕的高收入者的减税政策却在不断加码。其结果是，这些债务国家发现，不妨用信贷来替代越来越难以征收的税收——只要公民仍然认为政府债券是一个安全的投资途径就行。这也就是说，这些陷入重重债务的国家，不仅不再“征收”高收入公民的财物，而且允许他们安全地进行投资、收取利息，并将财富转交给自己的子女。与许多文献的传统观点不同[22]，富裕的民主国家中的富人并不一定反对政府债务，因为另一种选择可能是更高的税收（特别是针对富人的税收）。不过，他们确实非常关心，过多债务会不会损害政府服务的偿债能力。

那么，究竟多少债务才算“太多”呢？这个问题没有一个普遍适用的答案。如果政府不能通过借入新的债务来偿还旧债，那么它们就违约了。至于金融市场在政府债务积累到什么程度上就会决定不再扩大信贷，则不仅取决于现有债务的严重程度，还取决于市场的信心。因此，随着债务水平的提高，债务国家必须加倍努力，确保市场对它们的信心，避免风险溢价上升——甚至在某个临界点后完全丧失借款能力。通常情况下，人们有理由预测国家会尽量避免违约，因为一旦违约，它们就可能在很长一段时间内都借不到任何款项。作为“国家”，它们在这方面有一个非常强大的优势是，它们可以采取强制手段，从它们的公民那里筹集必须支付给债权人的资金。[23]一个国家的政府也可能要求某些国内机构，特别是处于政府的“审慎监管”之下的金融公司，将部分资本投资于政府债券（当然前提是，这是特别安全的投资）。然而另一方面，债权人不可能强迫主权政府偿还债务，也不能占有某个国家的资产——除非发动战争。从原则上说，主权国家政府可以自由地拒绝偿还债务或只偿还部分债务。事实上，直到今天，尽管已经进行过多番尝试，但是规范债务人和债权人的权利和义务、实现某种形式的国际管辖权的国际破产制度仍然尚未成形。

因此，财政整固本质上就是一种“信心建设”政策；其目标是通过向金融市场明确表明“本国能够偿还债务”，增加本国对于金融投资的吸引力。财政整固政策基本上不会承诺本国未来不再借款。即使国家累积的债务已经开始减少，长期以来一直存在的老债务也必须进行循环再融资。事实上，无论自己的债务是处于不断增长还是开始转而下降了，财政整固国家都只对政府债券能否维持低风险溢价感兴趣，因为哪怕它们必须支付的债务的平均利率只增加了一点点，都可能会对财务状况造成严重影响。[24]

当前新出现的财政整固国家是对金融市场的如下需求的一种“政治反应”：随着债务水平的急剧上升，公共债务的不断累积，已经吞噬 20 世纪 90 年代初开始的第一轮财政整固的所有成果，金融市场强烈要求扭转这种趋势。金融市场的要求是，主权国家要想继续获得贷款，就必须保证公共债务规模在政治上是受控的，同时还必须证明政府有能力遏制并扭转公共债务长期增长的趋势。债权人对财政整固政策的呼吁，反映了他们在过去 40 年来得到的经验教训，那就是：凯恩斯主义的承诺——政府在经济不景气时期所承担的债务，在经济景气时期很快就能实现去杠杆化（即偿清）——并未实现，而且财政“通货膨胀”产生了一种“棘轮效应”（ratchet effect），即更高的债务水平实际上只会导致公共支出的不断扩大，这是一条令主权国家走向破产的不归路。财政整固就是为了扭转这种趋势，并使政府一劳永逸地恢复财政的稳健性和可持续性。

对于一个主权国家来说，要想遏制债务增长或减少债务，最直接的做法是偿还债务后就不再借入新债。如果没有能力这样做，也可以通过“财政抑制”来实现：在一个相当长的时期内压低利率，同时抬高通货膨胀率或名义经济增长率，从而使原有的债务缓慢地贬值。这种旨在减少（或至少稳定）公共债务规模的财政抑制政策确实有可能作为一种重建财政信誉的方法被接受，不过前提是，这种政策所导致的价值折扣的“剪羊毛”效应[25]仍然是相对温和的，同时大投资者很早就收到了警告。不过在现实世界中，作为一种“信心建设”政策，财政整固几乎总是通过削减开支而不仅仅是通过提高收入来实施的。当然也有例外，比如说通过征收更高的销售税、使用费和社会保障缴款，来实施更加激进的税收政策。最近，二十国集团也大张旗鼓地采取了一些堵塞税收漏洞、防止税收转移的措施，但是实际效果并不明显。无论如何，这些措施充其量只能减缓税收收入下降的趋势，而不可能结束或扭转之。而且，任何预算盈余——包括因利率降低或意外的税收收入而得到的盈余——通常也只是被用于偿还债务或减税，或者，反而削弱了恢复以前的削减支出举措的政治决心。

一个“成功”的财政整固国家的标准是，已经将自己的政治承诺制度化，拥有保证决不会出现债务违约的政治能力，并向金融市场表明了将公共债务义务放在高于所有其他义务的位置上的坚定决心。这种国家的政治力量的一般结构特点是，增加政府开支非常困难，同时削减政府开支（除了偿债支出之外的一切支出）非常容易。像美国和日本这样的“小政府”国家，更有可能被认定为财政整固国家，因为它们的政府在经济中所占的份额较低，这本身就可以视为一个标志：对国家支出有一种根深蒂固的厌恶，同时在面临财政紧急状况时有更大的增加税收的空间。[26]

接近这种理想状态的国家是美国，它将强大的“反税收”政治倾向与神圣不可侵犯的、绝对不会损害“充分信任和信用”的宪法承诺结合在了一起。[27]事实上，与所有其他国家不同，在美国，政界的一个普遍共识是，偿还公共债务必须放在优先于其他一切的位置上——包括支付公共养老金。即便是“茶党”运动，也——在无意中——为维护“美国必须成为一个稳健可靠的债务人”的观念作出了贡献：在 2011 年和 2013 年，当美国总统和共和党领导层结成联盟，突破了美国公共债务上限时，茶党表示，它同意美国在任何情况下都必须偿还债务——如果有必要，甚至不惜承担更多的债务。

我在其他地方已经指出过[28]，我们可以把债务国家描述为这样一个国家，它只有两类选民，即公民和债权人；或者说，在一个债务国家中，只有两类国民，即“国家人”（Staatsvolk）和“市场人”（Marktvolk）。债务国家必须同时忠于这两类选民，而这两类选民则相互斗争——看谁才是主要的利益相关者、谁在财政紧缩阶段必须付出代价。财政整固国家的实质是，以有利于第二类选民（即“市场人”）的形式平息这两类选民之间的斗争，即坚定地把国家对商业契约的承诺置于更优先于国家对公民的公共政治承诺的位置上。在财政整固国家中，公民输给了投资者，公民权利“臣服于”商业契约权利（合同债权），选民不如债权人重要、选举结果不如债券拍卖结果重要、公共舆论不如利率重要、公民忠诚也不如投资者信心重要，债务偿还的紧迫性压倒了公共服务（关于作为“理想类型”的债务国家中两类选民之间的关系，见表4-1）。换一个角度，这两类选民也可以说成是两类公共债务：一类是与“市场”有关的显性债务，另一类是与公民相关的隐性的公共债务，后者的“评级”与前者相比被降低了。又或者，还可以说是两类产权或权利：资本主义权利和公民权利，前者的地位变得高于后者了。简而言之，财政整固国家可以被描述为这样的国家：商业市场义务优先于政治公民义务，而且公民无法获得与之对抗的政治或意识形态资源。

表4-1　“民主”债务国家以及它的两类国民

“国家人”（Staatsvolk）	“市场人”（Marktvolk）
国家的	国际的
公民	投资者
公民权利	合同债权
选民	债权人
选举（定期）	拍卖（连续）
舆论	利率
忠诚	信心
公共服务	偿还债务

将民主政治转化为财政整固国家需要一定时间，因为这意味着削弱民主—平等主义政治，使之向有利于金融市场上的“不打折扣的消费者

权利”的方向演变。而这样做的目标则在于化解如下“民主国家的基本矛盾”：一方面，民主国家是非人格化的建构，因而是“寿命”更长的、更加可靠的债务人；另一方面，民主国家又是财富分配和再分配的主权代理人。这种转型，意味着将“国家的手”捆绑起来，将国家的主权重新界定为对偿还债务的能力的一种保证，例如，通过制定平衡预算来执行宪法要求。尽管如果政府向公民提出平衡预算（或有盈余预算案），可以被视为政府走上独立于金融投资者的道路的一个步骤[29]，但是这种预算案的直接目的却仍然是向贷款人保证“投资是安全的”、债务能够得到偿还。政府为了获得较低的风险溢价，还会推动其他的“制度改革”；改革的原则是，新制度必须能够“可信”地阻止政府在未来通过增加公共支出来缓解资本主义分配冲突，因为那会危及国家作为债务人的可靠性。

此外，还可以通过某种“国际手段”来防止债务国对贷款人的掠夺。这种国际手段提供的激励是，确保国家作为主权债务人的声誉不会因政府利用主权去剥夺贷款人而受到损害，是符合国家自身的“集体利益”的。国际货币基金组织、世界银行和欧洲联盟等国际机构会向可能无力偿债的国家提供贷款，但前提条件是它们必须进行改革，并给出可信的承诺不再“透支”。这种“纪律”也可能由与全球金融市场立场一致的某个“霸权”国家（例如美国）来执行。在这方面，最近的一个例子是阿根廷。在纽约大举贷款后，阿根廷“意外地”发现，自己已经处于美国法院的管辖范围之内了；该法院宣称，阿根廷于 2002 年对其部分债务进行的重组是非法的。[30] 如果这种司法管辖权真的成立的话，那么由于全球所有主要银行都必定会在美国设立子公司，任何一个利用银行系统处理金融交易的政府，都可能会面临美国在捍卫投资者在公共债务中的财产权的名义下采取的法律行动。

当然，20 世纪末的债务国家向财政整固国家的转型并不是一蹴而就的，特别是，这种转型发生在经济艰难的时期。伴随着经济不景气，全世界范围内的经济不平等不断恶化，在这种情况下，正是借助于严重依赖债务融资的社会支出，国家才维持了平等和公平的表象。除非政治体制得到根本性的重建，使经济政策与民众的投票压力隔离开来，否则通过削减社会福利和公共服务来实现预算平衡的政策就会面临极大的政治风险。这种根本性的政治体制重建，只能是“哈耶克式”的[31]，或者是“后民主式”的。[32]与此同时，走向财政整固国家的过程还因为如下事实而更加举步维艰：它发生在一个经济低增长时期——如果不是经济长期停滞时期的话[33]；在这种时期，紧缩可能会导致进一步的经济收缩。[34]（然而，另一方面，因为2008年的金融危机而累积起来的巨量额外债务则使得财政整固更加紧迫。）对于那些投资公共债券的投资者来说，要保证投资安全，经济增长与平衡预算是同样重要的；但是，要想两者兼得，即使不是不可能的，至少也是极其困难的。从政治的角度来看，在一个仍然依靠民主选举的社会中，制度变革和财政紧缩在经济持续低增长和不平等不断加剧的条件下是难以实施的；而从经济的角度来看，这种改革可能会进一步削弱总需求，进而导致通货紧缩型的经济下滑趋势。虽然占据主流地位的新自由主义观点承诺说，未来的经济增长是对现在的紧缩政策的最好奖励，但是，对于心急如焚地等着政府偿债的投资者来说，这种承诺的结果太过于不确定了。未来？那太遥远了，再好也无法让他们觉得安心。

当前，从债务国家向财政整固国家的转型正在进行中，但是这个过程并不顺利。虽然各国的转型已经通过全球金融市场相互联系起来了，而且转型的逻辑也是一致的，但是转型的“局部表现”还是各不相同，尽管逻辑是相同的。一些制度性改革已经付诸实施了，但是还有许多仍然尚未出台。特别是在欧洲，财政整固政策在政治上面临很大争议，其中又以法国和意大利等国为甚。2014年，由于债权人担心财政整固会影响经济增长，政府则担心紧缩政策会损害政治稳定，大多数国家的公共债务反而进一步增加了——尽管没有人认为当前的债务水平是可持续的。目前，债务国家的再融资中的相当一部分是通过中央银行进行的：在美国和日本，直接由中央银行提供；在欧洲，则间接由欧洲中央银行提供，即欧洲中央银行先借款给各国的银行系统，再由它们借款给各国政府。[35]但是，尽管全球主要中央银行的资产负债表在 2008 年之后急剧膨胀（见图 4-3），同时又采取了创历史纪录的低利率，并向世界经济注入了天量流动性，仍然未能刺激经济增长，至于使市场化的改革更加得民心、让各国政府有能力偿还债务的目标，就更谈不上了。像对公共债务的看法一样，经济精英们也早就达成了共识：廉价货币政策不可能无限期地持续下去。现在人们辩论的无非是这种政策仍然可以维持多久、怎样才能结束这种政策并不会引发新的政治经济大动荡。

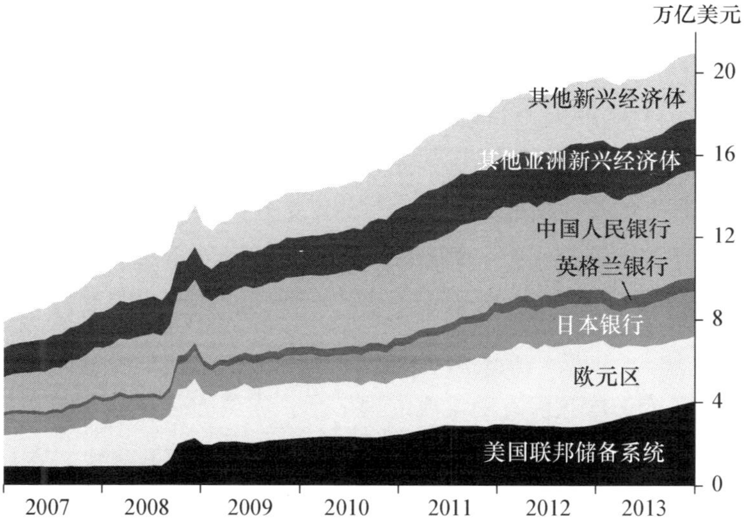

图 4-3　中央银行资产总额

资料来源：国际清算银行. 第 84 个年度报告（2013—2014 年度），统计资料.

欧洲的财政整固国家

欧洲正在兴起的财政整固国家的模式在好几个方面都与美国有所不同。西欧各国都不拥有霸权地位，而且再分配式民主制度也还没有失去民众的支持。国家对资本市场的显性债务优先于国家对公民的隐性债务的地位，在欧洲也远远不如美国那样确定。同样，“紧缩”作为国内政治活动的一个原则，在欧洲也远远不如在美国明确——只有英国和后共产主义东欧国家是例外（不过，东欧国家事实上只是还没有足够长的时间来积累起足够多的、达到临界点的公共债务而已）。此外，在欧洲（在欧洲经济与货币联盟的范围内），财政整固自有其特殊性，因为它是在一个国际体系中进行的。这个国际体系主导着各成员国作为主权国家的财政政策和货币政策（以确保它们与共同的、超国家的货币政策相一致）。在下文中，除非另有说明，所有讨论都只针对欧元区（Euroland）以及欧元区各成员国。

欧元货币体系是在20世纪90年代的第一次全球财政整固浪潮中脱颖而出的。根据《马斯特里赫特条约》，成员国的预算赤字不得超过国内生产总值的3%，累积债务不得超过国内生产总值的60%。欧洲中央银行（ECB）的唯一使命是维护货币稳定，条约明确禁止它向成员国提供信贷。像德国联邦银行一样，欧洲中央银行独立于民选政府，不受政治压力的束缚。事实上，欧洲中央银行比德国联邦银行还要独立，因为并没有一个统一的超国家政府来充当它的政治对手，它所要面对的，只是一个由各成员国政府首脑组成的理事会。成员国必须遵守的“欧元区规则”是由另一个非政治的超国家机构——欧盟委员会——负责执行的。这种模式无疑是以德国为范例的，但是事实很快就证明，即使在德国也不能执行上述“财政纪律”。当然，它也没能防止2008年后的欧元危机；当时，一些欧洲经济与货币联盟成员国的公共债务和私人债务的债务人突然暴露出了过度负债的迹象，失去了债权人的信任，特别是当这些国家的国民经济陷入停滞，很可能要进行债务清算的时候。因此，好几个欧洲经济与货币联盟成员国的公共债务风险溢价都开始急剧飙升。例如，意大利、希腊、西班牙和爱尔兰等国，公共债务的风险溢价都达到了无法控制的地步。

正如我们在前面已经指出过的，公共债务在原则上是没有经济上限的，这就要求债权人进行严格的、有针对性的逐案风险评估。在欧洲经济与货币联盟内部，金融市场以史无前例的低利率无限额地向实力较弱的成员国借款，因为市场假定，无论借贷条款如何，如果某个债务国无力偿债，那么相关的债务将会成为所有成员国的共同债务。但是2008年以后发生的事实表明，这只是一个错觉。这种错觉可能是欧盟委员会内部鼓吹进一步推进欧洲一体化的人士有意为之。无论如何，向地中海国家的贷款，成了与美国房地产市场上的次级贷款一样的东西。由于偿还累积债务仍然是各成员国自己的责任，因此显而易见的结论是，金融市场所要求的财政政策与民主政治脱钩在欧洲各国仍然极不充分。在民主制度下，欧元区南方国家民众对紧缩的抗争、北方国家对“转移支付联盟”的抵制，使得投资者很难恢复对南方各成员国的信心。许多人寄望于新自由主义改革——包括财政政策改革、制度改革，以及劳动力市场和社会保障制度的改革——能够带来经济增长，但是这种希望或者落空，或者迟迟无法得到验证，因为改革陷入了国内政治纷争的泥淖。面对这样一个僵局，欧洲中央银行为了“购买时间”，采取了“用货币大水漫灌市场”的策略（也包括债务相互化），以保持低利率，让成员国不至于失去偿债能力。不过与此同时，欧洲中央银行又坚持认为，这种政策不能无限期地持续下去，各国政府必须推进制度和经济改革，使欧洲的资本主义在欧洲经济联盟的组织下，变得更加“符合市场”（安格拉·默克尔语）。

将整个欧洲经济与货币联盟国家体系重建为一个“欧洲财政整固国家”是一个缓慢推进、逐步调适的过程。各成员国内部的选举，以及欧洲层面上的选举，迫使各国政府对公民——包括那些在其他场合中被视为“民粹主义者”的人——表达关切。虽然正在兴起的这个欧洲财政整固国家无疑将会型构出一种新型的政治经济制度，但是不要忘记，它是在欧洲经济与货币联盟的基础上逐步发展起来的。这是一个路径依赖的制度变革过程。这个欧洲财政整固国家最突出的一个特点是，它是国家的、国际的和超国家的规则和制度、宪法和条约，以及国家政治和国际关系的独一无二的混合体。这是一个由国家组成的“国家”；在这个

"国家"中，国内政治要结合各民族国家的国家政治、各民族国家之间的对外关系，以及对各民族国家行使权力的"超国家主权"（由特定官僚机构所有民族国家的集体名义行使）。当前，欧洲经济与货币联盟作为一个财政整固体系，正在向一个国际化的财政整固国家演化，其特点可以刻画如下。

1. 从总体上说，这个正在形成的欧洲财政整固国家无非是若干民族国家之间的一个相互监督、相互控制的制度安排（这些民族国家在形式上仍然保持独立主权）。它得以产生的基础是，这些国家在金融市场上的集体声誉对所有国家都很重要，而且这些国家都承认，任何一个国家的违约都可能对所有其他国家造成不利影响，例如，会使债务利率变得更高，或者会使国家银行体系遭到某种损害。从欧洲经济与货币联盟向欧洲财政整固国家的这种转型，"高于"相关的福利国家本身，目的在于通过各国之间的相互观察、相互监督和相互惩戒让彼此的经济行为保持更加紧密的联系。这种制度转型始于欧洲经济与货币联盟在 20 世纪 90 年代建立起来的初始架构，随后逐步强化和扩大，到了 2008 年金融危机之后进一步加速。这个过程包括了一系列新的"规则"的通过，特别是 2011 年底出台的所谓"六大改革措施"（Six Pack），以及于 2012 年初签署的《欧洲财政条约》。[36]

2. 作为一个不用直接面对传统的阶级政治和大众民主的国际体系，欧洲财政整固国家在以下方面比民族国家更加有利：迫使不可靠的选民接受"符合市场要求"的财政政策、紧缩政策，以及将偿还债务置于比公共服务更加优先的位置。要想在制度层面实现大众民主与经济管理的"脱钩"，剥夺"国家人"的权力、促进"市场人"的利益（见表 4－1），通过"国际政治"要比通过"国内政治"更加得心应手。[37]当这个"国家的共同体"获得了高于各成员国的权力（体现在"横向的"国际协议和"纵向的"超国家机构上）时，它甚至可以"撤消"某个国家的民选政府，并安排国际金融行业的代理人担任国家元首，例如，欧洲理事会于 2011 年 11 月在希腊和意大利所做的事情就是如此。[38]总之，目的在于，通过同时在国际和国家层面积极地推进制度性变革，让仅存的国家对经济政策的权力不受“出名难搞”的国内选民的影响。

3. 与任何一个民族国家的中央银行不同，欧洲经济与货币联盟的中央银行——欧洲中央银行——是各民族国家的民族政府都必须面对的一个强大的“外力”。欧洲中央银行管理着 18 个国家的货币政策，受各民族国家的国内政治局势影响非常有限；相反，它可以根据各民族国家的政府在财政政策和制度改革方面的合作程度，来制定支持或不支持它们的货币政策。与其他国际组织一道（其中特别是国际货币基金组织和欧盟委员会），欧洲中央银行深深地介入了形式上仍然是主权国家的许多成员国的国内政治，例如，它规定希腊政府在什么时间之前必须解雇多少公务员。由于欧洲中央银行优先关注的首要事项是金融市场对它所管理的货币（欧元）的信心，所以它对各成员国提出的改革要求必定是市场导向的。或者换句话说，欧洲中央银行不可能支持民族国家政府进行平等主义的再分配。这样一来，欧洲中央银行史无前例的政治独立性，也就转化成了前所未有的迎合金融市场的利益的能力，进而使自己变得前所未有地依赖于金融市场。

4. 欧洲经济与货币联盟内嵌的国际关系则是非常不对称的。经济疲软的国家，虽然在数量上占了大多数，却面临着少数几个经济强国的“欺压”，后者只要威胁不再提供财政支持，就能对它们施加强大的压力。特别是德国，它在 2008 年以后经济实力恢复得相当快（得益于强大的出口实力和极低的利率），成了欧洲经济与货币联盟内的主要受益国。[39]欧洲经济与货币联盟已经在事实上成了“德国军事帝国”，在很大程度上受德国的支配。通过欧元，德国强迫经济与货币联盟的其他成员国使用一种“硬货币”，那是德国本身自第二次世界大战结束以来习惯使用的；而其他国家，包括法国和意大利，则长期以来都依靠“软货币”——它们将“软货币”作为管理国内分配冲突的一种手段，同时还间歇地通过贬值本国货币暂时地恢复自己在国际市场上的竞争力。[40]在欧洲经济与货币联盟的相关条约中，没有任何条款涉及它会不会转变为一个国际再分配机构——即有些人所称的“转移支付联盟”。更何况，德国和法国加在一起的经济实力还是太小，只能为较弱的国家提供若干形式大于实质的象征性的经济援助。[41]从某种程度上来说，强大的国家的支持是那些过度负债的国家维持偿付能力的必要条件，也是货币联盟得以维持的必要条件，但是，因为欧元区北部国家的选民的强烈反对，这种转移必须通过某种隐秘的渠道进行。事实上，今天的欧洲中央银行要执行的另一个功能，就是充当作为金融转移的无形通道。

5. 欧洲经济与货币联盟要求那些过度负债的成员国实施的制度性变革，如果进行得很彻底，那么到最后，必将导致这些国家的政治经济的根本性变化，特别是那些地中海国家。更具体地说，根据当今人们所理解的“德国模式”[42]，这样的改革最终会将意大利和法国等国在历史上形成的“阶级妥协协议”连根拔起——这些国家愿意接受高通货膨胀和高公共支出（包括频繁的公共赤字），它们认为这是为了实现社会和平而不得不付出的代价[43]：高通货膨胀率可以使得高公共债务较易承受，因为它会使以货币计算的债务贬值；低利率和高国家补贴则是维持稳定就业所必不可少的；它们对出口竞争力的负面影响也会因为本国货币贬值而得以缓解。在这样一种制度安排下，劳动力市场是刚性的，工作时间很短，公共服务价格高昂，养老金和退休金都很高，同时名义工资也会定期提高；但是，在日益变得强大的中产阶级的眼中，尤是在那些致力于推动自己的国家现代化的民主主义—民族主义技术精英的眼中，这种制度简直令他们如芒在背。在这些人看来，欧洲经济与货币联盟的承诺非常不错：只要取消自己国家的“阶级妥协”所依赖的各种经济政策，就能打破对资本主义现代化体制的根深蒂固的抵制。他们希望，外部强加给本国的“苦药”——财政紧缩政策和灵活的劳动力市场——能够使本国经济站稳脚跟，并为全球化做好准备，最终拥有与德国进行平等竞争的实力。

欧洲货币与经济联盟，以及从中成长起来的欧盟这个国际性的财政整固“国家”，代表了“落后”经济体（或者国家、社会）实现“资本主义合理化”的一个独特的机会。然而，由于面临着大众民主的阻挠的危险，以建立“符合市场”的民主制为目标的改革只能缓步推进。围绕着财政整固，无论是国内政治，还是国际政治，都是极其复杂而微妙的。这一点，看看法国的奥朗德政府的“痛苦”就很清楚了：奥朗德（Hollande）在竞选法国总统时，提出的口号是取代“默克齐”（Merkozy）①，但是当他真的当选后，面对来自德国的压力，还是不得不同意德国和欧洲的国际财政整固政策。另外，德国内部的反欧盟党派的兴起也从反面证明了这一点，德国另类选择党（AFD）就是其中一个很好的例子。德国另类选择党坚决反对建立一个“转移支付联盟”，而且确实推动了德国对这样一个联盟的抵制，从而使以法国和意大利为一方、德国为另一方的矛盾日益加剧。2014年年底，欧元区各国所讨论的主要议题包括：让欧元这种国际共同货币有管理地贬值，以取代各个国家的分别贬值；推迟财政条约中关于财政整固标准的最后期限；以举借新债的方式为欧元区南方国家和法国的“增长计划”筹资，尽管债务早就处于历史高位，而且5年多来一直未能成功地促进经济增长。[44]考虑到进一步的债务积累的不可持续性，所有这些都只是欧洲各国集体走向平衡预算之前的“垂死挣扎”而已——一方面是来自金融市场的压力，另一方面是来自“德国霸权”的强制。

新体制

将一个债务国家重建为一个财政整固国家——金融市场会恢复对这

---

① “默克齐”是欧洲媒体对德国总理默克尔和法国总统萨科齐的名字的恶搞。在欧元危机期间，德国和法国关系非常密切，在很多问题上都表现出了“默规萨随”的特点，于是德国一家报纸于2011年12月1日以恶搞方式刊登了一张德国总理默克尔和法国总统萨科齐的“合体照”，并将两人的名字结合为“默克齐”（Merkozy），以此来凸显法德两国的团结和共同决心。——译者

样的国家的信心，不仅仅是短期的，而是长期的——无疑是一个漫长的过程。一个财政整固国家最终建成的标志是，以彻底的公共支出紧缩为基本原则的财政制度的确立。这种基本原则支配了国家与社会之间的关系，改变了“政治利益、机构和政策安排的整体架构，后者决定了税收与支出的冲突……从而构成了制度、组织、公共政策和主导理论的特殊政治背景”[45]。

要想终结公共债务不断增加的长期趋势，重建金融市场的信心，政治制度和社会结构都必须实现深刻变革。现在，为了实现平衡预算，许多国家都在逐渐削减新债务；但是要想消灭赤字，需要付出多年的努力，而且这种债务削减很可能是不可持续的——除非同时对政府的责任和公共政策的目标按以下方向进行重新界定：更小的国家和更大的市场、（公共物品的）更少的公共提供和更多的私人提供、国家活动和资产的私有化，以及个人努力取代集体团结。财政国家必定是内嵌于某个“财政整固体系”中的，因此建立一个财政整固国家最终意味着政治和社会的全面彻底的合理化或“经济化”。在这个过程中，国家将变得不像主权国家，而更像公司，因为国家将不再管治市场，而是对市场作出反应。民主资本主义的政治的本义是为了保护社会不受“变幻莫测的市场”（波兰尼语）的有害影响，但是财政整固国家的政治却只是为了保护金融市场免受变幻莫测的民主政治的影响。

因此，财政整固将把战后民主资本主义的积极干预主义国家转变为严重偏向市场、随时对市场压力作出反应的国家。要想变得有信誉和有效率，财政纪律必须以控制集体需求的社会生产的政治制度为基础。说到底，将债务国家转变为财政整固国家，就是为了终结“瓦格纳法则”和马克思主义者都已经预见到的这样一种趋势：在生产社会化程度越来越高的情况下，不断走向成熟的资本主义工业社会必然要求公共支出水平持续上升——包括基础设施投资、公共事业建设及维护，以及对工人的补偿——直到资本主义工业生产与生产资料的私有制无法相容为止。因此，20 世纪末期债务国家的紧缩，可以理解为化解这种趋势的一种努力，也是对资本主义社会中愈演愈烈的反对为了公共供给而征税的抗议浪潮的一种反应。为此，各国进行了各式各样的大规模的政治实验，包括让私人企业来提供抗御社会风险的保障、提供社会福利、提供教育和卫生服务、建设和维护有形基础设施，甚至管理部分政府部门或履行部分政府职能（例如，参加战争、收集情报等）。这样一来，财政整固国家的建立将代表着（“新”）自由化运动的最后一个阶段的完成——该自由化过程是从“咆哮的 20 世纪 70 年代”开始的。[46]

就像有人曾经指出的那样，财政整固国家的典范是美国。它在 20 世纪 90 年代就主动着手建立一个紧缩体系。[47]在这个过程中，一个重要步骤是克林顿担任美国总统期间提出的“结束我们所知的一切福利”计划。[48]由一位民主党总统来大力推进这种改革，这个事实本身就足以进一步强化重建金融市场信心的效果。克林顿这位民主党总统的另一个“重要贡献”是，逐步推进平衡预算。在他的第二个总统任期结束时，美国联邦政府不但实现了预算平衡，而且有了预算盈余，当然，这是通过削减开支而不是增加收入来实现的。事实上，在通过大力削减公共支出来减少赤字的同时，一直都伴随着大幅度的减税。尽管这种减税一再导致赤字的重新出现，但是既然“减少赤字”已经作为新体制的“最高原则”牢固地确立起来了，赤字的出现就只会带来更大的削减赤字的压力。[49]

然而，克林顿的“接班人”立即挥霍了克林顿留下来的预算盈余，乔治·W. 布什（小布什）在 2000 年总统竞选期间宣称将进一步加大减税的尺度，即必须“向公民返还他们合法拥有的一切”。不过，无论是减税还是美国在阿富汗和伊拉克发动的战争，都没有削弱金融市场的信心。因为美国可以通过很多方法来保证债权人的利益，特别是它拥有“无中生有”地无限量“生产”全球储备货币的能力。而且，美国政府在 20 世纪 90 年代进一步缩减了国家福利（尽管美国的国家福利与欧洲国家相比，原本就非常有限），这又进一步增强了金融市场对美国的“完全信用”的信任——此前，美国在文化上已经牢固地确立了对金融市场的债务高于本国公民权利的优先地位。再者，当美国利用赤字为军事和战争开支融资时，还可以要求资源丰富的盟国购买美国国债；后者以此来换取美国的保护，不必维持自己的军事力量。此外，战争支出不但是可自由裁量决定的和短期性的，而且与减税和税收支出一样，可以用来证明削减其他方面的支出的合理性。因此，即使大幅度增加公共赤字，也不会对美国在金融市场的地位产生不利影响，尽管这可能会使借款超出其他国家所能承担的范围。

相比之下，欧洲国家不像美国这样拥有上述种种特权，因此它们在10年后才开始将自己重建为财政整固国家。由于它们在资本市场上的竞争优势不如美国，欧洲国家要构建一个紧缩政策体系，使之成为保证自己“符合市场”的可信承诺，就不得不付出远远超过美国的更大努力。欧洲不拥有全球储备货币，没有值得其他国家支付费用的军事力量，而且欧洲各国的国有经济份额普遍较高，公民也更加坚持自己的社会权利和公共福利。为了实现财政整固的目标，紧紧盯住国家对财政紧缩的国际法规——例如财政契约——的承诺可能会有所帮助，尤其是像德国这样的国家，这种策略相当成功；不过，德国有其特殊性，它是一个“新兴霸主”，通过出口带动实现了经济增长，而且它一直以来都实行了硬货币政策。[50] 2008年后，迫于日益沉重的债务负担的压力，欧洲各国进行了新一轮的同时也更加坚决的财政紧缩，其目标是减少国有经济的份额，增加偿还公共债务的能力。当然，与所有其他地方一样，欧洲的财政整固也不可能在一夜之间完成；随着时间的推移，逐步削减开支似乎更为可取，因为这样可以逐渐地确立一个紧缩体制，并使之成为政治经济的永久性特征。

卢卡斯·哈夫特（Lukas Haffert）在最近的一项研究中阐明，随着一个国家从预算赤字转变为稳定的预算盈余，财政紧缩体制将变得永久化。[51]哈夫特对此前的所谓“对称假说”提出了质疑；该假说认为，一个国家一旦化解了长期的赤字问题，很快就会利用重新获得的财政能力走上扩大开支的道路，例如恢复那些暂时被削减掉的计划。但是事实上，正如哈夫特所指出，这通常只不过是社会民主党执掌下的政府在开始紧缩公共支出时给出的一种空头承诺而已。在现实世界中，财政整固后的支出模式仍然致力于紧缩，这在实质上成了区分新自由主义财政整固国家与债务国家的核心特征。对此，哈夫特是通过如下事实来加以解释的：债务水平从不断上升到持续下降的转变，是通过且只能通过“政治路线”和制度惯例的深刻变化来实现的，因为既得利益格局、权力关系和意识形态，是不可能在短期内完全反转的。

那么，一个国家为了让金融市场“放心”——国家对债务的义务是“神圣不可侵犯”的，政府会采取一切必要的手段来保证偿还债务——而长期致力于财政整固，会带来哪些持久的政治和经济后果呢?最近的研究表明，将会导致如下四个后果。

1. 如果预算平衡是通过削减支出而不是通过增加税收实现的，那么牺牲的将更多是自由裁量支出而不是法定支出——如果削减支出的同时还伴随着减税，那就更是如此了。[52]在公共预算达到平衡时，政府支出中用于更加“刚性”的法定固定支出的份额将会越来越大，例如，公共部门工人的工资、公共养老金，当然还有偿还公共债务。在财政整固国家中，债务是“神圣不可侵犯”的，必须保证偿还，因此公共投资——无论是实物形式的基础设施投资，还是在教育、家庭和劳动力市场政策等方面的公共投资（后者往往被称为“软投资”[53]或“社会投资”[54]）——往往会成为牺牲品，被放弃。从长远来看，这也将会对社会保障等“应得权利”构成强大压力，它们在政治上更容易受到损害，同时失去作为法定权利的强制色彩。对于先前的慷慨承诺的抱怨会扼杀未来的支出，同时否认政府在政治上拥有自由裁量权[55]也能够使“财政民主”窒息。结果是，一方面，子孙后代只能得到更少的福利，而当代人的权益也将遭到冻结（根据所谓的“祖父法则”），这可能会导致社会政策进一步严重脱节。

2. 预算平衡原则不允许出现新的债务，而且还要求为了实现财政盈余而削减债务。这样一来，公共投资支出必须由收入承担，而收入却很可能在缩水。因此，要重新争取并维持金融市场的信任，通常意味着政府必须削减公共投资，即使政府债务的实际利率接近0也是如此。由此而导致的公共基础设施的不足（无论是实物的，还是“社会的”），就必须由私人提供来补足——而在以往，这是一种公共责任。私人参与提供公共物品的一种形式是各种各样的“政府和社会资本合作项目”（PPP），即由私营企业投资（政府在背后提供支持），政府或个人公民向私营企业支付使用费。大量迹象表明，在这种制度安排下，国家和公民通常必须付出比公共投资时更大的代价。这种形式似乎特别适用于地方社区，因为它们通常缺乏与国际投资者进行平等谈判的专门知识。

3. 削减自由裁量支出不可避免地意味着削减各种社会服务支出（例如教育支出），特别是削减对所有公民有益的普惠性服务支出。随着国家提供的服务范围的缩小和质量的恶化，中产阶级将会寻求可以补充或替代公共服务的私人服务，并敦促政府允许私营企业与公共当局竞争。在这个过程中，追求更好的服务的中产阶级将会变得习惯于定制化的私人服务，进而要求进一步减税——以保证自己能够支付为自己定制的私人服务——而减税将会进一步导致削减开支。这样一来，福利国家将逐渐失去中产阶级选民的支持，剩余下来的公共福利项目将会蜕变成只为穷人服务的项目。但是根据一句屡屡应验的美国谚语：为穷人的福利计划只会令穷人变得更穷。

4.“实物基础设施”和“社会基础设施”投资的私有化，将导致私营企业在以往专属于公共部门的领域中迅猛发展。尽管通常会受到一些监管，但是公共服务的私人提供者完全有可能很快就成长为政治舞台上的强大参与者，他们将与力争向上流动的中产阶级以及作为其代理人的保守派政党结盟。这些新兴企业与政府之间的联系将越来越紧密（这种关系通常表现在，政界人士与企业界人士能够通过一道“旋转门”无障碍地转换身份），它们的竞选捐款则将进一步巩固从再分配国家向新自由主义国家转型的趋势——新自由主义国家将自己保证社会平等和社会团结的责任，丢给了民间社会和市场。

令人惊讶的是，在欧洲，走在最前列的财政整固国家竟然是瑞典！曾几何时，瑞典本来堪称社会民主主义国家的模范，但在今天却率先在欧洲确立了完整的紧缩体制。[56]瑞典与 20 世纪 70 年代后期的债务国家的“分手”甚至比美国还要更加彻底得多——美国因为在全球资本市场上享有其他国家难以企及的竞争优势，其财政整固政策的强制性要低一些。更有意思的是，瑞典并不是欧洲经济与货币联盟的成员国，它仍然拥有自己的货币，这意味着它不需要服从相关的国际条约。然而，瑞典在 1977 年和 1991 年两度因财政和金融危机而遭受重创（损失程度远远大于 2008 年金融危机后的大多数欧洲国家），这种经历令它一直心有余悸。[57]从这些危机中，瑞典人学到了这样一个教训：如果国际金融市场对瑞典失去了信心，那么它就会毫不犹豫地对瑞典施加惩罚。因此，瑞典所有政党达成了一个共识，必须把恢复和维持国际金融市场对瑞典的信心作为瑞典国家经济政策的首要目标。

在瑞典，财政整固国家的紧缩政策体系是建立在以下两个基本原则的基础上的：第一，对财政剩余的不可动摇的承诺（而且财政剩余必须通过不断削减支出、降低公共债务来实现）；第二，对定期关税的不可动摇的承诺（通过减税，持续加大削减支出的压力，并促使中产阶级通过自由市场来实现自我服务，以取代公共福利和服务）。这样一种以预算盈余为先的政策，再结合低税收政策（保证税收在国家经济中所占的份额不断缩小），使得瑞典成了一个越来越“精简”的国家，越来越符合新自由主义给出的“反积极干预”的公共政策处方。很显然，瑞典的新自由主义改革之所以显得特别顺畅，缘于这样一个事实，即改革启动时，瑞典政府的规模非常大、政府活动的范围非常广；因此在很长一段时间内，瑞典要压缩国家活动都有很大的空间。不过，尽管瑞典这种“软着陆”可能要走一段特别漫长的路，但是随着时间的推移，瑞典作为一个财政整固国家的紧缩体制越来越根深蒂固了，到现在，人们已经很难想象在可预见的未来它会被取代。

到了2014年底，经过大约20年的新自由主义改革之后（改革虽然是渐进的，却非常有效），瑞典政治经济面貌发生了根本性的变化。[58]政府总支出在1993年第二次危机爆发时达到了高峰，自那之后，其占国内生产总值的比例已经从70%下降到了50%；同时政府总收入占国内生产总值的比例则从60%下降至50%（这是2012年的数据）。由于政治经济体制已经完成了深层次的转变，上述过程有望在未来继续推进。一个例子是，瑞典的政治经济体制有效地阻止了中央银行实行扩张性政策：

> 瑞典政府对2013—2015年的财政状况的中期预测是，预算盈余将会达到国内生产总值的3%……估计每年的年度盈余也都会达到国内生产总值的3%。而且，预算平衡的改善完全是通过削减开支而不是增加收入来实现的。[59]

2011年以后，尽管瑞典也出现了经济衰退，但是并没有人重新提起财政刺激政策。这是因为，瑞典已经实现了从高税收、高支出到低税收、低支出的转型。其中一个重要的方面是瑞典完成了养老金制度改革（1994—1998年）：瑞典的养老金体系“从财政上已经完全独立于政府预算了，国家收支与养老基金相互补贴的状况早就不复存在了”。以2010年为例，尽管实现了财政盈余，养老金却减少了，而且未来还将进一步削减；当然，这与人口变化导致的预期收入下降趋势是一致的。此前，在1990年和1991年，瑞典就已经进行过所谓的“世纪大税改”，它是引发20世纪90年代的经济危机的一个原因，却为随后削减公共支出的政策提供了很好的理由。2006年和2008年以及随后几年，瑞典的税率进一步下降。同时，税收改革还使得瑞典的税收制度更具累退性，因为资本收入的税率比劳动所得的税率低得多，而且瑞典在取消财产税的同时，却保持了几乎全世界最高的增值税。

在瑞典，与在所有其他国家一样，所谓的“财政整固”总是伴随着

“软的”和“硬的”公共投资的大幅下滑。[60]同时，用于激活劳动力市场的政策支出则减少了一半以上。在此期间，瑞典的失业率一直稳定在8%左右，这成了瑞典劳动力市场的一种“新常态”，尽管在以往——即在第一次财政危机和社会民主党卡尔森政府的“软货币主义转向”之前，这种状况是完全不可想象的。财政整固也伴随着收入不平等的急剧恶化（瑞典收入不平等恶化的曲线比几乎所有其他发达资本主义国家都要陡峭）。此外，从 1998 年到 2010 年，在私立学校就读的中小学学生比例从 2%上升到了 12%，这个比例甚至已经超过了美国。[61]瑞典医疗保健部门和幼儿保育领域的私有化的推进也非常迅速。总而言之，过去 20 年来，在瑞典，财政整固体系已经在政治经济中深深地扎下了根，政府已经把减税与偿债相结合的政策当成了国策，有效地缩小了国家活动的范围。

财政整固国家与民主制度

财政整固国家体制与民主制度的深刻转变息息相关——正如大家都看得很清楚的，民主正在远离传统的、旨在支持社会平等、帮助民众抗御“市场规律”的大众政治参与制度。[62]既然公共品由于私有化已经大幅减少了，那么所需要的“政治决定”自然也就不多了，于是资本主义的经济民主——“一元一票制”——开始取代政治民主。当市场变成了集体决策的主要机制（即通过“加总”而不是通过“审议”作出决策）之后，即便是与原来的僵化的债务国家相比，“财政民主”也更少了。当然，在宏观的层面上，这也是因为公共财政越来越受宪法规定的债务上限和平衡预算原则的约束。就欧洲的情况而言，除了本国的政策之外，还要面对一系列“国际财政紧缩协议”，而且相关国家如果不付出极其高昂的政治代价和经济代价，就不可能摆脱这种协议。

致力于建成财政整固国家的制度性改革还意味着放弃其他好几个方

面的民主原则。例如，政府与社会资本合作项目（PPP）通常必须基于复杂的商业合同，而且其中大部分合同都必须保密（以保护商业秘密为名）。又如，随着独立的中央银行日益成为经济政策的主要制定者，许多具有深远社会影响的政治决策都脱离了议会和民选政府的职权范围。中央银行只能由少数严格保守秘密的专家来掌管——考虑到中央银行的政策对经济主体的理性预期的决定性意义，只能如此。另外，经济政策是否符合市场需要，也不可能通过政治辩论来决定，而只能交给市场自己去决定；而且经济政策是否“正确”，也全是由那些决定谁负责应用前述规则、解释政策必须受到哪些约束的技术专家来判断的。所有这一切，全都促进了经济管理与民主政治的脱钩——事实上，它们本身就要求这种脱钩。而且，这一切还有强大的意识形态基础，那是一种精英主义理论（现在已经变成了一种新时尚）。这种理论声称，民主制是“不理性”的，无法处理复杂的问题；面对不断变化的全球经济，民主制的应对不但过于迟缓，而且也太容易受大众要求对自由市场进行干预的压力的影响——这种干预在经济上必然是低效率的。[63]

当一个国家的经济体系转变成了自由市场与技术专家统治的结合体后，民众的政治参与途径就枯竭了。[64]当国家的民主生活已经被所谓的国际“治理”抵消之后（欧洲经济与货币联盟所起到的作用就是如此），这种“去政治化”肯定会导致一些真空的出现；但是，“大自然不允许真空”，这种空白肯定会被其他东西填补——它们很可能是“后民主”的大众娱乐，也可能是某种从政治的角度来看属于“返祖”现象的民族主义。[65]在新兴的财政整固国家的“加持”下，政治化（politicization）过程日益偏向政治光谱的右端：各种各样的“反建制”政党的日子越来越好过，它们将那些依靠公共服务、对现状心怀不满的公民组织起来，坚称要从政治上保护公民不受国际市场的损害。

【注释】

[1] 请参阅：Schumpeter. The Crisis of the Tax State.

［2］请参阅：Streeck. *Buying Time*.

［3］请参阅：O'Connor J. *The Fiscal Crisis of the State*. New York ：St. Martin's Press，1973.

［4］Magdoff，Sweezy. *Stagnation and the Financial Explosion*；Susan Strange. *Mad Money：When Markets Outgrow Government*. Ann Arbor：University of Michigan Press，1998；Krippner R. The Financialization of the American Economy. *Socio-Economic Review*，2005，（3）2：173－208；Natascha van der Zwaan. Making Sense of Financialization. *Socio-Economic Review*，2014，12（1）：99－129.

［5］之所以说这种赤字是“非凯恩斯主义”的，是因为“凯恩斯主义”的债务应该在经济恢复到适当的增长水平时就会自动得到偿还——利用收入超过支出的公共预算盈余。反凯恩斯主义的经济学家们，特别是在美国，在很早的时候就在指责凯恩斯为患有“支出饥渴症”的政府提供了一个挥霍公共账户资金的理由，但是这种指责的真实目的其实是试图混淆这种差异。这方面的一些例子包括：Buchanan M，Wagner E. *Democracy in Deficit：The Political Legacy of Lord Keynes*. New York：Academic Press，1977；Buchanan M，Wagner E. The Political Biases of Keynesian Economics. //Buchanan，James M，Wagner E. eds，*Fiscal Responsibility in Constitutional Democracy*. Leiden：Martinus Nijhoff Social Sciences Division，1978：79－100.

［6］Buchanan，Tullock. *The Calculus of Consent*.

［7］Streeck W. The Politics of Public Debt：Neoliberalism，Capitalist Development，and the Restructuring of the State. *German Economic Review*，2014，15（1）：143－165.

［8］请参阅：Schäfer，Streeck. Introduction. *Politics in the Age of Austerity*. pp. 1－25.

［9］Goldscheid R. Staat，öffentlicher Haushalt und Gesellschaft. //Gerloff，Wilhelm，Neumark F. *Handbuch der Finanzwissenschaft*，TÜbingen ：Mohr，1926；Goldscheid R. Finanzwissenschaft und Soziologie. //Hickel，Rudolf，ed.，*Die Finanzkrise des Steuerstaats：Beiträge zur politischen Ökonomie der Staatsfinanzen*. Frankfurt am Main：Campus，1976［1917］：317－328.

［10］请参阅：Baumol J. Macroeconomics of Unbalanced Growth：The Anatomy of Urban Crisis. *American Economic Review*，1967，57（3）：415-426.

［11］Bell D. *The Cultural Contradictions of Capitalism*. New York：Basic Books，1976：250.

［12］关于通货膨胀的政治功能，以及它们的功能在 20 世纪 80 年代部分地被公共债务组成取代的途径，请参阅本书第 2 章，以及本书作者 Streeck 的 *Buying Time* 一书。

［13］这也就是说，问题并不在于那些"被宠坏"的公民提出的要求越来越难以满足。但是，失业保险无疑是资本主义经济制度合法化的一个必要条件，而且，削减公民在受到经济压力时可以得到援助这种权利，需要承担极高的政治风险——至少在美国之外的国家是如此。

［14］Genschel P. Schwarz P. Tax Competition and Fiscal Democracy. // Schäfer，Armin，Streeck W. *Politics in the Age of Austerity*. Cambridge：Polity，2013.

［15］OECD. *Addressing Base Erosion and Profit Shifting*. Paris：OECD，2013.

［16］请参阅：Krippner. *Capitalizing on Crisis*.

［17］如果加入金融部门的负债，图中的数字将会变得更加令人触目惊心。在当今的美国，金融部门的负债与其他三个部门的总负债相当。包括所有部门在内的负债总额已经从 1974 年占国内生产总值的近 400%，增加到了 2010 年的 800% 以上。

［18］Poterba M，Jürgen von Hagen. *Fiscal Institution and Fiscal Performance*. Chicago：University of Chicago Press，1999.

［19］在 1993—2000 年之间，美国的公共支出相对于国内生产总值的比例下降了 4%，而税收收入相对于国内生产总值的比例则增加了 2%；这样，1993 年，联邦赤字占 GDP 的比例为 4%，而到 2000 年则转为盈余 2%。

［20］Crouch. Privatised Keynesianism：An Unacknowledged Policy Regime；Crouch. *The Strange Non-Death of Neoliberalism*. 另外还请参阅：Prasad M. *The Land of Too Much*：*American Abundance and the Paradox of Poverty*. Cambridge，MA：Harvard University Press，2012；Rajan J. *Fault Lines*：*How Hidden Fractures Still Threaten the World Economy*. Princeton，NJ：Princeton University

Press，2010；Trumbull G. Credit Access and Social Welfare：The Rise of Consumer Lending in the United States and France. *Politics and Society*，2012，40（1）：9-34.

[21] 从图4-2可以看出，某个国家的债务水平与它在资本市场上必须支付的风险溢价之间并不存在一对一的关系；例如，日本的政府债务总额极高，同时其利率之低也创下历史纪录。数据还表明，只要少数几个国家（例如，2009年之后的希腊、爱尔兰和葡萄牙等国家）的利率突然上涨，就可能启动旨在恢复市场信心的“改革”。欧盟的情况就是如此，详见下一节。

[22] Wagschal U. *Staatsverschuldung*：*Ursachen im internationalen Vergleich*. Opladen：Leske＋Budrich，1996.

[23] 正如许多人经常会指出的那样，民主立宪主义的兴起，通过让“人民当家做主”，把主权债务转变成了“人民”的债务。与某个特定的国王不同，“人民”是永远不会死亡的；而且在一个民主国家里，政府的债务可以被解释为“人民”自己承担的债务，因此“人民”对政府债务承担着道德上的责任。请参阅：Fourcade M，et al. Moral Categories in the Financial Crisis. *Socio-Economic Review*，2013，11（4）：601-627. 公共债务最有可能得到认真偿付的时候是在第一波民主化浪潮时，当时议会这个新“国王”取代了作为个体的旧“国王”，而且议会基本上全是由“有产者”组成的。这些“有产者”许多都持有国债。然而，对于债权人来说，当前流行的再分配式民主制度的“掠夺性”可能与个人统治者没有多少差别。

[24] 举例来说，对于一个债务总额占国内生产总值的比例为100%，同时政府在国内生产总值中份额为40%的国家来说，累计债务的平均利率每上涨2个百分点，就意味着这个国家的公共支出将增长5个百分点。需要指出的是，大多数北约国家的国防总支出远远低于国内生产总值的2%。

[25] 这是对主权债务人在发生财政危机时单方面地改变贷款条件、牺牲债权人利益的做法的一种通俗说法。

[26] 因此从原则上说，日本可以通过实施更高的销售税来解决巨额公共债务问题；同时美国也可以通过征收联邦汽油税（即使税率明显低于欧洲各国的水平）来筹资。

[27] 见美国宪法第四条第1款。该条款已经被解释为适用于美国国债和类似

的财政承诺。

[28] Streeck. *Buying Time*.

[29] 例如，瑞典前总理戈兰·佩尔森在接受采访时就多次这样声称过；请参阅：Mehrtens P. *Staatsschuldung und Staatstätigkeit*：*Zur Transformation der politischen Ökonomie Schwedens*. Frankfurt am Main：Campus，2014.

[30] 这是美国的秃鹰基金连续多年的“创造性努力”的结果。该基金援引了多个国家的民法，坚称阿根廷必须按照最初的贷款条件偿还债务。从根本上说，这实质上是用尚不存在的国际主权破产法，取代了阿根廷的国内商业法。请参阅：Oloixarac P. Argentina vs. The Vultures. 18 September 2014.

[31] Streeck. *Buying Time*.

[32] Crouch. *Post-Democracy*.

[33] 对此，拉里·萨默斯说得比所有其他人都更有技巧。他于2013年11月8日在国际货币基金组织的经济论坛上的演讲现在已经成了一个传奇。另外，请参阅他的一篇文章：Why Stagnation Might Prove to be the New Normal. *Financial Times*，15 December 2013. 在文中，萨默斯指出，即便是在2008年金融危机之前，“泡沫和宽松信贷也仅仅只够推动适度的经济增长”。

[34] Blyth M. *Austerity*：*The History of a Dangerous Idea*. Oxford：Oxford University Press，2013.

[35] 根据《马斯特里赫特条约》的规定，欧洲中央银行（ECB）不能直接向各成员国发放贷款，这正是它必须想方设法规避该条约的原因。

[36] 这些规则和程序的具体细节极其复杂（欧盟总是如此），只有专家才能完全搞得清楚。但是从根本上说，欧洲货币与经济联盟未来的宏观经济制度的实质是，各成员国必须在宪法的层面上给出有约束力的实现平衡预算的承诺。此外，它还要求欧盟委员会对各成员国的财政政策进行全面监督。根据所谓的“超额赤字程序”（Excessive Deficit Procedure）的规定，如果某个国家不能把公共赤字控制在规定的标准之下，那么就有可能会受到严厉的“自动罚款”。此外，根据“超额不平衡程序”（Excessive Imbalance Procedure），欧盟委员会可以向特定政府发布特别命令，改变其宏观经济政策，改革其相关制度机构，如集体谈判制度以及社会政策，以保证与“超国家协调”相一致。这种类型的特别政策指令，还可能会扩展到欧盟管辖范围内的几乎所有议题。读者如果想了解更多的细节，请参阅：Höpner M，

Rödl F. Illegitim und rechtswidrig: Das neue makroökonomische Regime im Euroraum. *Wirtschaftsdienst-Zeitschrift für Wirtschaftspolitik*, 2012, 92 (4): 219－222; Scharpf W. Monetary Union, Fiscal Crisis, and the Disabling of Democratic Accountability. //Schäfer, Armin, Streeck W. *Politics in the Age of Austerity*. Cambridge: Polity, 2013: 134－136; Streeck. *Buying Time*, pp. 107－109.

[37] 我把这个过程描述为哈耶克式体制在欧洲政治经济环境中的落实(Streeck. *Buying Time*).

[38] 当时，希腊总理安德烈亚斯·帕潘德里欧被中央银行家卢卡斯·帕帕德莫斯取代；而意大利总理西尔维奥·贝卢斯科尼也不得不辞职，以便为前欧洲专员和高盛高管马里奥·蒙蒂腾出位置。

[39] 这与21世纪初的情况不一样。在那时，为了有助欧元区南部各成员国打击通货膨胀而设定的欧元利率，对于通货膨胀率很低的德国来说却太高了(Scharpf. Monetary Union, Fiscal Crisis, and the Disabling of Democratic Accountability).

[40] 关于组织原则和组织形式各不相同的民族国家的政治经济在被纳入一个共同的货币体系后所出现的摩擦，现在已经涌现了大量文献。例如，请参阅 Armingeon K, Baccaro L. Political Economy of the Sovereign Debt Crisis: The Limits of Internal Devaluation. *Industrial Law Journal*, 2012, 41 (3): 254－275; Blankart B. Oil and Vinegar: A Positive Fiscal Theory of the Euro Crisis. *Kyklos*, 2013, 66 (3): 497－528; Hall P. The Economics and Politics of the Euro Crisis. *German Politics*, 2012, 21 (4): 355－371; Johnston A, Regan A. *European Integration and the Incompatibility of Different Varieties of Capitalism: Problems with Institutional Divergence in a Monetary Union*. MPIfG Discussion Paper 14/15. Cologne: Max Planck Institute for the Study of Societies, 2014; Feldstein S. *The Euro and European Economic Conditions*. Working Paper 17617. Cambridge, MA: National Bureau of Economic Research, 2011.

[41] Streeck W, Elsässer L. *Monetary Disunion: The Domestic Politics of Euroland*. MPIfG Discussion Paper 14/17. Cologne: Max Planck Institute for the Study of Societies, 2014.

[42] 大约在20年前，"德国模式"因其资本和劳动之间的谈判社会契约不平

等相对较低和社会保障相对较高而闻名。今天，德国则被定型为这样一个国家：工资限制、零通货膨胀、出口剩余、预算平衡和“福利改革”。

［43］Hall. The Economics and Politics of the Euro Crisis; Blankart. Oil and Vinegar.

［44］事实上，在极高的债务水平下，即使是条件非常有利也未必一定会促使借款人承担额外的债务——因为担心破产。而且在欧洲，关于经济增长自有一套修辞，主要是为了安抚选民、社会民主党派和欧元区南部成员国。另外，债权人既希望债务国财政状态稳健，又希望它们经济增长，这种矛盾心理也可能会被利用。当然，经验告诉他们，只要允许，债务国就会直接将新增债务加入到现有债务中，而不是用于推进财政整固。

［45］Pierson P. From Expansion to Austerity: The New Politics of Taxing and Spending. //Martin A, et al. *Seeking the Center: Politics and Policymaking at the New Century*. Washington, DC: Georgetown University Press, 2001: 56-57.

［46］Streeck. *Buying Time*.

［47］Pierson P. The Deficit and the Politics of Domestic Reform. //Weir, Margaret. *The Social Divide: Political Parties and the Future of Activist Government*. Washington, DC: Brookings Institution Press and Russell Sage Foundation, 1998: 126-178.

［48］这里指的是美国于1996年通过的《个人责任和工作机会法案》。

［49］Pierson. From Expansion to Austerity.

［50］或者，借用默腾斯的一个术语，德国采取的是一种出口和储蓄导向的体制。请参阅（*Privatverschuldung in Deutschland: Institutionalistische und vergleichende Perspektiven auf die Finanzialisierung privater Haushalte*, Dissertation Cologne: University of Cologne, 2014）。

［51］Haffert L. *Freiheit von Schulden-Freiheit zur Gestaltung? Die politische Ökonomie von Haushaltsüberschüssen*. Dissertation, Cologne: University of Cologne, 2014.

［52］Streeck W, Mertens D. Politik im Defizit: Austerität als fiskalpolitisches Regime. *Der moderne Staat*, 2010, 3 (1): 7-29; Streeck W, Daniel Mertens D. *Fiscal Austerity and Public Investment: Is the Possible the Enemy of the Necessary?*

MPIfG Discussion Paper 11/12. Cologne：Max Planck Institute for the Study of Societies，2011.

［53］Streeck，Mertens. *Fiscal Austerity and Public Investment*.

［54］Morel N，Palier B，Palme J. *Towards a Social Investment Welfare State*?. Bristol：Policy 2012.

［55］Rose R. Inheritance Before Choice in Public Policy. *Journal of Theoretical Politics*，1990，2（3）：263-291.

［56］Haffert L，Mehrtens P. *From Austerity to Expansion? Consolidation，Budget Surpluses，and the Decline of Fiscal Capacity*. MPIfG Discussion Paper 13/16. Cologne：Max Planck Institute for the Study of Societies，2013，Mertens，*Privatverschuldung in Deutschland*.

［57］从1977年至1983年的7年间，瑞典的公共债务总额翻了一番，其占国内生产总值的份额从30%上升到了70%。1982年时，瑞典的赤字达到了一个高峰，占国内生产总值的比例为7%左右。然后，在连续4年实现预算盈余（大约占国内生产总值的4%）之后，公共债务在1990—1995年期间再次从占国内生产总值的48%增加到了84%，同时赤字也于1993年达到了高峰——占国内生产总值的11%。从1998年开始，直到全球金融危机爆发的前一年（2007年），瑞典的公共债务逐渐下降到了国内生产总值的50%（见Mehrtens. *Staatsschuldung und Staatstätigkeit*，p. 70）。1998—2008年，瑞典一直实现了预算盈余——在进行周期性变动调整后，今天仍然有预算盈余（Haffert，Mehrtens. *From Austerity to Expansion*?. p. 24）。

［58］Haffert，Mehrtens. *From Austerity to Expansion*?. Philip Mehrtens P. *Staatsschulden und Staatstätigkeit*.

［59］Haffert，Mehrtens. *From Austerity to Expansion*?. p. 21.

［60］Streeck，Mertens. *Fiscal Austerity and Public Investment*.

［61］Mehrtens. *Staatsschuldung und Staatstätigkeit*. p. 220. 例如，特别是在中学阶段，在私人学校就读的学生的比例在2010年已经达到了50%，而且大约90%的私立学校都是由以赚取利润为目的的公司运营的（Mehrtens. *Staatsschulden und Staatstätigkeit*，p. 223）。

［62］Streeck. *Buying Time*，pp. 58ff.

[63] Bell A. *Beyond Liberal Democracy: Political Thinking for an East Asian Context*. Princeton, NJ: Princeton University Press, 2006.

[64] Schäfer, Streeck. *Politics in the Age of Austerity*.

[65] Crouch. *Post-Democracy*.

第 5 章

市场与人民：民主资本主义与欧洲一体化

过去两年多来，每当欧洲各国首脑会议召开，希望就会升起：这一次，峰会将要通过的决议应该能一劳永逸地稳定金融市场、解决欧洲债务危机吧？然而，当最终的决议公之于世后，希望的肥皂泡就破灭了。[1]投资者真的会加入“自愿减记”（voluntary haircut）的行列吗？政客和技术官僚们口口声声所称的“火箭筒”，会不会只是与孩童手中的玩具水枪差不多的家伙？根本没有人能够肯定地告诉民众，应该怎么做才能修复崩溃的全球金融体系。有些人要求实施严苛的紧缩政策，一些人则呼吁首先要促进经济增长。所有人都知道这两者都是必要的，但是它们在当时不可能共存。新的困境层出不穷，技术专家们给出的“救援包”也一变再变；某些独创的救助措施似乎颇有成效，但可惜的是全都寿命非常短暂。即使欧盟 26 国领导人在 2011 年 12 月举行的峰会上能够签订新财政条约（当然，英国表示强烈反对），即使欧洲中央银行能够以 1%的极低利率向各国银行发放 5 万亿欧洲的长期贷款，不久之后一切仍然会重新落入令人噩梦连连的旧轨。无论如何，市场在该冷静下来的时候自然会冷静下来，这一点是确定无疑的；然而问题在于，那个时候究竟是何时？届时市场又会提出什么新的要求？没有人知道。危机会袭击法国吗？只要市场需要，当然会。只有在国家通过了一揽子紧缩计划，或者，只有当国际存款保护协议生效、保证投资者能够拿回所有资金的时候（当然，更理想的是，两者兼备），市场才会满足。

正如我在本书前面的章节中已经指出过的[2]，战后“民主资本主义”必须调和资本市场利益与选民利益之间的根本矛盾。不过，数十年以来，这种基本矛盾带来的张力已经被一种“寅吃卯粮”的策略成功地化解了。当然，这种策略归根到底是不可持续的，从20世纪70年代的通货膨胀，到20世纪80年代的公共债务危机，再到20世纪90年代初和21世纪初的私人债务浪潮，最终在2008年爆发了全球性金融危机。从那时起，民主与资本主义的“辩证运动过程”就以惊人的速度展开了。就在作者写下本文之前几个月，希腊总理帕潘德里欧（Papandreou）要求进行全民公决，布鲁塞尔欧盟委员会大楼的走廊上一度有人戏语，要不要对希腊进行军事干涉，但是不久之后，希腊就组成了新政府，紧随其后的是意大利。于是，在接受了欧盟的集体救助之后，这些民族国家的很大一部分权力就被转移到了一些民众寄望甚殷的、有“崇高声望”的经济学家和技术官僚手中。人们希望，这些专家能够贯彻市场的逻辑。这种信心从表面上看，似乎是有道理的。意大利新任总理马里奥·蒙蒂（Mario Monti）担任过欧盟竞争事务专员，他曾经突破德国的国家银行体系的“封锁”（后者试图通过购买美国的垃圾债券来进行重组，但是毫无成效）；结束了自己在布鲁塞尔的任期后，蒙蒂成了一名顾问，为包括高盛在内的一系列全球最大的垃圾债券“生产者”提供咨询。类似地，现任希腊总理卢卡斯·帕帕季莫斯（Lukas Papademos）以前担任过希腊中央银行行长。正是在那个时期，希腊通过伪造的统计资料获得了加入欧洲经济与货币联盟的机会，从此打开了按德国利率无限额地获得廉价信贷的通道。而帮助希腊伪造国家资产负债表的正是高盛欧洲分部；马里奥·德拉吉恰恰是在那之后不久成了高盛欧洲业务的最高主管的。当然，正如所有人都知道的，马里奥·德拉吉现在是欧洲中央银行行长。这三个人的合作，又怎么可能不如鱼得水呢！

欧洲大陆失衡

现在我们已经看得很清楚了，在当今资本主义世界，民主国家已经不再只有一个主权者了，而是有两个主权者了：一个主权者是本国人民，另一个主权者是位居其上的“国际市场”。全球化、金融化和欧洲一体化削弱了前者，加强了后者。权力的天平正在迅速倒向“国际市场”。在以往，各国领导人必须理解人民的语言并用人民的语言表达自己的观点；而在今天，他们却必须掌握好货币的语言。“民意代表”已经被“资本代言人”取代了，后者掌握着确保投资者以复利的方式收回资金的秘诀。由于投资者的信心现在变得比选民的支持更加重要了，所以无论是左派、右派还是中间派，都认为“资本接管权力”不是一个问题，而是一个解决方案。在北欧各国，希腊和意大利所特有的裙带主义，被当成充满异国情调的奇闻趣事广泛传扬，这种解释使得人们更容易退缩到这样一种立场，即民主制度不应当赋予民众“寅吃卯粮”、不偿还债务的权利，尤其是当“我们自己的钱”受到威胁的时候。

当然，事情并不是如此简单。事实上，危如累卵的并不是“我们自己的钱”，而是那些真正受到了威胁的银行的钱；要援助的也不是希腊和意大利，而是“市场”。众所周知，“市场”之所以将钱借给希腊和意大利，实际上是出于这样一种预期：如果希腊和意大利无力偿还债务，那么欧元区其他国家会代替他们偿还；甚至，如果真有必要，还可以通过像 2008 年金融危机时那样，以“太大而不能倒”为名进行讹诈。政府的行为其实与这种期望并不矛盾，尽管各大国和国际组织的庞大监管机构不可能没有注意到，希腊等国家在加入欧元区之后就拼命借入廉价信贷。事实上，从事后诸葛亮的角度来看，这样一种结果——在全球预算巩固时代，用私人信贷来支撑欧元区南部各国的货币供应（以替代欧盟捉襟见肘的区域性基金和结构性基金补贴）——恰恰是让这些作为民主资本主义的后来者的地中海国家加入欧洲经济与货币联盟的一个原因。在这样做的过程中，不但银行能够通过看似安全的交易赚到钱，而且欧洲北部各国的出口行业也能够从南方各国消费者购买力的稳步增长中获利，而不必担心希腊、葡萄牙、西班牙和意大利等国家定期通过货币贬值来与北方各国竞争（因为北部各经济体的生产率更高）。

对于地中海国家疯狂利用贷款和补贴来进行投机甚至用于腐败，北方各国的政治精英们的“故作极度惊讶”（说它们怎么不像“诚实的”盎格鲁-撒克逊人那样注重实际经济增长），肯定是政治公关史上最厚颜无耻的“壮举”之一。任何一个稍微了解一点内情的人都非常清楚，每个生产季节可以获得欧盟两次补贴的希腊橄榄油业——第一次是在采收时，第二次是在加工成机制油时——不可能发展到那么大的规模。这就像战后意大利天主教民主党与黑手党之间的密切联系一样，是一个人所共知的“国家秘密”：在那里，存在着一个以朱利奥·安德烈奥蒂（Giulio Andreotti）等人物为“神经中枢”，连接了各国家机关、政党、武装力量、有组织犯罪团伙和情报部门的强大网络。就希腊而言，欧洲各国的政治家们全都非常清楚，自从军事独裁结束以来，希腊就承担着巨大的历史欠债：严重程度不亚于拉丁美洲的贫富分化；上等阶层实际上享受着免税特权；作为一个民主国家，却除了借外债之外就别无选择——通过借款，富人可以将财富隐藏在海外市场或其他国家，于是“旧钱”仍然能够安全地作为“旧钱”存起来，而“新钱”则用于购买日益壮大的中产阶级的支持，后者越来越服膺于北方国家的“消费规范”。

在当年，之所以没有想到另外的出路，有可能是因为在 1974 年军事独裁结束之后，另一个选择是对希腊社会进行根本性的彻底改造——也许会沿着一条类似于艾米利亚-罗马涅的路线展开，然后加入欧洲共同体。但是，欧洲北方各国和美国都不愿意冒险一试。在康乃馨革命后的葡萄牙、佛朗哥统治结束后的西班牙，以及在 20 世纪 70 年代的意大利［当时恩里科·贝林格（Enrico Berlinguer）领导下的意大利共产党被排除在了联合政府之外］，也与此类似，没有人希望挑起像智利那样的政变。因此，欧盟对这种“后法西斯民主制度”予以默认，它希望经济增长能够消融这些国家古老的社会结构和阶级结构，尽管正是这种社会结构和阶级结构导致了军事独裁和资本主义现代化进程的停滞不前。

意大利风格的融合?

欧洲虽然已经组织起来了，但是今天在南北之间无疑已经出现了深深裂痕，因此很可能需要进行新一轮的一体化。考虑到“欧洲意识”的普遍淡化，这个建议初看上去也许有点令人吃惊。但是，新一轮一体化的驱动力是无可置疑的，它将再一次以成熟的新功能主义模式发挥作用，而根本无须民众的支持——甚至可能在违背民众意志的情况下推进。新功能主义的一体化依赖于从已经实现一体化的领域对其他功能相关的领域的“溢出”效应；这种“溢出”则是由一种特别的因果关系引发的，它们在政治上表现为你只能认可的事实上的限制（Sachzwänge）。事实上，这就是让·莫内（Jean Monnet）所设想的欧洲一体化进程，也是一整代政治学家工工整整地抄在黑板上的欧洲一体化进程。然而，到了 20 世纪 90 年代，这种机制的动力似乎已经耗尽了。随着一体化进程深入到民族国家的核心领地和基本社会秩序，它就变得非常“政治化”了，于是不得不陷入停滞。一体化要迈出新的步伐变得更加困难了，或许只有通过欧洲法院才可能实现。在布鲁塞尔，确实徘徊着一个幽灵，它给整个欧洲带来了深深的困扰：今后民族国家的权力是否要依赖于其人民的“欧洲意识”——或者，甚至依赖于对民主的欧洲意识的动员？

然而，欧元区危机的发生，却使这个问题迎刃而解，再一次保证了一体化进程不受人民的意愿的影响。欧洲货币联盟最初只被认为是一个技术官僚机构——因此完全不涉及一个政治联盟必须解决的与国家主权和民主制度有关的基本问题——现在却正在迅速地将欧盟转变为一个联邦式的实体。在这个“联邦”中，民族国家的主权、民族国家的民主制度，都将变成一纸空文，而首当其冲的正是地中海各国。现在，一体化正在从货币政策领域“溢出”到财政政策领域。国际市场的“限制”（Sachzwänge）——事实上是对金融资产所有者的利润要求和资金安全要求的史无前例的赋权——催生出了一个不受民主政治过程约束的一体化进程，尽管今天民众对一体化的诉求可能比以往任何时候都要低。至于这种一体化的具体法律形式，则是次要的：因为无论如何，欧洲中央银行都会将私人投资者不再需要的债券买下来，法兰克福、布鲁塞尔和柏林（也许还要再加上巴黎）都会将已经延续了数十年的债务国家予以“取缔”（安格拉·默克尔语），而不管条约是否有变更。与2005年的“欧洲宪法条约”闹剧不同，这一次将不会进行全民公决。北方国家将为南方国家付钱，这样南方国家就可以付钱给银行（而北方国家则不用）。各种泛欧机构拥有了对民主压力“免疫”的权力，特别是欧洲中央银行，它的权力不断屡创新高，这在以往是完全不可想象的。现在，欧洲中央银行得到了两个有霸权地位的民族国家主导的“董事会”的支持——如果新的最高权力不是由于历史原因而必须尽可能地掩盖真实情况的话，这个“董事会”很久以前就会变成由一个国家主导了。

当然，这种“永远紧密的联盟”其实只是一种田园牧歌式的想象。事实上，它更像一场“先上车后补票”的婚礼——意想不到地怀孕了，然后迫于父母的压力“奉子成婚”，因而通常不会是一种快乐的结合。对于目前正在形成的“转移支付联盟”，最好与意大利的统一进行比较分析：在整个战后期间，意大利北部地区都在向南部地区提供补贴，但是并没有取得多少成效。由北方补贴南方，本来是意大利实现民族团结

的一种途径，但是很快就蜕变成了一种制度化的腐败体制。来自被称为“南方的钱柜”（Cassa del Mezzogiorno）的援助资金并没有到达当地企业家手中——事实上，在南部，企业家几乎不存在，因为在任何情况下都没有任何喘息的空间——而是落入了根基牢固的“后封建”上层阶级的手中，而这反过来又导致这些人所控制的农村居民的投票流向了天主教民主党；因此，中央政府不得不放弃任何可能打扰上等阶层生活方式的政策企图。这也就是说，就像电影《浩气盖山河》（*The Leopard*）所描述的那样，那里的事物真的可以保持不变。

民族主义狂热——以及欧洲的地区性基金——帮助意大利政府承担起了补贴南部地区的负担，将整个国家维系在了一起。然而，自 20 世纪 90 年代以来，由于意大利南部地区的资本主义发展依然比较落后，而且来自布鲁塞尔的资金还被东欧国家分走了很大一部分，所以意大利北部地区倾向于分离主义的选民越来越多。曾几何时，像希腊一样，意大利一加入欧洲货币联盟之后，立即就获得了大量廉价信贷，这使得意大利中央政府在安抚南部地区的同时，也用不着向北部地区征税。但是，现在意大利已经无法再获得这种贷款了。今天，没有人相信意大利南部地区的经济能够实现增长——无论是通过自己的努力，还是依赖欧盟的某种“魔法”。贝卢斯科尼的不幸，绝不仅仅是因为他的业余生活过于“放荡”，而且也因为确实没有人有能力告诉他意大利怎样才能维护国家统一：富裕的北部地区与停滞不前的南部地区之间的不平等鸿沟越来越大，如果不出现颠覆性的深刻社会变革，就永远无法逾越了。

既然伦巴第等意大利北部地区在半个多世纪的时间里都没有帮助南部地区实现“资本主义现代化”，欧洲北方国家又怎么可能通过转移支付让地中海做到这一点呢？这种转移支付所能做到的，无非是令生产率更高的北方国家的纳税人承担更高的税收而已。希腊人和芬兰人根本不存在什么共同的民族革命的国家记忆，也不共享由第三方来支付区域发展补贴的命运。我们凭什么指望，欧洲北方国家的民众对欧洲南部国家的发展，一定会比意大利北方人对意大利南方的发展更有耐心呢？自从创立欧元以来，一个经常被忽视但肯定会带来不良后果的影响是，欧洲一体化取消了经济疲软的南方国家通过贬值本国货币来增强本国产品竞争力的可能性。就像在意大利一样，结果只有一个：南部国家（地区）永远处于落后境地，永远依赖于转移支付，同时经济援助的接受者和提供者对彼此都越来越失望。

让希腊继续留在欧洲经济与货币联盟，欧洲北方国家实际上等于拉进了一匹特洛伊木马——只不过这一次，希腊人并不是送出礼物的一方，而是接受礼物的一方。希腊政府和部分希腊资产阶级似乎仍然坚信“一鸟在手，胜过两鸟在林”：它们宁愿依靠不时收到的各种形式的补贴混混日子，也不愿意恢复本国货币、独立自主地推进经济建设和社会发展。当然，这种选择背后的利益关系极其复杂，我不可能在这里一一详细分析。但是值得读者注意的一点是，德国很有影响的一个工会组织——德国金属行业工会（IG Metall）——曾经直言不讳地指出，必须支持与希腊的“国际团结”，因为这有利于德国对地中海国家的长期出口。[3]既然说到了“团结”，那就不可能是一条“单行线”，所以“团结”必然意味着希腊的财政政策和社会政策必须受到监督。这尤其是因为欧洲北部国家也在实施紧缩政策，这些国家政府必须让民众乐于接受为了增强联盟的凝聚力而付出的这种代价。因此，欧洲经济与货币联盟开始“溢出”，即向一个政治联盟演进。毫无疑问，在这个过程中，欧洲南部国家的民主制度将受到损害，因为议会制定和执行预算的权力将被转移到监督机构（欧盟和国际货币基金组织等）；同样地，欧洲北部国家的民主制度也要付出代价，这些国家的民众以及他们在议会中的代表几乎每天都会通过新闻媒体了解到（而且也许只能通过新闻媒体了解到），不知道什么时候（也许是一夜之间）又在某种名义下设立了一个救助基金。

与此同时，欧洲北部国家的政府和公共舆论还致力于向各债务国展示自己所过的“与市场一致”的生活是何等正义、何等美好，尽管那其实只是他们自以为是的一个乌托邦，是他们沉迷于拉尔夫·达伦多夫

（Ralf Dahrendorf）所说的“挂账式资本主义”（Pumpkapitalismus）的结果——这种资本主义是以金融市场无止境地提供的廉价货币为基础的。事实上，更有价值的问题是，为了改掉以预支未来的方式解决眼前的危机这种越来越危险的习惯，民主资本主义的社会契约应该如何改写？或者说，我们应该怎样才能想象出一种既无须依赖日益膨胀的信贷体系，又能凝聚整个社会的资本主义？现在，所有人都很清楚，这种承诺保证无止境的消费的信贷体系，其实是不可推广的。很显然，对于这样一种承诺越来越无法兑现的信贷体系，继续相信它的债权人已经越来越少了。事实上，无论是保守主义者，还是进步主义者，都已经从不同的途径讨论过这些问题。前者如梅内哈德·米格尔（Meinhard Miegel），后者如阿马蒂亚·森（Amartya Sen）和让-保罗·菲图西（Jean-Paul Fitoussi）。但是，我们都知道——或者应该知道——只有当那些从民主资本主义最近的变革和转型中获得了最大利益的人愿意作出更大的牺牲时，与当前已经控制了整个世界的、自我毁灭性的、笼罩一切的消费主义的决裂才是有可能的；确实，不能再让那些在几十年的自由化和全球化过程中生活水平不断下降的人作出更多的牺牲了。

民主制度必须摆脱“廉价货币资本主义”提供的“镇静剂”，因为那会危及生命，但是这需要我们找到新的办法，去解决前者只会恶化的问题。如果所有人都能够获得体面的工资，那么用来弥补停滞的薪酬以及顶层与底层之间的巨大收入差距的消费信贷就不再需要了。如果大多数人都过上了更好的生活、拥有了更好的工作条件，那么对那些用来缓解身份焦虑、竞争压力和不安全感的“消费玩具”的需求就会大幅下降。当然，如果工会运动无法复兴，所有这些都不可能实现；一个强大的工会有助于抑制那种摧残人们做好工作和养育后代的能力的破坏性剥削。与此同时，为公共支出融资的债务也必须用因自由化而大获其益者的收入和财产征收的更有效率的税收所取代。各国政府也不应该再用借款来进行公民所要求的社会建设，因为借款都必须连本带利地偿还给债权人，而债权人则可以将财富留给自己的子女。总而言之，只有社会分化不断加剧的趋势——这是 20 世纪末和 21 世纪初的资本主义的标志——被彻底扭转过来，现代社会才可能摆脱如下窘境：通过无限制地生产有毒资产来人为地制造经济增长、保证国内和平。

究其实，这并不是一个新主题。我们应该担心的，不是它会不会突然发生——或者复发——而是民主解决方案似乎完全不可能，以至于许多人甚至耻于提到这个问题（以免被人看出过去"卡了壳"）。埃米尔·涂尔干（Emile Durkheim）在他讨论劳动分工的开创性论著中这样写道：就像古人要生存下去首先得有一个共同信仰一样，我们现代人最需要的首先是正义。[4] 自从战后时代结束以来，一切似乎都成了流过桥下的水了（成了不可改变的既成事实），其中大部分"水"都是从哈德逊河流下并绕过曼哈顿南端流走的（现在这个世界是被曼哈顿统治的）。工会正在消失；资本只听取中央银行行长的指挥（根本不理睬政治领袖的呼吁）；富人的财富既无处不在又不在任何地方——只要陷入困境的债务国家打算对富人征税，富人的财富就会转移得无影无踪。因此，我们只能想象，一旦全球化时代的信用"兴奋剂"不再有效，同时"货币人"的专政又未能建立起来，晚期资本主义的既得利益者又会提供何种"人民的鸦片"呢？或者，我们难道真的可以指望他们会想尽一切可能的办法？

【注释】

[1] 本章最初发表于 *New Left Review*. 2012 (73): 63-71.

[2] 请参阅本书第 2 章。

[3] 参见：IG Metall. 10 Gründe für den Euro und die Währungsunion (10 Reasons for the Euro and the Currency Union). Press Release, 18 November 2011. 其中提到："德国经济依赖出口的程度高于所有其他欧洲国家。我们在国外的客户为德国创造了数以百万计的就业机会。德国产品最重要的购买者是欧洲人……共同货币极大地促进了德国产品的竞争力。如果债务国放弃了共同货币，它们就将贬值本国货币，以提高自己的产品的竞争力。到那时，欧元将成为只有经济最强劲的欧盟国家才使用的货币，因此会面临巨大的重新估值的压力。德国回归德国马克意味着至少

40%的货币重估升值……欧元债券、救助基金等对赤字国家的支持应当与旨在减少债务的各种条件挂钩……应该成立一个欧洲货币基金，对各个国家的债务和盈余进行监督，一旦发现债务或盈余过多，就应启动纠正失衡的程序。”

［4］Durkheim E. *The Division of Labour in Society*. Basingstoke: Macmillan, 1984［1893］: 322.

第6章

海勒、施米特和欧元

赫尔曼·海勒（Hermann Heller）深入地剖析了[1]卡尔·施米特（Carl Schmitt）关于“威权国家”（authoritarian state）[2]的研究。他这篇论文可以说是一堂精彩的“实训课”，为我们分析自由主义的本质以及自由主义与民主的关系提供了一个很好的样板。自由主义与民主之间的关系，另一种表达是民主与资本主义之间的张力。[3]从海勒、施米特这里，我们可以学到的并不仅仅限于与“大萧条”（Weltwirtschaftskrise）以及魏玛共和国的最后几年有关的历史教训。海勒通过对施米特的思想的研究发现，自由主义与国家及公共权力之间存在着一种奇怪的、悖论性的关系。市场不受国家干预的自由（freedom）定义了自由经济（liberal economy）——实际上是自由—资本主义经济——但是这种免受干预的自由从来不是一种自然状态，而是需要从政治上加以建构（construct），并由国家权力公开地创制（institute）和执行（enforce）的。因此，在以某种特定的方式运用国家权力去实现某个特定的政治目标这个意义上，自由经济的非政治化条件本身就是政治的结果：这是一种政治建构（political construction），必须时刻从政治上加以捍卫，以防止政治权力落入某种可能用它来实现非自由的、以颠覆市场为目标的社会力量手中。

这就是国家以及国家机构“出场”的地方。在施米特对“全能主义国家”和“威权主义国家”之间所作的区分中，可以很清楚地看出这一点。1932年，就在希特勒“夺权”（Machtergreifung）前夕，当施米特将他的研究成果提交给莱茵兰工业家协会（Langnamverein of Rhineland industrialists）时，他仍然将“全能主义国家”（total state）等同于魏玛共和国的“多元民主制国家”，即一个被各种各样的社会团体“渗透”的国家，所有这些社会团体（其中也包括有组织的工人阶级）都试图使国家服务于他们自身的特殊利益。在施米特看来，这样的国家肯定是一个弱国，即使它在表面上看起来似乎很强大——因为它无所不在，因为它深深地与社会和经济相互渗透。就后一点而言，这种相互渗透性导致了以“民主—大众”的名义去“扭曲”市场结果的危险永远存在；或者，用我们现在经常听到的术语来说，民粹主义的“社会正义”观念，会降低效率，并削弱基本的财产权。这也就是说，在施米特1932年的字典中，“全能主义国家”就等于民主国家，或者更准确地说，就等于崇尚干预主义的社会民主福利国家。它还远远没有变成一只“巨兽”（Behemoth）[4]，它不同于法西斯主义全能国家。尽管在那个时候，法西斯主义全能国家已经在“时刻准备着”了：它有了政治领袖，有了重组经济的五年计划，做好了建设“战争经济”的准备——这样一个全能主义国家随时准备进行全面战争，并将经济完全控制在自己手中。

当然，当真正的全能主义国家真的成为现实时，施米特在1932年所关注的如下问题已经变得没有什么意义了：国家伸入经济和社会的复杂触角会不会被工人阶级的民主组织利用，即被用来纠正资本主义市场所导致的财富和收入的分配状况。在希特勒将左派领导人关入集中营之前，全能主义国家仍然面临着可能变成民主国家的危险，或者至少面临着偶尔用来服务于民主的目的。这就是为什么只要左派一息尚存，威权国家就仍然被认为是更好的选择。显然，施米特所说的威权国家是一个自由的国家（liberal state），但是这种称呼可能使他的读者误认为威权国家也是民主的国家。事实上，这绝对不符合德国工业家当时的想法。正如海勒正确地指出的那样，施米特所说的威权国家，是一个自由—威权国家；这种国家，在“古典自由”的意义上，既是强大的国家，也是软弱的国家：说它是“强国”，是因为它充当了“市场”和“经济”的保护者，使之不受要求重新分配的民主主张的干扰，能够利用公共权力来压制这种主张；说它是“弱国”，则体现在它与作为“自主的”资本家获取利润的场所的市场之间的关系上，政府旨在保护市场，并在必要时扩大市场——但是不能侵入市场。

这里有一点非常有意思：这样一个亦强亦弱的自由主义国家——在充当资本主义市场经济的看护者的同时，置身于资本主义市场经济的日常运行之外——类似于莱布尼茨主义神学对上帝的想象，上帝作为一个全知全能的钟表匠，静静地旁观自己创造的完美的钟表的运行，而不加任何干预。[5]说到底，如果上帝不得不干预的话，那就意味着那“完美的钟表”并不完美。现代国家也是一样，它要为自动趋向均衡的市场腾出足够的空间，因为再也没有让市场自动运行更好的方法了。只有当无知的或恶意的外来者试图侵入市场自由的“保护区”、对市场力量自由发挥作用构成威胁时，才需要国家采取行动。也正是在这种关键时刻，威权国家就能证明它的“威权”是名副其实的——它有权力也有决心确保自由经济宪法的规则不会只停留在纸面上。

仔细阅读海勒和施米特的论著，不难发现施米特所说的“威权自由主义”与战后德国的“秩序自由主义”（或称“奥尔多自由主义”）之间的相似之处。海勒和施米特清晰地证明——从相反的政治立场上出发——通常被作为国家社会主义的对立面而广泛宣扬的自由主义理念中，有不少国家主义—威权主义的因素。[6]施米特和秩序自由主义[7]者有一个显著共同点，那就是从来都不相信独立于国家权力的市场经济的存在，这与英美自由主义完全不同。[8]对于施米特和秩序自由主义者来说，必须先有一个“利维坦”存在。此外，他们的另一个共同点是，他们都认为经济、市场和资本主义作为一个自我驱动和自我平衡的机制，必须先通过政治和国家行为来启动，然后再放手任其自动运行；这也就是说，这是这样一种“机制”，必须加以保护，使之不会受到来自不知情者或腐败者的外部干扰，同时过一段时间后也许会有所磨损，需要加以修复。在 1945 年以后，秩序自由主义的竞争优势在于，它可以说自己已经汲取了以往的经济教训：从国家主义—专制独裁的纳粹政权走过的弯路中学到了很多，从国家巨兽在政治、道德和经济上的失败中学到了很多……对于施米特来说，威权自由主义可能一直是次优的解决方案，只要“全能主义国家”与多元民主制度之间仍然保持密切的关系；而现在，在经历了独裁的全能主义国家的灾难之后，它甚至变成了实现资本主义复兴的最优选择——因为资本主义在 20 世纪上半叶的灾难之后声誉受损严重。

如上所述，德国秩序自由主义者从施米特那里继承的遗产——对国家在设计和保护资本主义经济中扮演的关键角色，以及民主制度下国家干预经济的风险的敏锐意识——无论在观念上还是在实践中都在战后的政治经济生活中发挥了重要作用。与美国“新政凯恩斯主义”以及战争经济的残余力量相比，西德的秩序自由主义无疑更钟爱“自由市场”。在战后德国“经济奇迹”（Wirtschaftswunder）期间，秩序自由主义在长达 20 多年的时间里一直成功地“占领”了德国经济部。因此，在那个崇尚需求管理、迷恋计划的资本主义世界中，只有在德国经济部，市场自由主义才没有沦为对遥远的过去的一种回忆，因为在那个时期的德国，自由市场主义政策从未中断。也正是这个原因，使得德国成了奥地利学派经济学家的一块乐土，而在美国和英国，奥地利学派则成了经济学中的异端，基本上处于蛰伏状态。秩序自由主义者与奥地利学派之间最重要的联系人当然是弗里德里希·冯·哈耶克（Friedrich von Hayek），他在德国秩序自由主义的学术大本营弗赖堡大学有一个教席。[9]米歇尔·福柯（Michel Foucault）在对新自由主义的兴起进行分析时，更关注德国，而不是英国和美国，这无疑是正确的。[10]在考察德国秩序自由主义时，福柯是以德国的国家主义传统、战后和后纳粹德国政治环境为参照的；如果进一步追溯到施米特和海勒，那么他应该会发现关于国家权力对资本主义经济的作用的自由主义理论的思想根基，它启发过并且今天仍然在启发着自由主义者的思考。这种基本思想，在20世纪80年代一本关于撒切尔夫人的书的标题中总结得非常好，那就是："自由经济"需要"强国家"。[11]

在两次世界大战之间，在威权自由主义与后来在20世纪80年代颠覆了战后政治经济体系的新自由主义之间，秩序自由主义者搭就了一座桥梁，这样一种独一无二的"资质"，源于施米特的构思，然后由海勒进行了深入分析。这一点，只要与20世纪50年代和60年代的所谓"经济常识"进行一番比较，就可以看得非常清楚。例如，法兰克福学派的"批判理论"认为，资本主义经济已经不可分割地融入了国家，在这个过程中国家已经变成了当代社会中占主导地位的"制度复合体"。[12]有人称，在"自由放任终结之后"，自由资本主义将被三个相互竞争的经济体系——共产主义、法西斯主义和新政民主主义——所取代。所有这些经济体系都是高度政治化的（无论它们是不是民主的）：市场已经让位于一系列与国家官僚机构有密切关系且本身的组织也严重官僚化的大型垄断公司。而且，这三个经济体系都类似于施米特所说的全能主义国家——当然是通过各自的独特方式，例如，新政民主主义面临着民主颠覆市场正义的风险，这种特点是受多元民主主义影响的结果。施米特和海勒都认识到了这一点（不过是从相反的立场出发），他们两人都看到了在资本家的压力下回归市场的可能性，甚至可以说概率；这也就是说，他们看到了一种新的政治的可能性，它将为自由市场开拓出一片天地，让自由市场既能得到国家权力的捍卫，同时还能免受平等主义民主制的侵害。就像我在其他地方曾经指出过的[13]，这样一种压力，就是用哈耶克式的体系取代凯恩斯主义社会福利国家的压力，即通过平等的再分配实现的经济增长，将被通过对赢家的更强烈的激励和对输家的更严厉的惩罚实现的经济增长所取代。利用秩序自由主义的术语，不难对这个过程加以总结：从施米特到哈耶克的这条道路，反映了自由秩序下，国家的“强”与国家的“弱”之间的“复杂辩证法”。具体地说，强就强在坚决抵制从民主政治途径提出的纠正市场结果的要求；弱就弱在放弃经济治理，听任市场根据自身的发条进行自发调整，而政治权力所能发挥的作用则仅限于“让市场就位”和保护市场。

前面讨论的都是一般概念，接下来的探讨会更加具体一些。在新自由主义胜利（或基本胜利）之后，今天后民主主义的哈耶克式资本主义，或者用另一个更恰当一些的说法，今天的非民主主义的哈耶克式资本主义，可以被认为是秩序自由主义的一个“历史更新版”。两者的共同之处在于，通过政治创制出来的市场经济与民主政治是相互隔离的。这种隔离的原因既在于新自由主义国家，也在于在施米特和海勒的意义上有资格被视为新自由主义经济制度。我之所以说它是秩序自由主义的“历史更新版”，是因为新自由主义的架构在没有关于法西斯极权主义以及与之相关的灾难的背景记忆的条件下仍然可以成立；它的背景是资本主义福利国家的所谓“辉煌 30 年”（trente glorieuses）。而且，它也不像 20 世纪 30 年代初的威权国家建设计划那样，依赖于弗朗茨·冯·巴本（von Papen）式的亲资本主义的紧急状态——后者很快就蜕变成了独裁政权。[14]今天，民主制的消解和国家权力的重新校准——通过在政治上构建一种政治自主性，服务于市场经济——并不是通过镇压实现的，而主要是通过将政治经济的治理推至一个民主不能跟进的层面，在宪制的层面设计一些免受政治竞争的机构来实现的，这些机构承担了“法律规定的任务”，但是它们的权力来源并不在于“枪杆子里面出政权”，而是源自“科学”经济理论。随着民主政治的空心化过程的推进（民主讨论越来越不再涉及政治经济内容），空出来的公共空间就又一次被消费主义的“政治演艺”占据了。

要想真正理解当代欧洲在政治上有意设计的资本主义去政治化过

程，就必须对资本主义的制度框架进行深入细致的分析。其中一个很重要的方面是将政治经济决策过程从民族国家层面转移到新的、专门构建出来的“国际”层面，即将政治经济决策权力转移到国际组织的手中：换句话说，转移到一个与民族国家迥然不同的、特意设计得不适于民主化的国际环境中。[15]而在意识形态层面，为了对这种做法——剥夺民族国家的政治经济决策权力，将原属于遵循民主决策程序的国内机构的权力移交给超国家机构中的技术专家——进行辩护，则利用了某些有正面含义的国际主义术语，特别是原本左派常用的一些口号，以填补施米特的威权主义民族国家概念中的空白，其中一个很重要的例子是呼吁爱国的纪律。利用左派的国际主义话语来解除左派的权力，成了使资本主义政治经济实现去民主化的一个有效手段，这是特别有讽刺意味的，尤其是在这种行动还是由左派自己部署执行的情况下。同时，这还伴随着对国家边界和保护主义的全面的道德贬斥——以一种错误的世界主义的名义，即把“全球化”等同于自由和解放，而且不仅仅限于资本，还惠及“所有人的生活”。为了消除对全球市场可能成为凌驾于民主参与制度之上的“霸权”的担忧，也为了消除人们对经济（借助全球市场）压倒社会的担忧，至关重要的一点是制造一个关于未来的全球民主，或至少是洲际民主的梦想，作为引诱左派理想主义者的诱饵：未来肯定会更加美好，国际民主在未来必将重新取得对国际资本的控制权——不是明天，就是后天。

在这里，不妨再重复强调一下，在今天的欧洲，诉诸权力的话语已经变得不合时宜了；大行其道的是一种混合式话语，它结合了技术专家对“卓越”的专业知识的要求，和顺应“全球化”的“现实”的建议。当然，只有口头说服可能并不一定足够；为此，新威权政治经济体系（neo-authoritarian political-cum-economic regime）的设计师们认为有必要让公众“预览”一下国际民主这个未来的事物的“预告片”。那就是所谓的“欧洲议会”，以及它所组织的“欧洲选举”。当然，“欧洲议会”并不能控制任何行政机关，它也没有提出立法议案的权力，而且它也不能修改“欧洲”的宪法，因为根本没有这样的东西。这个“欧洲游戏”的规则是以复杂得令人难以置信的国际条约的形式写成的，即使是真正的专家，也不可能完全读懂。[16]欧洲议会中没有占据主导地位的多数派，甚至连反对派也不存在。怀疑或不关心所谓的“欧洲立宪”的选民根本不愿投票，而且他们的人数还在不断上升。即使那些参加投票的人选出了欧洲建制派眼中的所谓“反欧洲（欧盟）者”作为他们的代表，这些代表在“欧洲议会”的日常运转中也会被无情地排除在外，以至于在两次选举之间的整整五年时间里，几乎从来没有人听说过他们。几十年来，“欧洲议会”的事务是由一个中立的“大联盟”管理的，但是这个“大联盟”发挥的其实是一个强大的游说团体的作用，即说服各国将决策权从民主国家转交给不用顾及民主大众预期的“欧洲”，它能够排除——用施米特的话来说——“多元民主制度”对自由市场资本主义自发运行的干预。

今天的“欧洲化”大体上相当于：系统性地清空国内民主体制的“政治经济内容”，割除民族国家的可能导致再分配的“社会”民主遗留物，将长期以来一直超越国界的经济进一步转变为一个以政治方式设计、建设而成的“单一市场”。[17]在欧洲，只要仍然存在民主机构，就不会有经济治理，更不用说经济管理会不会被试图纠正市场的非资本主义利益群体“侵入”了。同时，哪里有经济治理，哪里就不会有民主。但是，这一切如果过于显眼，就可能会成为一个问题；为此，布鲁塞尔的掌权人（不是欧洲议会的人）在去年的“欧洲选举”中——这一定是影响了整个欧洲的全球金融危机发生以来的第一次——采取了一些手段（即民主的民族国家长期以来用在选民身上的手段），试图让选民相信他们真的拥有通过选票作出选择的权利。[18]当然，这并不是要求选民投票决定是支持还是反对“欧洲”或欧元；事实上，两个主要的派系——中左和中右，普通选民根本分辨不出这两个派系所代表的利益群体和政治取向有什么区别——的领导人决定，要将这次选举变成一场个人化的选举，即让自己作为“种子候选人”（Spitzenkandidaten）去竞选欧盟委员会主席（当然，欧盟委员会不是由“欧洲议会”的成员，而是由各成员国的政府官员组成）。很显然，这只是一种选举秀，是一种“门面民主”（Fassadendemokratie，哈贝马斯语）——如果非要说是民主的话。他们从来没有设法去解释过彼此之间的不同体现在哪些地方（甚至比国内政治舞台上社会民主党与天主教民主党之间的区别还要小），他们对此显然并不在意；事实上，他们之间的竞争在好几个国家里甚至没有被公众关注过。无论如何，选民投票率再一次下降到了低于43%，而且其中至少有15%的投票者之所以没有投反对票，是因为他们不想被所谓的“真正的欧洲人”认为自己是“反欧洲（欧盟）者”。最终，所在党派赢得了30%的席位（即大约得到了13%的选民的支持）的那个“种子候选人”宣布自己胜出，而他的竞选对手则获得了25%的席位。有趣的是，这个名义上的对手立即表态支持获胜者担任欧盟委员会主席，并要求自己出任副主席。

除了所谓的“欧洲议会”之外，“欧洲”还有四个政治机构在运行着，它们维持并保护着共同货币联结起来的、以政治手段非政治化的欧洲自由资本主义市场。在下文中，在分别简要地讨论这些机构时，我将会特别指出，在保护资本主义经济免受“多元民主制”幽灵的干扰这方面，它们与施米特的“威权国家”模式非常匹配。

1. 欧盟理事会。欧盟理事会由各国政府首脑组成，并有各种各样的部长理事会予以支持，特别是财政部长和外交部长理事会。就本文的论题而言，欧洲经济与货币联盟成员国当中欧元集团的财政部长理事会尤其重要。欧盟理事会是泛欧洲非国家事务的立法者和执行者，而立法权与行政权的合一，本身就是威权主义制度的决定性特征。欧盟理事会还致力于牵制和羁绊各个成员国的国内民主决策机构（特别是各国议会），以便让更多的事务通过主权国家政府之间的秘密谈判来运作。一旦欧盟理事会达成了决议，各民族国家的公民及其民意代表就不可能加以取消，对此，许多学者在“多层次外交”这个标题下进行了大量研究，讨论各种背景下的这类决策及其后果。[19]在欧盟理事会上，不但不可能做让到所有国家都觉得受到了同等对待，即便是重新就某个复杂的一揽子交易达成的决议展开讨论，都可能会带来未知的风险，因为它的结果是不确定和不对称的。各国政府然后再将相关决议提交本国议会批准，在这个过程中，政府的权力将会增大，因为如果不批准，就会令本国政府在其他国家的政府那里蒙羞，进而削弱本国在今后的谈判中的地位。

欧盟理事会在欧洲经济治理中的首要地位导致的另一个后果是，将阶级冲突重新定义为国际冲突，从而将阶级之间的再分配问题转化成了一个国际问题。[20]这不仅鼓励了在国家层面上组织“跨职业”联盟，而且可以有效地缓解国内经济冲突——方法是，将国内经济冲突包装成更大的问题包，并将问题包交给外交官，然后最重要的一步是使它们变成国际和平问题。这样一来，外交取代了阶级斗争，国际合作则优先于社会正义；不过这有一个前提，即受压制的阶级冲突不能以国际主义的形式返回到国内。不过，即便到了那个时候，资本主义市场经济还是可以受到庇护，不会遭到要求纠正市场结果的平等主义运动的损害。例如经济强国可以动用国家主权工具包来维护市场的利益。

此外，一个多国体系内部各成员国在经济结构和经济利益等方面的差异越大，其管理机构相机采取行动去纠正市场结果的可能性就越低。若干国家在推进联邦化的时候，最有可能达成一致的是同意将各国经济从国家干预中解放出来，这就是现代政治学所称的“消极一体化”现象[21]——早在 1939 年，弗里德里希·冯·哈耶克就已经指出过这一点了。[22]哈耶克说，在未来，为了恢复和维持国际和平，将需要一个国际联邦；但是，一个不能实现经济一体化的联邦是无法长期立足的，平等的不同国家之间的经济一体化只能以市场一体化的形式推进，只能通过建立制度化的、不受国家干预的单一市场来实现，因为各成员国除此之外不可能在任何其他事项上达成一致。哈耶克 1939 年的文章是一座桥梁，将奥地利学派经济学、施米特在两次世界大战之间提出的“威权自由主义”、战后德国的秩序自由主义和 20 世纪 90 年代以来欧洲经济与货币联盟的新自由主义全都连接了起来。

2. 欧盟委员会。从成立早期开始，欧盟委员会就一直渴望将自己建设成超国家的“欧洲国”的行政分支，并获得与“欧洲议会”类似的欧洲立法机构的地位。然而，自 2008 年金融危机以来的一系列事件确定并实实在在地巩固了欧盟理事会的主导地位，欧盟委员会成了一个负责执行欧盟理事会的决议、监督各成员国遵守条约的官僚机构。然而，欧盟委员会虽然必须服从欧盟理事会[23]，它还是可以并且确实会利用自己的行政权力去保护单一市场，防止成员国保护其本国经济，甚至防止成员国的某个国家机构为劳动者提供集体行动的政治能力。总体上看，欧盟委员会在维护和扩大自身权力和职能的过程中，最有利的方法是保证各国经济不受本国政治的扭曲（无论其民主化程度如何），从而推动欧洲经济一体化——这是一个以政治手段设计建设和维护的共同市场，但是已经清除了国家内部的民主的因素，也不受超国家的多元民主制的阻碍。

3. 欧洲法院（ECJ）。任何一个法院都是有权威的机构，而像欧洲法院这样事实上的宪法法院，作为法律的最后解释者，其权威当然更高了。由于不存在一个可能被推翻的真正意义上的议会，欧洲法院的权威性也就更加不容置疑了。事实上，“欧洲”的立法机关——欧洲议会——必须意见完全一致才能改变欧洲法院的裁决，有时甚至需要先就修改有关国际条约达成完全一致。众所周知，欧洲法院所拥有的初始的规范性法律资源，来自德国秩序自由主义经济学提出的竞争法则。此后，欧洲法院不断扩大自己的权力，一有机会就致力于建设竞争性市场，并将竞争性市场等同于所谓的“四大自由”，即货物、服务、资本和劳动在联盟中自由流动的自由。像欧盟理事会和欧盟委员会一样，欧洲法院也以如下前提为其安身立命之本：“欧洲”的使命就在于扩大自由市场的制度空间、抗御来自国内层面和国际层面的可能压制或扭曲市场的任何企图。欧洲法院在行使自己的管辖权时，一贯倾向新自由主义、倾向市场，这是许多论者一再指出过的。而且，欧洲法院执行自己的议程时的战略、战术精神也一样。[24]从很早开始，欧洲法院就致力于贯彻欧洲法律（当然也包括它自己的裁决）拥有“至高无上的直接效力”的原则，并运用一系列强有力的工具去干预各国的政治经济政策，给各国强加一种本质上是自由主义的、实际上是新自由主义的经济宪法，保护市场免受民主政治的干预。这种经济宪法，部分是有意识地制定的、部分是默认的，但是全都与德国秩序自由主义者的观念以及施米特的“威权自由主义”理念相一致。

4. 欧洲中央银行（ECB）。欧洲中央银行是欧洲经济与货币联盟（EMU）的主角，也是后者事实上的“主权者”。与各成员国的中央银行不同——它们都位于某个特定的、拥有一般管辖权的国家内部，必须在领土主权和政治层面上面对政府和公众——欧洲中央银行的货币和共同市场是无国籍的（实质上，其法律体系由欧洲法院决定）。这使得欧洲中央银行成了全世界最独立的中央银行，它的货币体系的去政治化也是最彻底的。不同于凯恩斯主义者所说的货币，欧元只不过是一种交换手段和价值贮存工具；它尤其不适合用于对市场结果通过民主程序进行调整的目的，例如追求充分就业。创立欧洲中央银行的国际条约决定了，欧元更符合奥地利学派、自由主义者和新自由主义者对货币的设想。

确实，再也找不到一个比欧洲中央银行更加符合威权自由主义理想的机构了。欧洲经济与货币联盟以其“单一市场”和“极简主义”的制度架构，看上去几乎就是施米特在差不多80年前提出“威权国家”概念的理想实现。作为欧洲经济与货币联盟的核心机构，欧洲中央银行的合法性完全取决于它自身所拥有的关于自由市场经济要求什么样的公共政策的专业技术知识。从理论上说，这种专业技术知识的数量是非常少的，在实践中却往往会变得非常多。仅仅从最表层的角度来看，欧洲中央银行的任务很简单，无非是为由各成员国组成的综合经济体设定一个理想的通货膨胀率，并确保金融和支付系统的健康和可行性。但是，由于组成欧洲经济与货币联盟的各成员国的政治经济在历史上处于迥然不同的制度管理之下，所以各个成员国通常会对欧洲中央银行的货币制度和货币政策作出不同的反应。这无疑会提高共同货币招致失败的风险。2008年金融危机以来的情况就是如此：作为对被视为整体的欧洲经济与货币联盟负责的唯一机构，被迫（或有意地）采取“任何可以采取的措施”去捍卫它的存在。[25]主权者被赋予了（并能证明自己有权）中止法律、运用任何合法的手段和法外手段来确保共同体的生存的权力，在这种情况下，又有谁不会想到卡尔·施米特对“紧急状态”（Ausnahmezustand）的定义呢？这不就是施米特所说的可以不考虑任何戒律（Not kennt kein Gebot）、采取任何必须采取的行动（die Stunde der Exekutive）的紧急时刻吗？[26]

近几年来，欧洲中央银行一直在“创制新法”的意义上采取行动，以便填补欧洲经济与货币联盟的创始人有意留下的政治真空，其目的是将欧元区建设成为新自由主义的、非政治化的资本主义市场经济体。[27]欧洲中央银行的干预，尽管在表面仅限于稳定欧元、使通货膨胀率稳定在既定目标水平上，同时保障支付体系正常发挥作用——因为根据有关条约，欧洲银行只有在执行这种狭隘的任务时，其行为才合法——但是，欧洲中央银行实际上已经以“改革”为名深深地介入了各国的根本制度安排和政治解决方案，目的是调整它们，以适应一个共同的新自由主义货币制度——从而以保证健全货币的名义，结束以往各国对货币制度进行调整以适用本国政治解决方案的做法，特别是要清除那种通过政治谈判和国家层面的制度化手段去纠正市场结果的社会正义观念。

在欧盟理事会、欧洲委员会和欧洲法院的大力帮助下——不过如果需要的话，其实仅凭它自己也可以——欧洲中央银行已经发展成为地球上最大的经济体的事实上的政府，一个完全屏蔽了“多元民主制”的政府，而且这个政府只能作为自由市场经济的监护人和担保人行事。自2008年金融危机以来（当然，这场危机远未结束），欧洲中央银行已经获得了非常广泛的权力，它可以惩罚主权国家，并要求受其管辖的主权国家和社会尊重新自由主义的货币市场制度。在今天，欧洲中央银行可以自行决定缩减某个国家的银行体系的流动性，作为对该国拒绝遵守欧洲中央银行关于公共财政、公共部门的规模和组成……制定工资的制度的结构的规定的惩罚。不按照资本主义的“正道”进行“改革”的那些国家和政府，就不能使国际金融市场恢复对它们的信心，而且可能会遭到各种各样的惩罚；而那些根据欧洲中央银行的要求推进制度改革的国家则会受到奖赏，例如，欧洲中央银行可以专门为它们发行新的货币，即使这意味着违背或规避欧洲经济与货币联盟的条约。[28]只要欧洲中央银行和欧洲经济与货币联盟的成员国之间存在着管辖权的不对称性，只要在欧洲经济与货币联盟整体这个层面上不存在另一个能够与欧洲中央银行抗衡的政治对手，欧洲中央银行就肯定是面对危机时（例如，在成员国违约的情况下）唯一能够采取果断行动的主体，因此它是一个理想的独裁者。同样地，欧洲中央银行迫使成员国融入新自由主义的金融资本主义的模式也是如此：各成员国必须适应共同的、一刀切的货币体系的要求，与“金融市场”建立起良好关系。作为“威权自由主义”的创造者和保护者的“威权国家”已经来临了！

【注释】

[1] Heller H. Autoritärer Liberalismus?. *Die Neue Runfschau*. 1933（44）：289-298.

[2] Schmitt C. Gesunde Wirtschaft im starken Staat. Mitteilungen des Vereins zur Wahrung der gemeinsamen wirtschaftichen Interessen in Rheinland und Westfalen (Langnamverein). *Neue Folge*，1932，（2）1：13-32.

[3] 本章最初发表于：*European Law Journal*，2015，21（3）：361-370. 作者非常感谢马丁·霍普纳（Martin Höpner）给出的建设性意见。

[4] Neumann F. *Behemoth. The Structure and Practice of National Socialism*，2nd，revised edition. New York：Oxford University Press，1944.

[5] 对德国反自由主义的神学维度的更深入探索，请参阅：Manow P. Ordoliberalismus als ökonomische Ordnungstheologie. *Leviathan*，2001（29）：179-198.

［6］关于德国秩序自由主义与国家社会主义之间的复杂关系（以德国新教人士对德意志第三帝国的矛盾态度为“中介”），参见：Philipo Manow. Ordoliberalismus als ökonomische Ordnungstheologie.

［7］施米特与秩序自由主义者在历史上的关系比一般人所想象的更加密切。施米特在 1932 年 11 月所作的演讲（即海勒讨论过的“强国家与健康经济”），是紧接着经济学家和社会学家亚历山大·吕斯托夫（Alexander Rüstow）的演讲之后进行的。吕斯托夫的演讲的题目是“自由的经济，强大的国家”，于同年 9 月发表。在那篇演讲中，吕斯托夫提到，施米特将“全能主义国家”界定为“弱国”：“……不是全能权力，而是全能无力……这种无力性表现为它无法保护自己免于组织起来的特殊利益群体的集中攻击。国家被贪婪的利益撕裂了……”吕斯托夫在 1918 年的时候还是一个激进的左派分子，后来在魏玛共和国期间转变为一个保守的右派。吕斯托夫与施米特不一样，为了逃离纳粹的迫害，他在 1933 年就不得不移民了。但是在 1945 年以后，他成了德国秩序自由主义的领军人物之一。吕斯托夫于 1963 年去世。

［8］关于秩序自由主义和新自由主义之间的关系，马克·布莱思（Mark Blyth）进行过深入的分析，请参阅：Blyth M. *Austerity*.

［9］Hayek A. The Economic Conditions of Interstate Federalism. //Hayek A. *Individualism and Economic Order*. Chicago：Chicago University Press，1980［1939］：255-272.

［10］Foucault. *The Birth of Biopolitics*：*Lectures at the College de France*. 1978-1979.

［11］Gamble A. *The Free Economy and the Strong State*. Basingstoke：Macmillan，1988.

［12］关于这一点，请参见（例如）：Pollock F. *Stadien des Kapitalismus*，München：Beck，1975；Pollock F. Staatskapitalismus. //Dubiel，Helmut，Söllner A. *Wirtschaft*，*Recht und Staat im Nationalsozialismus*. Frankfurt am Main：Europäische Verlagsanstalt，1981［1941］：81-109.

［13］Streeck. *Buying Time*.

［14］正如 von Papen sycophant. Walther Schotte（*Der Neue Staat*，Berlin：Neufeld&Henius，1932）所宣称的那样。海勒引用了斯科特这本书。

[15] Mair P. *Ruling the Void*：*The Hollowing of Western Democracy*. London：Verso，2013.

[16] 关于欧洲的"民主赤字"，相关文献简直汗牛充栋。有关的作者大致可以分成两类。一类认为应该提供某种制度性的补救措施，另一类则认为"欧罗巴"的不民主在功能上是一种"必需"。在后者看来，要么促进欧洲的团结，要么促成新自由主义的资本主义，这两个目标只能追求其中一个。

[17] 关于这一点以及下面谈到的问题，请参阅：Scharpf W. Monetary Union，Fiscal Crisis and the Pre-Emption of Democracy. *Zeitschrift für Staats—und Europawissenschaaften*，2011，9（2）：163-198；Monetary Union，Fiscal Crisis，and the Disabling of Democratic Accountability. *Politics in the Age of Austerity*. pp. 108-142.

[18] 关于2014年欧洲大选及其后果，请参见：Watkins S. The Political State of the Union. *New Left Review*，2014（90）：5-25.

[19] 例如，请参阅：Evans B，Jacobson K，Putnam D. *Double-Edged Diplomacy*：*International Bargaining and Domestic Politics*. Berkeley：University of California Press，1993.

[20] Streeck. *Buying Time*. pp. 90ff.

[21] Scharpf W. Negative and Positive Integration in the Political Economy of European Welfare States. //Marks，Gary et al. *Governance in the European Union*. London：Sage，1996：15-39.

[22] Hayek. The Economic Conditions of Interstate Federalism.

[23] 马丁·霍普纳（Martin Höpner）认为，欧盟委员会的作用可以更加独立一些，特别是在2008年金融危机发生之前那个时期（参见他的：*Wie der Europäische Gerichtshof und die Kommission Liberalisierung durchsetzen*：*Befunde aus der MPIfG-Forschungsgruppe zur Politischen Ökonomie der europäischen Integration*，MPIfG Discussion Paper 14/8. Cologne：Max Planck Institute for the Study of Societies，2014）。

[24] Werner B. *Der Streit um das VW-Gesetz*：*Wie Europäische Kommission und Europäischer Gerichtshof die Unternehmenskontrolle liberalisieren*. Frankfurt am Main；Campus，2013.

[25] 这句话现在已经很出名了。它是欧洲中央银行行长于2012年7月27日在伦敦与伦敦金融投资者见面时说的，当时，他被问及欧洲中央银行将如何维持欧元生存。他还继续说："大家只要相信我，就足够了。"

[26] Schmitt C. *Politische Theologie. Vier Kapitel zur Lehre von der Souveränität*. Berlin：Duncker und Humblot，1922. 关于这个问题，也请参阅：Joerges C. *Europe's Economic Constitution in Crisis and the Emergence of a New Constitutional Constellation*. ZenTra Working Papers in Transnational Studies No. 06/2012. Revised Edition Sept . 2013，Bremen：Center for Transnational Studies of the Universities of Bremen and Oldenburg，2013.

[27] 这发生在危机之前，而且有相当多的敏锐的观察者也都认识到了，欧洲中央银行从其创制方式来看，将成为对欧洲民主的持续拖累。请参见（例如）：Berman S，McNamara R. Bank on Democracy. *Foreign Affairs*，1999，78（2）：2-8.

[28] 例如，可以采取这样的货币政策：将信贷发放给那些出现赤字的政府（当然，附加条件是，必须推进严格的新自由主义"改革"），并装扮成对国家银行体系的支持。

第7章

欧元为什么会撕裂欧洲

为了理解过去5年来欧元区内部及其周边地区的冲突，可以先来重新考察一下货币的概念，这样做应该是有帮助的。[1]在马克斯·韦伯的巨著《经济与社会》的第2章（“社会学的经济行动诸范畴”）中，“货币”就是一个重要的范畴。韦伯认为，货币之所以能够成为货币，凭借的是一种“受监管的组织”——“货币体系”。[2]顺着G.F.克纳普（G.F.Knapp）的《国家货币论》（1905），韦伯指出，在现代条件下，这个货币体系必然会被国家所垄断。关于货币，韦伯的另一个关键观念是，货币就是一种政治经济制度，是由某个“统治组织”插入经济并使之生效的；就像所有其他制度一样，货币在给某些利益群体带去了特权的同时，却可能不利于其他群体。这就使得货币成了社会“冲突”的对象——或者更恰当地说，成了韦伯所说的“市场斗争”所要争夺的一种资源：

> 货币绝不“仅仅是用以交换不明确的效用的一种凭证”，可以随意改变而不会对价格体系的性质——人与人之间的斗争——产生

任何根本性的影响。相反，“货币”首先是这种斗争中的一种武器，而价格只是这种斗争的一种表达：价格只是用来估算这种利益斗争中的相对机会的计算工具。[3]

由此可见，韦伯关于货币的社会—政治概念从根本上不同于自由主义经济学关于货币的社会—政治概念。[4]后者这个学术思想传统的奠基性文献是亚当·斯密《国富论》（第一篇）的第 4 章和第 5 章，在其中，斯密将货币解释为使用越来越普遍的交换媒介，服务于“文明社会”中不断扩大（最终是无限扩大的）的贸易关系——这样的社会也就是基于分工的社会。有了货币，间接交换就可以取代直接交换。这就是说，通过货币这种普遍可用的、易于运输的、无限可分的和耐久的中间商品，实现了商品之间的间接交换（这也就是马克思所描述的“简单循环”过程：“C—M—C”）。根据斯密的观点，货币体系是“自下而上”地发展起来的，即源于市场参与者的愿望：扩大和简化贸易关系的愿望，并通过不断降低交易成本来提高效率。对于斯密来说，货币只是交换对象的价值的中性符号；货币应尽可能地适合用于交换，尽管它也可以拥有自己的客观价值，在理论上也有自己的生产成本。国家的作用，只不过是“应市场参与者的邀请”，通过在货币上“加盖官方戳记”来使货币变得似乎更加值得信赖，从而提高货币的效率。与韦伯不同（对不同货币体系，韦伯根据它们与相互抗衡的分配利益群体的关系远近进行了区分），对于斯密来说，货币所能服务的“利益”只有一个，那就是确保尽可能广泛的市场经济顺利运作这种普遍利益。

值得注意的是，二战后的社会学传统选择遵循斯密的道路而不是遵循韦伯的道路。经济学中的历史学派的消亡以及结构功能主义的兴起中，哈佛大学的塔尔科特·帕森斯（Talcott Parsons）起了尤其重要的作用——使得经济变成了经济学的研究对象，然后学院派经济学家又逐步把经济学进一步“纯化”为新古典经济学；而在 1945 年后的几十年间被构建出来的社会学，就完全“省略”了自己的货币理论。事实上，二战后的社会学选择了“宁静的生活”，而不是“激烈的斗争”，即它采纳了斯密的观点，认为货币是一种利益中立的交换媒介，而不是一种贯穿着权力的社会制度；换句话说，货币只是一种计价单位，而不是一种社会关系。[5]这导致了严重的理论分裂，而且这种分裂不仅出现在社会学内部，同时也出现在经济学内部。关于货币的本质、货币体系的政治含义，都发生了激烈争论。就经济学而言，这种争论涉及凯恩斯主义的理论核心，例如，凯恩斯本人推动的关于金本位的社会意义和政治影响的争论，或者围绕欧文·费雪（Irving Fisher）提出的完全储备银行体系模式的争论。

在这一点上，有范式转换意义的一本著作是帕森斯和斯梅尔塞（Smelser）于1956年出版的《经济与社会》，该书的副标题是“对经济与社会的理论统一的研究”。在帕森斯式的系统理论中，货币似乎只是购买力的代表。购买力指控制商品交换的能力，因此货币也发挥着“授予威望”的特殊社会功能，扮演了“具体符号与更广泛的象征”之间的中介者的角色。[6]与斯密一样，帕森斯也认为，从历史上看，货币是随着分工的深化而发展起来的。劳动分工要求对经济价值加以抽象的表示，以便扩大交换的机会。在这个过程中，货币作为一种“文化对象”，连同信贷工具和债务证书一起，“构成了对有经济价值的对象的权利或要求”，因此，用韦伯的话来说，货币恰恰就“仅仅是不明确的效用的凭证”[7]。

货币武器

当然，货币远远不只意味着这一点。帕森斯和其他美国社会学家在他们自己的国家里发现了相当多的证据，而且不仅仅是在两次世界大战之间的那些年间（在1945年之后，两次世界大战之间的岁月被宣布为一个特殊的时代），也在货币的早期历史中发现了。然而，这些证据的意义却不得不等到20世纪90年代“新经济社会学”出现后才被发掘出来。“新经济社会学”采纳了韦伯把货币视为“市场斗争”的武器的观点。对这一理论发展有重要贡献（不仅在当时很重要，现在也一样重要）的是布鲁斯·卡拉瑟斯（Bruce Carruthers）和萨拉·巴布（Sarah Babb）的著名论文《货币的颜色与价值的本质》。两位学者对美国内战之后围绕着新货币体系的国内政治斗争进行了开创性研究。[8]他们采纳政治学家杰克·奈特（Jack Knight）所提出的一个理论上的辨析：对于货币体系，像一般制度一样，不能仅仅根据“社会制度能否协调集体利益”这个角度来判断——换句话说，不能仅仅根据它们是否提供了某种在主体间可传播的、价值和价值主张的象征符号。根据卡拉瑟斯和巴布的观点，对于货币（体系），还必须有一个同样合理甚至必要的研究视角，那就是冲突的视角——我们甚至可以称之为政治的视角。这种视角是由奈特提出的：货币体系是作为各自拥有相互竞争利益关系的行为者之间分歧的结果而存在的。[9]因此，货币体系可能具有不对称的分配效应并隐含着相互冲突的利益关系，这一点在社会现实情境中往往比效率更加重要。[10]

《货币的颜色与价值的本质》一文重现了19世纪后期，对于未来的货币体系的构建以及更一般的货币的性质问题，美国社会中出现的政治和经济分裂。从事后的角度可以看得很清楚，那个时候的争论就是围绕着斯密和韦伯的不同货币概念展开的。斯密式的观点强调货币作为象征性的交换媒介的可靠性，说货币有利于高效的经济协调和社会整合；这种观点显然与自然主义价值理论和回归金本位制的要求有关。另一种观点则基于已经非常发达的社会建构主义的货币价值理论，主张引入可自由创造的纸币。正如预期的那样，黄金本位制的倡导者强调作为价值象征的货币符合公共利益，因为它可以激发信任；而美元——印刷出来的美元钞票——的支持者则强调，两种不同的货币的分配效应不同，它们分别代表了不同的物质利益。归根结底，这两种相互竞争的思路其实源于不同的积累方式和生活方式：黄金本位制的倡导者代表了东海岸的“旧钱”派的利益，他们首先对稳定感兴趣；纸质货币的支持者则主要来自南部和西部，他们希望能够自由获得信贷，这或者有利于推动他们所承担的债务的贬值，或者有利于他们扩张业务。而且，围绕着快速增长的资本主义经济应该采取何种发展道路这个问题，涉及的利益冲突还与相互对立的阶级权力和特权结构有关。这里几乎是两个天地：一边是贵族化的城市阶层所生活的世界（首先是纽约），另一边是负债的农场主和“牛仔”所生活的其他地方。

德国的社会学迟至 20 世纪 80 年代才步入成熟期，但是它没有采纳韦伯的货币概念，而是采纳了帕森斯的货币概念——进而通过帕森斯，循经济学传统回到了斯密的货币概念，尼克拉斯·卢曼（Niklas Luhmann）在采用系统理论时是这样，尤尔根·哈贝马斯在构建自己的理论时也是这样，尽管——或者说，恰恰是因为——哈贝马斯在很大程度上是通过对卢曼的“内在批判”构建了自己的“交往行为理论”。在我看来，这里的关键在于如下事实：哈贝马斯对“导向手段”（steering medium）概念的批判，直接承袭了卢曼和帕森斯，从而完全没有触及它对“实物再生产诸功能性领域”的有效性，因为这些领域的独特性就是，可以“将它们与生活世界区分开来”。[11] 尽管用哈贝马斯的术语来说，在“现代经济子系统”中没有人真的在“交谈”——这仍然是生活世界的特权——但是“货币”的“特殊”语言对于经济子系统实现自己的功能已经足够了。[12]

当然，这里的假设是，“经济”可以被认为是现代社会的技术子系统，它脱去了与生活世界的一切联系，而且能够在没有这种联系的情况下以工具理性、工具中立的方式运行。在这种假设的经济的“能力范围”内，不存在强制行为——强制可以很方便用“导向”来取代。因此，“经济”完全可以按照标准经济学理论的精神被视为一种可预测的手段机制——尽管“经济”嵌入在一个更加复杂的交往和行动环境中，而且原则上可以在民主的基础上组织起来。借助于货币，这种“导向手段”不仅可以完成这类任务，而且非常适合这种任务；这种机制只限于实现——在一个较低的交往水平上——对有关的行动者进行协调，并将重点放在有效地配置稀缺资源上。[13]

这种倾向在理论上的后果是非常深远的。哈贝马斯实际上部分地吸纳了系统理论——他承认“技术”对社会的某些部门有支配权，这在一定程度上类似于相对论对经典力学的有限适用性的承认——从而实现了对经济的去政治化；这也就是说，哈贝马斯这样做就是对“经济”进行了“降维”处理，即只重视效率这个维度。这是将政治化空间偷运进后物质主义的现代性理论的代价。这样一来，政治经济学最基本的理论洞见就被遗忘了，那就是：看似凭借自身的效率而存在的自然经济规律，实际上只不过是社会权力关系的一种投射；当然这种社会权力关系在意识形态上却是以“技术必需品”的面目呈现在公众眼前的。由此而导致的一个结果是，经济不再被理解为资本主义经济，而是被理解为纯粹而简单的“经济”，同时反对资本主义的社会斗争则被“争取民主”的政治斗争和司法抗争所取代。货币体系作为一个“交换系统”的观念取代了韦伯意义上的货币体系概念，从而消解了关于货币的政治功能可以与它的技术功能区分开来的任何思想。同样地，如下观念——货币体系既是政治制度也是经济制度，而且首先必须遵从权力，其次才是必须适应市场——也灰飞烟灭了。事实上，它们通常有利于居统治地位的利益群体。我们可以借用沙特施奈德的说法：与多元主义民主的“天堂合唱团”一样，货币的语言总是带着浓重的口音——而且通常是上层阶级的口音。[14]

欧元区的市场斗争

如果货币真的只不过是一种中立的交换媒介——一种可以促进某些生产性的人类行为的协调的符号语言——那么我们就可以预期，诞生十多年后，欧元应该能够使它的用户以一个共同的身份凝聚在一起。据信，德国马克曾经创造了“德国马克民族主义”[15]，同样的道理，欧元也应该能够创造出一种“欧洲爱国主义”——这也正是欧元的创造者们所希望的。早在 1999 年，时任卢森堡首相的让-克劳德·容克（Jean-Claude Juncker）——他也是多家跨国公司的重要税务顾问——宣称，只要欧洲各国的公民在 2002 年初拿到了崭新的（欧元）纸币和硬币，“一种新的‘我们感’就会油然而生：生为‘我们欧洲人’的感觉”。[16]同一年，赫尔穆特·科尔（当时他已经离开了德国总理的职位）也声称，欧元将会创造出一种“欧洲认同”，他还预测，“最多再过五年，英国就肯定会加入货币联盟，而瑞士则会紧随其后”[17]。另外，在一个稍低的层次上，媒体也发布广告，号召大家支持单一货币，典型的广告画面是这样的：旅途中，年轻俊美的青年男女凝视着对方的眼睛，象征不同国家更加紧密地团结在一起。他们光芒四射的笑容表达了喜悦之情，因为他们不但节省了佣金，还避免了汇率损失，因而可以一起到更多地方旅行——这简直是身份理论与效率理论的完美结合！

然而，尽管“欧洲理想”——或者更准确地说，“欧洲意识形态”——很丰满，但现实却很骨感。欧元已将欧洲分裂为两部分。作为一个更加紧密的联盟的引擎，欧元这种货币的资产负债表的表现是灾难性的。挪威和瑞士不会在可见的将来加入欧盟；同时英国却正在认真考虑什么时候脱离它；瑞典和丹麦本来应该在适当的时候采用欧元，但现在已经不再提起这件事情了。在欧元区内部，盈余国与赤字国之间分歧重重：南部国家和北部国家之间异议丛生，德国与其他国家之间更是经常针锋相对。自第二次世界大战结束以来，欧洲各民族国家彼此之间的敌意其实从来没有这么大过；欧洲统一的历史性成就也从未如此严重地受到威胁过。在今天，没有任何统治者敢于在法国、荷兰或丹麦举行公民投票——哪怕涉及的议题是以最小的步幅进一步推动一体化。拜单一货币所赐，对欧洲式的德国的期望——即通过欧洲一体化来解决德国的身份认同问题和德国成为欧洲霸主的风险——已经被对德国式的欧洲的担忧所取代了，这种担忧在德国内部尤其强烈。由此而导致的一个结果是，欧洲南部国家的竞选活动变得似乎是专门针对德国及其总理的。默克尔和朔伊布勒（Schäuble）佩戴纳粹党章（swastikas）的照片已经开始流传——不仅仅在希腊和意大利，甚至还在法国。德国还面临着越来越多的赔偿要求——不仅仅来自希腊，还来自意大利。所有这一切都表明，自从开始向单一货币过渡以来，战后欧洲所采取的欧洲化政策的根基已经动摇得何等厉害。[18]

为什么单一货币制度会导致这种事与愿违的破坏性后果？要回答这个问题，必须先掌握一种超越了自由主义经济传统以及它所塑造的社会学理论的货币概念。要想“解码”欧元区的冲突，就必须得到一种不同的经济学理论的帮助。这种经济学理论不会只把货币体系视为一个符号系统（各种符号象征着不同的权利和契约义务），还会结合韦伯的理论，把货币体系视为某个占统治地位的组织的“产品”，因此必定是一种有争议、有对抗的制度，会带来充满着潜在冲突的分配后果。

欧元区内的区域特色

关于“各种各样的资本主义”的大量文献提供了一些非常有用的初步线索，它们有助于说明为什么单一货币体制只会割裂欧洲而不可能导致欧洲一体化——至少在历史—制度的维度上是如此，如果在效率—理论的维度上不太明显的话。[19]在推进单一货币体制的过程中，欧元区内的每个国家都以自己特有的方式对社会与资本主义经济之间的关键接口进行了配置；每个国家不同的货币体系在各自的国家经济中都发挥了独特的关键作用。[20]无论最终的动机是什么，单一货币体制都可以被理解为用来取代各国原有的货币体系的一种制度安排，而各国原有的货币体系是与各自的制度和政治背景相适应的，单一货币这种超国家货币应该做到同样有效才行。然而，设计单一货币的目的却在于，向各国经济注入一种“新自由主义范儿”的新货币，并促使各国发展出符合自身需要的制度环境。

但是，现代货币体系和货币活动是内嵌于民族国家的，不同国家之间，货币体系和货币活动可能根本不同。[21]例如，就采用单一货币的欧元区而言，完全可以区分出两种不同的货币体系的“理想类型”，一种是地中海国家的货币体系，另一种是欧洲北部国家（特别是德国）的货币体系。[22]欧洲南部（地中海）国家已经演化出了这样一种资本主义：经济增长主要由国内需求推动，并依赖于国内通货膨胀的支撑，需求则由预算赤字推升，或者由强大的工会推动，而工会的强大势力则源于极高的就业保障水平和规模庞大的公共部门。此外，通货膨胀也有利于政府借入更多债务，因为它使政府的债务稳步贬值。这种体制还得到了受到严格管制的银行部门的支持；在这些国家，银行部分或大部分都是国有企业。所有这一切加到一起，使得工人和雇主的利益能够在一定程度上令人满意地实现协调一致（在这些国家，企业通常规模较小，而且致力于国内市场）。与硬货币国家相比，以这种方式维持社会和平的代价是国际竞争力的丧失。但是，如果各国采用本国货币，那么这种损失是可以通过定期贬值本国货币，让外国进口商品承担成本来弥补的。

欧洲北部国家的经济运行机制则全然不同。这些国家经济增长的推动力源于出口，所以它们是厌恶通货膨胀的；这些国家的工人及工会也是如此——尽管它们偶尔也会使用“凯恩斯主义”的修辞。到了全球化时代，就更是如此了，因为一旦成本有所增加，就可以把生产转移到成本更低的地区。这些国家并不需要保持本国货币贬值这个选项。以德国为例，自 20 世纪 70 年代以来，尽管货币（德国马克）一再重新估值（部分原因是其产品的重新估值），但是德国经济仍然蓬勃发展了起来，尤其是当它的产品从价格竞争为主的市场转移到质量竞争为主的市场之后。与地中海国家不同，欧洲北部这些硬货币国家对通货膨胀和债务非常关注，尽管它们的利率相对较低。它们在没有宽松货币政策的情况下也能生存得很好，这种能力有利于国内的大量储蓄者，这些人的选票在政治上占有非常重要的位置。[23]同时也意味着他们不需要承担市场泡沫的风险。

从多样性到不平等

在这里要强调一点，在资本主义与社会之间的各种接口当中，没有任何一种接口在道德上优于其他接口。资本主义在社会中的每一次嵌入，或者说，资本主义的逻辑融入社会秩序的每一次尝试，都是“粗暴而有效的”的、即兴创作式的，同时也必定是妥协的结果，不可能让所有方面都完全满意。当然，这个事实并不能阻止各种不同模式的倡导者们诋毁其他替代模式，声称只有自己的模式才是最正确和最理性的。原因在于，不同经济模式之间的冲突并不仅仅涉及人们的生活水平，而且也涉及每种情况下都会建立起来的“道德经济”，进而导致文化沙文主义。

在欧洲北部各国，这种文化沙文主义催生了“希腊人都是懒虫”的陈词滥调；而在南部各国，则导致了“德国人都是冷血动物”的片面观念（据称，“冷血的德国人”不是“为了生活而工作”，而是“活着就是要工作”）。很显然，双方都应该尽快认识到自己的错误并加以改正。由于这种观念上的扭曲，那些呼吁希腊人推动经济和社会改革、结束奢侈和腐败的德国人，并没有意识到，他们其实是在要求希腊人用现代的、全球化的高盛式腐败，替代他们老式的、本地化的腐败。[24]

只要各个国家能够保留自己的主权并且可以随时通过调整货币来补偿国际竞争力的下滑，那么针对不同社会的不同特点而设计的不同货币体系也是可以共存的。相反，欧洲一体化的货币体系，试图同时适用于供给型的北方国家和需求型的南方国家，却是注定无法同样有效的。结果只能是，定性的横向多样性最终被转化成了定量的纵向不平等。当政治上各不相同的国家被迫加入一个货币联盟后，那些因采用单一货币而处于不利地位的国家的经济就会受到强大压力——不得不以单一货币而受益的国家的模式去“改革”他们自身的生产方式和调整社会契约。只有当这些国家有能力而且愿意这样做的时候，换句话说，只有当一体化货币体系创造了一个一体化的资本主义秩序的时候，这个货币联盟才可能无摩擦地运行。

从一开始，欧洲经济与货币联盟的战略目标和妥协方案就深受上述不可避免的不均衡结果的影响；也正因为如此，各国的经济被迫分别进行选择性适应。欧元本身也一直是一个充满矛盾和冲突的“构造物”。在20世纪80年代末，一些欧洲国家，尤其是法国和意大利，厌倦了德国联邦银行的硬通货利率政策（在金融化资本市场上资本能够自由流动的前提之下，德国联邦银行已经成为当时事实上的欧洲中央银行）。它们，尤其是法国，也厌倦了定期通过贬值货币以维持本国产品竞争力的做法——这种做法被认为是国家的屈辱。它们希望通过用一个欧洲中央银行取代德国联邦银行，希望恢复让渡给德国的一些货币主权，同时也希望欧洲的货币政策不再那么关注稳定，而要更多地服务于政治目标，例如充分就业。可以肯定的是，当时的法国总统密特朗和他的财政部长雅克·德洛尔（Jacques Delors）也希望利用货币联盟——它将排除贬值本国货币这个选项，并采用一种更硬的货币——迫使法国共产党和工会放弃它们的政治和经济目标。意大利中央银行也有类似的想法。

德国联邦银行和绝大多数德国经济学家（主要是秩序自由主义者和货币主义者）都反对单一货币，因为担心它会破坏德国传统的“稳定文化”。德国总理科尔本来的设想是，在政治联盟成立之后再考虑货币联盟——当然，最理想的情况是照搬德国的政治经济政策。但是，他的欧洲伙伴不愿意为了采用一种共同的货币而牺牲更多的主权。因为担心失去欧洲其他国家对德国统一的支持，科尔让步了；但是他一直希望，在货币联盟成立之后，政治联盟就被提上议事日程。直到今天，德国的欧洲中心主义左派仍然怀抱这个期望，他们也是新功能主义一体化理论的最后支持者了。当时，科尔政治阵营内部的主要盟友也曾威胁要进行抵制，科尔说服了他们——他保证，单一货币体系将完全遵循德国的模式，而欧洲中央银行也将成为德国联邦银行一个更大的副本。

然而，这也就为未来几年的戏剧性冲突设置好了舞台。德国政府为了赢得国内持怀疑态度的选民的支持，提出的口号是“欧元，稳如马克!”但是，其他一些成员国之所以会批准《马斯特里赫特条约》，很大程度上却是因为它们认为，自己在未来能够利用经济“现实”的压力去重写这个条件——至少在实际上改写它，如果无法在纸面上改写它的话。当时资本主义世界的政治经济形势也相当有利：20 世纪 90 年代，是西方经济在美国的带领下执行财政整固政策，推进新自由主义的、金融化导向的经济转型的一个时期。[25] 承诺一个国家的债务不超过国内生产总值的 60%、预算赤字不超过国内生产总值的 3%，恰恰符合当时的“时代精神”；此外，“市场”也有办法惩罚拒绝遵守这些规则的国家。

然而，货币联盟的不平等效应很快就大白于天下了。在今天，德国、荷兰、奥地利和芬兰，是从单一货币体系中获利的国家，但是这只是 2008 年以来的情况。在创立欧元区之后的早期阶段，统一的货币政策曾经使德国变成了“欧洲病人”，这是因为，欧洲中央银行的利率高于德国的通货膨胀率（尽管低于地中海国家的通货膨胀率，后者因此享受到了负实际利率）。[26] 在欧洲南部各国，政府信贷成本大幅下降，其主要原因在于，资本市场假设——这部分是因为欧盟委员会的暗示——无论条约的条文怎么规定，单一货币体系都包含了所有成员国（特别是德国）对其他成员国的偿付能力的保证。结果是，南部各国一片繁荣，德国则陷入了经济停滞，伴随失业率高企和政府债务上升。

“路线斗争”

然而，到了 2008 年，随着信贷紧缩周期的到来——或者换句话说，随着金融市场对德国或整个欧元区为南部国家的债务充当最后贷款人的幻想的破灭，再加上利率下降到接近于零的历史最低水平——所有这一切都发生了变化。现在，单一货币体系变得明显有利于德国了。究其原因，在于德国已经建成了所谓的“过度工业化”的经济体系，尽管这个事实放到 20 世纪 90 年代对德国来说却是一种悲哀。不同于那些更加依赖国内市场的国家，“过度工业化”使得德国对财政危机和信贷崩溃不那么敏感。同时它也使得德国比以往任何时候都更加强调，要向全球市场提供更高质量的工业产品。另一个因素是，与欧元区的一般水平相比，欧元作为德国的货币是低估的。[27]就这样，德国“很有争议地”变成了欧洲霸主，尽管没有人想要这种结果，更加没有人计划得到这种结果。

与此同时，各成员国之间经济兼容性的极大差异，也在欧元区内部南北之间引爆越来越多的恶性“拔河赛”。这种斗争提出了（并且仍然在不断提出）三个非常重要的问题：第一，《马斯特里赫特条约》规定的货币体系的解释问题——或者也可说是修订问题；第二，成员国进行制度“改革”的责任问题——使南部国家与北部国家一致，反之亦然；第三，假设收入和生活水平差异持续存在，还存在一个北部国家向南部国家进行转移支付的问题。

应该强调指出的是，目前正在尝试的各种方法都不能解决上述三个问题，尽管这种努力也可能取得某种成果。[28]所有这三个问题都是单一货币体系作为一种政治制度的内部深刻分裂的外在表现。而且这种分裂，不但远远没能被任何财政“救助”所消弭，反而只有在进行求助时才会被充分感受到。就以第一个问题——对《马斯特里赫特条约》的“实际操作”的分歧——而言，南部国家试图在欧洲中央银行的帮助下让欧元走低，从而回到通货膨胀、债务融资和货币贬值的旧路上；这种企图激起了北部国家的愤慨和驳斥，北部国家不愿意自己再一次被多数决议拖进泥淖——被动地充当那些“先发制人”地注入大量资金的南部国家的另类放债人和担保人，尽管如果不这样做，南部国家可能无法维持运转。由此可见，单一货币的内部政治已经在成员国的联盟中发挥作用了：各成员国正在试图将共同货币体系拉向两个相反的方向，它们分成了两个集团，一个是南部集团，另一个是北部集团。在目前的政治和经济架构下，这两个集团都只能通过控制对单一货币体系的解释权来发挥自己的影响。但是关键在于，任何一个集团都不愿意另一个集团退出。北部集团为自己的出口行业考虑更偏好固定汇率，而南部集团则希望维持低利率。南部集团愿意接受关于债务上限和赤字上限的条约，但是同时也希望，在紧急情况下，其他成员国会出于外交压力或绥靖政策考虑而予以求助，而不会像金融市场那么冷酷无情。

关于单一货币体制的多种解释，哪一种才“正确”？就目前而言，德国政府及其盟友在辩论中仍然占据了上风——至少，只要南部国家仍然依靠它们提供的每年数十亿欧元的救助，就肯定会这样。如果这种情况一直持续下去，南部集团将别无选择，只能让它们的政治和经济制度去适应新自由主义的欧洲货币体制（如北部集团所解释的那样）。[29]当然，这种调整过程的结果究竟如何，现在还是一个未知数；即使一切顺利，也肯定需要一个非常漫长的过渡期，其间要克服无数的政治动荡和经济不确定性。例如，这种调整意味着，南部各国必须接受北部各国已经适应的具有完全“弹性”的劳动力市场。而在相反的情况下，德国人将被迫放弃自己“破坏性”的储蓄习惯，放弃他们“自私”的基于出口的经济模式。

这样一来，市场斗争也就转移到了第二个问题上：成员国必须进行怎样的制度性“改革”。除了利用自己的经济优势之外，北部各国还可以援引《马斯特里赫特条约》的条文和欧洲中央银行推出的“改革暨财政整固一揽子计划”；南部各国则可能会利用自己在欧元区各种机构以及欧洲中央银行董事会中的多数席位，并利用德国统治阶层对“欧洲各国和睦相处”的迫切需要。无论如何，可以肯定的是，双方都不得不面对来自国内的抗拒改革的巨大压力，它们源于各个国家政治经济的核心领域。最终出现的结果可能是，在共同货币体系的面纱之下，若干互不相容的机构永远平行地存在下去。如果这种情况真的发生了，那么南部各国雇员将会捍卫公共部门的工作安全、争取不被解雇的保证；而北部各国的出口产业的雇员则不会放弃“工厂联盟”，不会同意签订可能危及出口竞争力（进而危及自身的工作机会）的工资协议。南部各国将无法提高生产力，而北部各国的成本也不会提高到可以让双方趋同的程度。[30]这两大“路线”之间的斗争将会一直持续下去，北部各国的出口份额和贸易顺差将不断上升，同时南部各国所面对的通货紧缩和合理化压力也将持续存在。

这种斗争的结果将是，欧元区的“财政宪法”将处于一种“永恒摩擦”的状态当中，从而将欧元区带入第三个层面的冲突。在这个层面上发生的斗争，在一定程度上可能类似于德国内部出现的永无休止的关于中央政府和州政府之间的财政安排的争端；但是，在欧洲经济与货币联盟，发生的将是主权国家之间的冲突，这里没有一个共同的民主宪法作为协调冲突的总体框架，也不存在与民族国家内部各级机构组成的密切网络，因此问题只会更加难以处理。而且，这种斗争也不会在单一的、或多或少统一的经济体内部展开，而只会在资本主义的不同变体（不同国家）之间展开，并以激烈动荡的和情感化的国际关系为媒介。当然，所涉及的金额将相当可观，不过会不断下降——即使南部各国的“结构性改革”真的得到了实施，而且受影响的国家能够在 20%～30%的下滑之后恢复正常。我还听说，南部各国即使在没有得到任何外界帮助的情况下，也能实现比北部各国更快的经济增长速度；这样的想法，只有经济学家才会有。[31]

北部各国支付给南部各国的“财政转移支付”要多大才足够，我们无法事先精准地确定，但是我们可以肯定，仅凭这种转移支付，不可能弥补南北之间的差距。要知道，这不仅仅涉及希腊，而且涉及西班牙和葡萄牙，甚至还可能涉及整个地中海地区，因此欧洲北部国家向南部国家的转移支付的规模，将至少与 1990 年以后原联邦德国向新并入德国的原民主德国各州或意大利在第二次世界大战结束后向南方地区的转移支付相当。德国和意大利的历史经验表明，当这种转移支付达到了国内生产总值的 4%左右时，也只能防止富裕地区与贫困地区之间的收入差距继续扩大。[32]而这就意味着，欧盟的预算至少必须在现在的基础上再增加 3 倍，即从占国内生产总值的 1%增加到 4%。因此按照保守估计，各成员国可能必须将大约 7%的公共支出转入布鲁塞尔。在德国，由于联邦预算已经占了公共支出的大约一半，因此由此而导致的增幅将在 15%左右；在一个经济低增长和财政紧缩时期，这意味着什么不言而喻。[33]

以上所述，都是欧元区各国未来国内政治领域固有的重要断层线。一两次的“紧急救助费用”，或许可以用人道主义理由来辩护，但是转移支付则不然。只有当转移支付不会大幅超过欧盟的长期区域发展基金，而且可以说服选民“帮助其他国家就是帮助自己”的时候，才可能在政治上是可行的。定期注入再分配性质的资金这种做法，尽管是对硬货币环境下竞争力较弱的经济体的一种声援的表达，但是在欧洲北部的精英民主国家是不可能长期持续的，因为这些国家的传统是劝勉人们更加努力地工作；在另一方面，即便是受援国，也会出于自尊而觉得无法长期忍受。此外，如果补贴的最终目的是使补贴本身变成多余的（即不再需要补贴）——就像在国家层面的区域政策或在国际领域的发展援助项目那样——那么就会产生补贴应该于何时结束的问题，同时还会面临援助款项被用于消费而不是投资的指控。为了防止临时性的紧急援助计划转变为事实上的长期转移支付，援助国必须拥有监督援助款项的用途的权利（尽管只能在严格限定的范围内），而这样做将不可避免地导致主权国家之间的紧张关系——受援国可能会指责援助国的行为是“帝国主义者所为”，干涉了他国的内政，破坏了民主国家。受援国可能会抱怨援助不足，并声称自己的国家主权受到了侵犯；而援助国则会认为受援国提出的要求太高了，而且所附的条件过于宽松。因此不难想见，在未来，欧元区各国的国内政策将围绕货币这个主轴而转动，各国都将致力于争取控制权，从而为民族主义的煽动式动员提供不可估量的机会。

新的体系？

我们已经很久没有听到对欧洲单一货币体系的正面论证了（无论是从政治的角度，还是从经济的角度）。支持者现在用来捍卫单一货币体系的唯一理由是，尽管它被波兰尼等人正确地称为“一个过于轻率的实验”，但是抛弃它的后果却肯定要比让它继续存在下去更加糟糕。现在还暂时看不到欧元区彻底分裂的前景，但是它确实已经成了一个永久性的制度危机了。事实上，造成这种情况的潜在原因可能是，欧洲政治阶级担心，选民们可能会认为，他们过于随便地把欧洲大陆的和平和繁荣置于危险之中。

然而，结束单一货币体系成本过高，这个理由本身是不足以成为支持这种体系长期存在的有力根据的。北部国家希望一次性地付出一些代价来摆脱目前的困境——它们甚至愿意“制造”一次性的通货紧缩，从而推动南部各国进行结构性改革——但是这种希望必定会落空，因为南部各国长期以来支持的是一种不适合硬货币的体制。有些人希望，“泛欧民主”将会从欧洲议会中生长出来，并在危急时充当“白衣骑士”；这注定只是一种幻想，而且等待时间越长，失望越大。[34]更加不可能实现的还有如下这种梦想：听任欧元区危机发展、拖累各国，直到痛苦大得再也没有人能够忍受，从而倒逼“泛欧民主”的实现为止——这些梦想家认为，如果不这样，南部各国的经济痛苦、北部各国（首先是德国）的道德痛苦和政治痛苦就不会变得无法忍受。

这些空想家理应想到，比泛欧民主崛起更加可能的是，各国的民主政治将会沦为野心勃勃的民族主义政党争夺权力的“炮灰”。除了担心失去自己的官位和议席的政客之外，对以欧元为主导的欧洲一体化的支持者将只剩下南部各国的中产阶级和北部各国的出口行业从业者。前者的梦想是，在北部各国那样的资本主义的外衣之下，实现社会民主主义的消费者天堂，尽管这种资本主义本身也面临着“内爆”的风险；后者则希望尽可能长久地保持南部各国以信贷资金支撑消费的模式，以支持北部各国的出口行业，并维持泛欧货币低估带来的竞争优势。但是，如果真正意义上的一体化被明确地排除在外了，而且再分配式的定期性资金注入的需要也无法再掩盖了，那么目前这种情况就不可能一直挺得过持续的选举冲击，即便是在德国也不例外。

因此，至关重要的一点是，必须立刻停止一切将单一货币体系“神圣化”的行为，也不能继续以“典型的德国方式”对它进行“过度增压”。总之，我们再也不能期望它充当超国家的拯救者了。[35]只有这样，我们才不会被许多人通常描述的那种恐怖情景所裹胁——德国总理默克尔口口声声所称的“如果欧元失败，那么整个欧洲就完了”就是一个特别典型的例子——然后看清楚真正的事实：单一货币体系只不过是一种经济上的权宜之计，如果不能达到目的，它也就失去了存在的理由。[36]在《购买时间：资本主义民主国家如何拖延危机》一书中，我初步尝试着提出了一个方案：按照凯恩斯最初设计的布雷顿森林体系的模式，重新构造单一货币体系，即将欧元作为各国货币或多国货币的“锚”，并通过各成员国都认可的若干机制来消除经济不平衡，其中包括重设汇率。如果付诸实施，这个方案将会消除单一货币体系中隐含的“金本位制”，它使得国家层面的民主制陷于枯竭而无助于超国家民主制。在某种宽泛的意义上，我这个初步方案也将是对 1999—2001 年时的情况的一种回归。在当时，欧元与各成员国的本国货币是共存的，而且汇率是固定不变的。两者之间的差异在于，在我当时提出的这个方案中，汇率是通过条约规定的程序来调整的，而不是由外汇市场或单方面的政府干预决定的。在我提出这个初步方案的时候，我了解的技术细节比今天更少，所以我没有详细阐述这个方案。此外，当时我还非常肯定地认为，管理欧洲的那些精英将会固执地坚持原定的一体化计划（尽管事实将证明该计划只能导致分裂）——这正是后来发生的事情。

然而，自 2013 年以来，令人惊讶的是，越来越多的人开始主张采取更灵活的货币体系；在这种灵活的货币体系下，民主政治能够利用某种破坏性远低于内部贬值的手段，熨平失衡。他们提出的建议五花八门，从回归各国原来的货币体系，到临时性地或永久性地引入与欧元平行的其他货币（再加上适当的资本管制），再到构建凯恩斯主义的两级货币体系，不一而足。[37] 因此，即使根本不存在“对德国马克的怀旧之情”，也不难看到联手重建欧洲单一货币体系的迫切需要，当然，要以一种有利于欧洲、民主制度和社会的方式进行重建。从原则上说，这种要求也可能产生于我们对一个比现在更好的全球货币体系的追寻过程——因为自从 20 世纪 70 年代初布雷顿森林体系崩溃以来，世界经济体系“功能失调”的情况越来越严重，直到 2008 年的全球性崩溃为止。

说到底，欧元的失败所起到的作用无非是，人们因战后时期异常的和平条件导致的一个错觉将因此而消除。这个错觉就是，许多人一度相信，关于货币是什么、如何管理货币，这些问题已经一劳永逸地解决了。但是我们确实认为，围绕着新的全球货币体系和金融制度的辩论应该已经到了开花结果的时候了——现在要完成的任务是，设计一个足够灵活的系统，它能够适应参与到全球经济中的所有国家的条件和限制，而不会鼓励敌对性的货币贬值竞赛，也不会导致竞争性的增发货币和增加债务，更加不会引发地缘战略冲突。可以设定的议程包括：选定某种储备货币作为美元的继承者；赋予国家和国际组织限制资本自由流动的权力；对影子银行以及全球性的货币和信贷创造加以限制，以缩小它们能够造成的破坏的程度；引入固定的同时又是可调节的汇率。我们还可以从诸如费雪或凯恩斯等经济学大师在两次世界大战期间提出的关于国家和超国家货币政策的构想——那是一个巨大的思想宝库——中得到很多启示。他们至少已经告诉我们，货币是一种不断发展演化的制度，它需要不断进行重塑，必须不仅能在理论上而且能在政治功能上被判断为有效。因此，欧洲单一货币体系的未来，很可能也会成为关于资本主义货币和信贷制度——或许，甚至是关于 21 世纪后资本主义秩序——的世界性辩论的一个重要的分主题。

或者也可能不会这样，而且那可能更接近实际情况。在资本主义的日益恶化的生产问题与解决它们所需的集体能量之间，存在着一个奇怪的差距，现在这个差距比以往任何时候都要更大。这个差距的存在，不仅影响了对货币体系的必要修复，而且影响了对劳动力和环境的利用。它可能意味着，让我们使用欧元的那些人，很可能无法保证我们能够免受欧元所带来的后果的影响——即使他们非常认真地试图这样去做也无济于事。这也就是说，巫师的学徒很可能永远都无法摆脱手中的扫帚，那是他们用来清扫欧洲前现代的社会思想和反资本主义思想，并为新自由主义的资本主义转型铺平道路的工具。在近期和更远的未来，欧洲最可能的前景是各国经济差距日益扩大，以及各国人民之间越来越多的政治和文化敌对行为；后者是因为他们发现，自己一方面必须防范技术官僚破坏民主的风险，另一方面又要面对新兴的民族主义党派的崛起。这些民族主义党派将抓住机会，宣称自己才是越来越多的所谓现代化过程中的失败者的真正代言人（这些现代化过程中的失败者认为自己已经被拥抱市场和全球化的社会民主党抛弃了）。此外，整个世界都生活在2008年金融危机很可能重演的持续威胁的阴影之下，这对于德国人来说尤其难受；因为德国人为了维持欧元的存在，终将发现自己不得不在没有“欧洲”的情况下生存下去，尽管他们曾经希望，欧元将为他们提供一个安身立命的安全居所，周围的邻居也对自己满怀善意。

【注释】

[1] 本章最初源于我于2015年4月21日在柏林科学中心“社会科学杰出讲座”上的一次演讲，又见21 April 2015. Published in：*New Left Review*，2015(95)：5-26.

[2] Weber M. *Economy and Society*. Roth G，Wittich C. Berkeley：University of California Press，1968：48，166.

[3] Weber. *Economy and Society*. p. 108.

[4] 我在下面的论述，受杰弗里·英厄姆（Geoffrey Ingham）的《货币的本质》一书（Geoffrey Ingham's *The Nature of Money*. Cambridge：Polity，2004.）

启发甚多，在此表示感谢。

[5] Ingham. *The Nature of Money* .

[6] Parsons T. Smelser N. *Economy and Society*：*A Study in the Integration of Economic and Social Theory*. London：Routledge and Kegan Paul，1984 [1956]：71.

[7] Parsons，Smelser. *Economy and Society*. pp. 106，140ff. 另见 Parsons's 1964 essay. 在该文中，帕森斯写道，“货币与市场”似乎是现代社会的四大基本历史性成就之一，与官僚组织、普遍的法律制度和民主结社自由相并列。帕森斯认为，“进化的一般要件”是社会制度的结构性特征，没有了这些，重要的发展步骤就会被阻碍。作为两种彼此之间存在紧密联系的制度，货币和市场为自己所在的“社会的适应能力的发展作出了根本性的贡献”，因为它们有助于将资源从原来的束缚中解放出来，可以用于实现新的目标。在这个过程中，货币是“象征性的媒介”，以“抽象”“中立”的形式“代表着”可交换的具体商品的“经济效用”——相对于其他“订单”的竞争性要求。货币在不同的社会中的具体发展道路各不相同，因为它的功能或多或少是由官僚组织指定的。但是关键问题只有一个，那就是，某个具体的货币体系的制度因素在多大程度上完成了如下任务：为“社会中各种各样的执行单位（当然也包括政府）提供一系列可处理的资源，这些资源可以适用于很多用途，而且在一定范围内可以从某种用途转用于另一种用途”。请参见：Parsons. Evolutionary Universala in Society. *American Sociological Review*，1964，29（3）：350.

[8] Carruthers B，Babb S. The Color of Money and the Nature of Value：Greenbacks and Gold in Postbellum America. *American Journal of Sociology*，1996，101（6）：1558ff.

[9] Knight J. *Institutions and Social Conflict*. Cambridge：Cambridge University Press，1992.

[10] 在这个意义上，我们可以认为货币体系是与政治体系相似的。政治体系天生具有将决策扭曲到有利于特权利益群体的内在倾向。政治体系有自身的动力，那就是 E. E. 沙特施奈德（E. E. Schattschneider）所说的美国式的多元民主制，其特点是依赖于“对偏见的动员”；他说，“多元主义的‘天堂’的缺陷是，天上的合唱团带着很强的上层阶级口音”，见：*The Semi-sovereign People*. New York：

Holt. Rinehart and Winston，1960：35. 在这个脚注中，我参考了雅各布·哈克（Jacob Hacker）和保罗·皮尔森（Paul Pierson）最近发表的一篇文章，After the "Master Theory"：Downs，Schattschneider，and the Rebirth of Policy-Focused Analysis. *Perspectives on Politics*，2014，12（3）. 而在《货币的本质》中，英厄姆则将货币描述为一种"社会关系"，其具体形式取决于货币背后的特定货币体系。

[11] Habermas J. *The Theory of Communicative Action*，*vol.* 2：*Lifeworld and System*. Boston：Beacon Press，1985：261.

[12] Habermas. *Theory of Communicative Action*. p. 259.

[13] 关于哈贝马斯对货币的讨论，也请参阅：Dodd N. *The Sociology of Money*：*Economics*，*Reason and Contemporary Society*. New York：Continuum，1994.

[14] 人们或许还可以补充说，全球货币也在"用一种美国口音说话"；我们却总是被告知，就像米或码一样，"货币是没有颜色的"。但谁都不可否认，美元是绿色的，而不是金色的，就像欧元是黑色、红色和黄色的一样。

[15] Habermas J. Der DM Nationalismus. *Die Zeit*，30 March 1990.

[16] Koch D. Die Brüsseler Republik. *Der Spiegel*，27 December 1999. 容克的身份认同理论源于一种认知理论，后者可以说明他正在追求的社会工程政策。作为"许可同意"的一个例子，他在解释他的政策实践时所说的一番话很好地总结了这种理论："我们决定做一件事情，在现实世界中实施它，然后等一段时间看看会发生什么。如果没有导致抗议、没有导致骚乱（**因为大多数人并没有真正理解我们决定要做的事情**），那么我们就进入下一个阶段，这样一步一步地持续推进，直到无法再回到起点为止。"至于基本的实践伦理，我们还可以回顾一下容克在主持欧元区银行救助计划时提出的一句口号："当局势变得非常危急的时候，我们必须说谎"。2014 年，在欧洲几乎所有思想家的欢呼声中，容克当选为欧盟委员会主席；对此，尤尔根·哈贝马斯甚至声称，"任何其他选择，都将在欧洲的心脏地带埋下一颗炸弹"，载 Habermas J. Any other decision would have been a blow to the heart of Europe：*Frankfurter Allgemeine Zeitung*，29 May 2015.

[17] Hank R. Europa der Heuchler. *Frankfurter Allgemeine Zeitung*，15 March 2015.

[18] 欧洲一体化一路走来，也出现了一些悲剧性的人物。朔伊布勒就是这些

人当中的一个典型，他是长期以来坚持“核心欧洲”的人中最坚定的一个（“核心欧洲”指德国和法国必须团结起来，形成一个牢不可破的中心），但是在2015年4月，他却被指控对法国采取了“不能容忍和不能接受的敌对态度”，因为他声称要把法国经济置于“监管”之下。出现这种攻击的起因在于朔伊布勒在华盛顿发表的一番言论，他认为“法国将不得不进行改革，这是好事……但是这一切将会非常困难，因为那就是法国民主的本质所在”。当然，这其实是历任德国财政部长的共同常识（无论来自哪个党派）。据报道，法国社会党主席将呼吁支持者“与欧洲右派对抗”，特别是要“与德国基督教民主联盟（CDU）—基督教社会联盟（CSU）斗争”。法国的左翼党（Parti de Gauche）则要求朔伊布勒向法国人公开道歉；据称，朔伊布勒的言论是“新出现的日耳曼式傲慢”的一个例子，它说明德国会主宰整个欧洲，诸如此类。请参阅：Schäuble will Dividenden-Steverschlupfloch stopfen. *Frankfurter Allgemeine Zeitung*，18 April 2015.

[19] 关于历史—制度的维度与效率—理论的维度的区分，请参阅：E Pluribus Unum? Varieties and Commonalities of Capitalism. //Granovetter，Mark，Swedberg R. *The Sociology of Economic Life*. Boulder，CO：Westview Press，2011.

[20] 正如弗里茨·沙普夫在他对哈贝马斯的一体化理论的批判性探析中所强调指出的，各种政治经济制度——而且不仅仅是那些保障自由和平等的自由制度——属于通过民族国家争取而来的历史成就；它们不能简单地在超国家层面上加以标准化，也不能为了便于超国家机构的出现而轻易废除。任何人，只要关注过欧洲各工会之间就大小企业的正确合作形式而展开的无休止争论，都肯定很清楚这一点。请参阅：Scharpf. Das Dilemma der Supranationalen Demokratie in Europa. *Leviathan*，2015，43（1），也请参阅：Habermas. Warum der Ausbau der Europäischen Union zu einer supranationalen Demokratie nötig und wie er möglich ist. *Leviathan*，2014，42（4）.

[21] Knapp F. *Staatliche Theorie des Geldes*. Munich and Leipzig ：Verlag von Dunder and Humblot，1905；published in English in an abridged edition as *The State Theory of Money*. trans，Lucas M. Bonar J. London：Macmillan，1924.

[22] 关于下文所述问题，请参阅：Armingeon，Baccaro. Political Economy of the Sovereign Debt Crisis；Baccaro L，Benassi C. Softening Industrial Relations Institutions，Hardening Growth Model：The Transformation of the German Political E-

conomy. *Stato e mercato* 102，2014；Blankart. Oil and Vinegar；Hall. The Economics and Politics of the Euro Crisis；Hancke B. *Unions*，*Central Banks*，*and EMU*：*Labour Market Institutions and Monetary Integration in Europe*. Oxford：Oxford University Press，2013；Höpner M，Lutter M. *One Currency and Many Modes of Wage Formation*：*Why the Eurozone is too Heterogeneous for the Euro*. MPIfG Discussion Paper 14/14. Cologne 2014；Johnston，Regan. *European Integration and the Incompatibility of Different Varieties of Capitalism*；Iverson T，Soskice D. A structural-institutional explanation of the Eurozone crisis. paper given at LSE，3 June 2013.

[23]“先救助，然后再购买”是德国传统文化和经济行为的座右铭，得到了各种有强大互补关系的政治和经济机构的共同支持。请参阅 Mertens 在 *Privatverschuldung in Deutschland* 中的分析。

[24] 在这里，我没有回答如下这个问题：希腊或西班牙这样的国家究竟在多大程度上值得去争取实现“现代化”（在砸烂“封建枷锁”这个意义上的现代化，请参阅：Hirschman. Rival Interpretations of Market Society.）。我这样做有两个原因，第一，直接以这种方式干预另一个国家不是一个可行的选项；第二，资本主义与社会实现（暂时）协调的方式并不止这一种。事实上，与美洲各国相比，欧洲各民族国家可以而且更应该被视为“民主实验室”——请参阅：Lewis Brandeis in *New State Ice Co. vs. Liebman*，1932——我们可以认为“民主”不仅仅包括了集体辩论和政策制定的制度性手段，而且还包括了对于社会与资本主义经济之间的冲突地带的配置方式（总是临时性的）。

[25] 关于这一点，请参阅本书第 4 章的有关论述。

[26] Scharpf F. *Political Legitimacy in a Non-Optimal Currency Area*. MPIfG Discussion Paper 13/15. Cologne：Max Planck Institute for the Study of Societies，2013.

[27] 根据摩根士丹利的估计，在 2013 年时，欧元对美元的兑换比例为 1.36，这对德国来说，低估了 13%，而对意大利和希腊来说，则高估了 12%～14%。

[28] 目前的政治辩论，特别是在德国，一个很大的失败之处在于，欧元区的问题被简单地视为一个一次性的危机（尽管是一次严重的危机）；银行或者国家（或者两者同时）是可以拯救的（当然要付出巨大代价），而且假定只需要拯救

一次。

[29] 在这种情况下，欧洲中央银行目前正在实施的量化宽松政策并不意味着它已经转向了南部各国的观点，这只是一种暂时的解决方案，目的是让南部各国不得不实施北部各国所要求的“改革”。这种政治信念在像德拉吉这样的人身上可以看得很清楚，他们更愿意推动这种改革，而不是推动更有利于南部各国的改革。

[30] 不久之前，似乎为了在公众面前“彰显”这一点，德国左派——例如拉方丹（Lafontaine）、弗拉斯贝克（Flassbeck）——收回了他们长期以来的一个要求：德国工会应采取积极的工资政策，以降低德国在单一货币体系下的竞争优势，以便更好地适应南部各国的经济、推动实现必要的融合。他们目前的要求是，废除目前这种形式的单一货币。这无疑是一个符合逻辑的结果。请参阅：Flassbeck H，Lapavitsas C. *Nur Deutschland kann den Euro retten*：*Der letzte Akt beginnt*. Frankfurt am Main：Westend Verlag，2015.

[31] 许多经济学家相信，通过改革可以实现欧元区各国的趋同；与这种信念相比，亲欧盟的中左派则相信可以通过债务减免而实现趋同。这两种信念同样不现实，而且都只能理解为一种修辞手段，以便使这些乌托邦式的意识形态免受基于经验的怀疑的冲击。

[32] 请参见我和莉娅·艾尔萨思（Lea Elsasser）的论文：*Monetary Disunion*。就转移支付政策而言，我们应该考虑欧盟的地缘战略方向：随着越来越多的东欧国家的加入，欧盟接纳新成员的政策受美国的影响越来越强烈。因此，对于从塞尔维亚到阿尔巴尼亚的整个巴尔干地区，都要考虑转移支付问题，所有这些国家都是潜在的补贴受援国。而且，值得指出的是，地中海国家当前面临的危机能否得到解决还只是一个方面，欧盟向欧洲东南部扩张的成本以及可能导致的问题和相关成本现在还几乎没有得到什么讨论。这里涉及的一个关键词可能是“过度扩张”。

[33] 德国能够凭借自身的力量利用好欧洲经济的不对称性，这种观念无论是出于对欧洲的恐惧，还是因为热爱欧洲，都会使某些人的一厢情愿的想法提到全新的更高水平。

[34] 见本书第8章，我对下文的评论。Wolfgang Merkel，Is Capitalism Compatible with Democracy?，*Zeitschrift für Vergleichende Politikwissenschaft*，7 February 2015.

[35] 例如，有人声称单一货币体系是欧洲和平的保证，因此是不可或缺的。

事实是，欧洲自1945年后就实现了长期的和平，而单一货币体系是1999年后才启动的。推动欧洲和平的，首先是北约组织和冷战，其次是欧洲共同市场（以及各成员国的货币），这与两次世界大战之间的情况相反。相比之下，单一货币体系其实是欧洲不和谐的原因，而不是欧洲和平的原因。关于欧盟对维护欧洲和平的贡献，只要我们看一下乌克兰这个例子，就知道官方的说辞完全站不住脚了。随着“西方”计划将欧盟进一步“东扩”，战争的风险一直在增大。

[36] 默克尔这种令人难以置信的夸大之辞（2010年5月19日的讲话）直到今天仍然被广泛地视为金科玉律，在中间偏左人士当中尤其有市场。像默克尔这样的亲欧盟人士的关键问题在于，他们将欧洲的文化传统与他们要承担责任的不良政策决定混淆在了一起。

[37] 这方面的相关文献实在太丰富了，我不可能在这里一一列出。应该指出的是，这种反思不仅来自右派，也来自左翼，并且已经涉及了这样一些思考：关于如何将离开货币联盟的成本归集到（至少部分地）那些提出了不切实际的承诺的——无论是明示的，还是隐含的——国家头上，因为当初是它们诱惑那些软货币国家加入货币联盟的。特别值得参考的几个文献包括：Flassbeck H，Lapavitsas C. *Against the Troika*：*Crisis and Austerity in the Eurozone*. New York：Verso Books，2015，该书的序言出自奥斯卡·拉方丹（Oskar Lafontaine）之手；以及 Die Südländer brauchen ihren eigenen Euro. *Frankfurter Allgemeine Sonntagszeitung*，16 November 2004，以安德烈·腾达姆（André ten Dam）为核心的一些荷兰经济学家和记者、法国经济学家雅克·迈齐埃（Jacques Maizier）和帕斯卡·佩蒂（Pascal Petit）的 In Search of Sustainable Paths for the Eurozone in the Troubled post-2008 World. *Cambridge Journal of Economics*，2013，37（3）：513-532，Münchau W. Why Smoke and Mirrors are Safer than Cold Turkey. *Financial Times*，16 March 2015.

第 8 章

评沃尔夫冈·默克尔的“资本主义是否与民主相容?”

有好消息，也有坏消息——而且坏消息有时也包含着好消息。[1]坏消息是，西方自由民主的危机显然已经发展到了主流政治科学再也无法忽视的阶段了；好消息则是，这种危机现在确实已经被注意到了。还有更好的消息，那就是，这种危机已经使得政治科学的领军人物超越了过于纯粹、过于简单的制度主义，前进了一步（或者，这实际上是回归），采用真正意义上的政治经济学的视角来研究民主制。现在的主题是民主与资本主义；即使在还没有被关注到的时候，这也是一个不可回避的主题。有人或许会说，现在，一系列早就如“玻璃珠”（Glasperlen）般清晰、无害且不会令人不适的议题——例如，最高得票者当选制 vs. 比例代表制、威斯敏斯特制 vs. “否决点”制、结盟式民主（consociational democracy）vs. 多数民主、议会制 vs. 总统制、单一制政府 vs. 联邦制政府、单边主义 vs. 双边主义，等等——在政治科学的顶级期刊上霸占了大量版面，这恰恰说明好时光已经一去不复返了，或者至少表面上看肯定是如此。但我不这样看。必须回归根本！这就是我在读了默克尔的杰出论文[2]后收到的一个明确信息。他在文中挑战的，恰恰是战后政治科学的根本假设：资本主义与民主本来就是两位一体的——资本主义需要和支持民主，民主也需要和支持资本主义，两者共存于永恒的预先确立的和谐当中。

资本主义是否与民主相容？针对他在自己的论文标题中提出的问题，默克尔首先给出了一份非常全面的目录，列出了过去三四十年来发生的有历史意义的事件。在他看来，这些事件已经使得民主在资本主义世界中的效力大大降低了。而且，照这种趋势继续发展下去，他自己的问题（民主是否与资本主义相容?）的答案只能是：越来越不相容。我认为，默克尔正确地将资本主义称为“挑战者、自变量，而民主（在他的模型中——沃尔夫冈·施特雷克注）只是一个因变量”[3]；尽管我本人更喜欢更加简单的“终极原因”和“邻近效应”这种说法，它们也能揭示出构成默克尔推理基础的各种社会关系的“唯物主义形象”。特别是，默克尔将分析焦点集中在了战后“社会市场经济”在金融化过程中的转型上——他将战后“社会市场经济”称为“嵌入式”的资本主义经济。这个过程始于20世纪80年代，并在2008年全球金融危机中达到了高潮。关于这个转移过程中的特征性事实，沃尔夫冈·默克尔提到了解除管制和私有化、福利国家的萎缩、意识形态上的新自由主义化、全球金融部门的增长、国际竞争破坏了各国的内部监管却又无法导致全球层面的监管、股东压倒了工人、阶级力量平衡被打破，等等。而对于这种转移对民主的各种影响，默克尔强调了其中四种：由于日益严重的不平等贫困化，导致了不对称的政治参与（下层阶级被排除出了政治过程之外）；利用民主政治的开放政体已经不可能阻止经济不平等的恶化；实现了金融化的国家的经济对政府施加了强大的压力，要求将其转变为“符合市场的民主国家”（安格拉·默克尔语）；全球化下的决策权力向政府的行政分支转移，从而牺牲了议会的决策权力。

我认为，默克尔在这个单子上列出来的所有东西，没有一项是不合适的。不过，应该还可以再加上几项，并稍稍改变一下强调的对象。例如，我们应该注意到，总体增长率的下降加剧了分配冲突，并极大降低了富人对穷人让步的意愿。我们还应该花更多的时间去关注在我看来导致国家和政府被削弱的一个特别重要的因素，即富有的公民和公司通过将收入转移到低税率的税收管辖区（即所谓的避税天堂），能够逃避大部分税收。这种趋势的直接结果是，国家向社会底层民众进行再分配的能力日益下降，尤其是在那些融资能力不足的国家中，由于税收不断下滑、负债持续增加，同时收入却日益萎缩，因而无法履行自己对公民的义务。其最终结果，普通公民日益依赖私人借款来弥补公共服务和政府资助不断下降后的缺口。此外，日益增加的公共债务意味着公共利益中被支付给债权人的份额越来越大，这将对社会支出和公共投资产生强大压力。这也就是说，在“社会市场经济”国家被重建为新自由主义国家的过程中，寡头式再分配也如影随形，公共部门的不断缩小就是其中一个重要表现。[4]“公共贫困”导致私人财富与公共领域之间形成了一种“新封建”关系，从而为寡头式再分配创造了空间。

用政治权力的术语来说，欧洲当前正在进行的从债务国家向财政整固国家的转型恰恰证明了我在另一本书中提出的观点，即资本主义民主制的第二选民——金融市场——相对于第一选民（也是原始选民）的优先地位已经牢固地确立起来了。[5]在这一点上，默克尔采用的提法是“行政权力的兴起”，相比之下，我则更加明确地强调，主要国家的中央银行的地位不断上升，几乎变成了拥有“准主权”的第二政府（经济政府），而且不受民主制度和民主程序的制约。再者，各国中央银行尽管为了恢复通货膨胀而付出了近乎绝望的努力，但是直到今天仍然没有什么效果，因而也就未能证明新自由主义“革命”摧毁工会的合理性和有效性——工会是另一个有机会纠正资本主义政治经济中权力不对称状况的政治参与渠道。我们还观察到，一种新的政治格局正在形成，中左派和中右派各政党结成了“TINA 大联盟”——“TINA”是“there is no alternative”的简写，意为“别无选择”；这些政党都赞成，“在这个全球化时代，我们别无选择”——反对所谓的“民粹主义”运动，并将之排除出官方政策制定过程之外。一个反对党如果被长期排除在政府之外，就很容易使声誉受损；这是因为，它可能会因为不恰当地或不切实际地对建制派认定为“无法做任何事情”的事态发展作出反应，从而被认定为不公正或不顾现实、缺乏责任感的。[6]

那么，尽管已经出现了这么多令人震惊的症状，为什么让人们理解当代民主的危机并认真对待当代民主的危机还是如此之难呢？我认为原因在于，今天仍然有太多人继续坚持传统的、政变式的民主——选举被取消，反对派领导人和监狱中的异议人士被迫流亡或被谋杀，电视台和广播电台被暴徒夺取。阿根廷和智利走过的“民主道路”就是如此。此外，这也与对于民主制度的强烈的自愿幻想有关，它已经成了一种刻板印象，刻在了民众的脑海中——只要“我们可以通过投票表达自己的意愿，我们就能把坏蛋选下台”；我们自己才是对我们的共同体负责的人；如果我们真的希望我们的社会变得有所不同，我们所需要做的无非是站起来去改变它——只要我们能够说服足够多的同胞相信，我们的抗议是有效的。换句话说，人们普遍相信，只要还能参加选举，我们的世界就会如我们所愿；或者说，就会如“人民”所愿。沃尔夫冈·默克尔的看法却完全相反。他认为这个问题的核心在于民主与社会结构之间的关系，具体地说，问题的核心在于，资本主义社会结构是如何动态地演变并影响民主在社会中的有效范围和地位的。指出这一点非常重要。对于民主与社会的关系，我自己的观点是，我们已经走上了一条通往“哈耶克式市场专政”的道路。默克尔认为我的观点很有远见，是一个精彩的“预言”，但是他似乎不是非常同意。当我将正在形成的新自由主义的政治经济定义为“哈耶克式的市场经济”时，我指的是体现在民主政治与资本主义经济关系上的这样一种情况：不合理、无关以及不重要（不合理是获得性的，无关性是被造就的同时也是自己造成的，不重要性是合同约定的）；在这种情况下，民主已经失去了进行平等主义再分配的能力，所以无论什么人被选上台、无论选举的竞争性有多强，都不会有什么区别。

这也就是说，我的观点与默克尔略有不同。默克尔仍然在探讨，怎样才能使民主与当代资本主义相容；而我却已经对这个问题给出了非常明确的答案：必须在这两者之间构筑起一道城墙——消灭民主政治的再分配潜力，同时继续利用竞争性的选举为不再受平等主义扭曲的自由市场的结果提供合法性。哈耶克式民主的作用就在于，让资本主义市场社会看上去似乎是“人民选择的”，尽管它实际上已经彻底脱离了民主政治的控制。我所说的技术官僚“市场专政”是一种政治经济制度，它将决定人民的生活机会的分配的权力交给了市场力量，任由它们“自由发挥”；这也就是说，将这种权力集中到若干行政机构手中，因为据说这些机构掌握了必要的技术知识，能够组织好这样的市场并让它们取得最好的绩效。将再分配民主政治“清零”后，哈耶克式民主制就可以专心为国家利益和国际冲突而忙得焦头烂额了（特别是在资本主义世界的外围国家），或者，可以更关注公共舞台上的形象了，在那里公众的眼光盯着领导人的个人奋斗史和隐私。文化冲突、家庭价值观、生活方式选择、政治正确性、政治家的年龄和性别，以及他们的穿着、外表和言辞，说到底全都不过是在提供“伪政治辩论”的机会，制造“伪政治参与”的假象罢了。只不过，无论如何，绝对不可以让人们觉得无聊沉闷：外交部长是否应该让他的男同性恋伴侣陪同他去中东各国进行国事访问？内阁中的女性成员的数量是否已经够多、职位是否已经够高？女部长们应该怎样照顾好自己的孩子？共和国总统去见他的情人时，应该骑一辆拉风的摩托车吗？经济事务大臣每周有几个早上要把他的女儿送到幼儿园？等等。这些问题才是最令普通人亢奋的。既然这类问题已经塞满了公共空间，谁还会想去了解那些完全可能招致失败的国际金融外交政策呢？例如，怎样有效监管离岸银行业务和影子银行体系？

虽然我完全同意默克尔的诊断结论——在当前这个资本主义发展阶段，民主正在凋零——但是，对于默克尔的论证方式，特别是他用来组织他的论述的“模式化”语言，我有些看法。为了确定民主与资本主义能否相容、在什么样的条件下可以相容，默克尔区分出了资本主义的三种类型："市场自由主义的资本主义""有组织的和嵌入式资本主义""新自由主义资本主义"；同时还区分出了民主的三种类型："最低纲领主义的民主"、"嵌入式民主"或"中间立场民主"、"最高纲领主义的民主"。[7]开列了这样两个"菜单"之后，他再分别从中选出"一道菜"，供读者品鉴——把他自己认为相互之间最匹配的一个资本主义模式和一个民主模式组合起来。毫不奇怪，他选出来的"嵌入式资本主义"和"嵌入式民主"，尽管可能"配合出众"，但是事实证明它们显然没能保护它们之间的联盟免于分裂，因为资本主义已经从有组织的嵌入式资本主义转变成了新自由主义的、金融化的或盎格鲁-美利坚式的资本主义。默克尔将我们这个时代的根本政治问题界定为：如何使资本主义重新变成嵌入式的资本主义，并重新融入嵌入式的民主，以便让它们两者"永远幸福地生活在一起"（glücklich und zufrieden bis an ihr Lebensende）。

令我担心的是，这种概念性的"宏大叙事"，很容易被利用，或者说，很容易令人想起这样一幅图景：某个拥有极高智慧的"设计师"从一大堆"预制部件"中挑选出一些最好的，组合起来以实现预期的结果。从另一个角度来说，即使不考虑如上所述的技术官僚统治的可能性，这种宏大的概念架构，也可能会引致如下这种唯意志论色彩的政治观念：存在一个全知全能的、符合一切理想观念的一般公民（idealler Gesamtbürger）——或者，用卡尔·马克思的术语来说，有一个理想的集体公民——在知识渊博的政治学家的帮助下，会把特定历史条件下最合用的"制度材料"找出来，并以他认为最好的方式组合起来，或者修复失效的地方——那可能是其他任何人都未能注意到的。在这里，我没有看到阶级和权力这两个最根本的政治范畴——或者更确切地说，我是在担心：其他没有意识到这一点的读者可能会受到技术专家治国论—唯意志论世界观的诱惑，这种世界观只会加剧问题而不可能有助于解决问题——而且默克尔也未能认识到，资本主义和民主其实都是为了便于记忆而提出的简化概念，要想真的搞清楚什么是资本主义、什么是民主，就必须从社会各阶级之间的根本冲突，从各阶级所拥有的不同的、随历史演变的将自身利益强加于整个社会之上的能力出发，对它们进行一系列的“分解”、“拆细”、“重装”、“解构”和“重构”。

简而言之，资本主义和民主并不是两个简单的模块，能不能组装起来完全取决于它们之间的“技术兼容性”（就像发动机和转向系统那样）。它们——无论是单独时，还是组合起来后——都是阶级以及阶级利益的某种特定配置的结果，而且阶级以及阶级利益本身也是在历史过程中不断演化的，其驱动力不是什么聪明的设计，而是阶级政治能力的分配。因此，战后民主资本主义并不是某一个技艺高超的社会工程师或深思熟虑的理想公民从一系列不太理想的可选项中挑选出来的，而是当时相对强大的工人阶级与相对弱小的资产阶级之间的一种历史妥协（这是一种独特的力量对比）。当时，资产阶级史无前例地在政治和经济上处于防御地位，而且在所有的资本主义国家中都是如此——无论是战争的胜利者还是失败者。大萧条产生了深远的国际影响，也造成了全球性的巨大破坏，为了重建资本主义，资产阶级不得不付出高昂的代价，包括在政治上作出承诺，例如保证充分的、稳定的就业，保证经济繁荣和稳步增长，保证将增加收入、财富和改善生活的机会重新分配给普通老百姓，通过强大的工会和自由的集体谈判提供在工作场所的社会保护，通过综合性的福利国家制度提供超出工作场所之外的社会保护……所有这些都是通过“手枪指着头”的谈判方式确定的，从而迫使自由资本主义与社会民主主义“奉子成婚”。因为，对资本主义各种变化的微妙区分在这里不适用。第二次世界大战结束后，在日本，工会会员占总劳动人口的比例高达为 80%～90%，而且它的社会主义政府直到美军占领后才下台。在德国，所有大资本家都被关进了监狱，直到朝鲜战争爆发后，美国人认为他们能够有所帮助才被释放出狱；而且在 1947 年基督教民主联盟（CDU）颁布的“本党宣言”中，资本家也被宣布为是“德国人民的政治和社会利益”的主要威胁。[8] 在英国，工党政府上台执政，国内 40%的工业都实现了国有化。而在美国，则仍然是新政的天下：广泛的资本管制、高度受控的金融部门、强大的行业工会，以及雄心勃勃的社会计划（目的是补偿在全球战场上为国家作出了重大贡献的军人）。[9]

至于这个所谓的“战后和解”——即沃尔夫冈·默克尔所称的“双重”嵌入的资本主义民主组合——是如何实现的，又是如何在维持了大概 30 年的时间后崩溃的，我不可能在这里一一详述。默克尔指出，欧洲式的嵌入式资本主义向盎格鲁—美利坚式的金融化资本主义方向转型（即所谓新自由主义革命的逐步展开），这种转移实际上可以追溯到资本和劳动的相对力量的长期变化，或者说，可以追溯到流动资金的占比的长期变化——有产者和政府掌握的流动资金越来越多的同时，普通老百姓手中的流动资金则越来越少。正是这种转变，使得社会民主主义的战后和解失去了继续存在的基础，因为普通老百姓之所以同意恢复市场经济和私有财产制，目的是换取国家和资产阶级的承诺——保证经济持续增长、社会保障覆盖所有人（Wohlstand für alle）。在我们观察到的新自由主义转向的背后，不难发现阶级和财富的结构、生产方式、政治约束和政治机会的长期变化的轨迹，在这个过程中，随时变幻的外界条件、阶级禀赋差异以及它们的政治组织和战略技巧和能力，都发挥了重要作用。[10]在这里，特别重要的是，几十年来，主要是资本主义的发展推动了民主，而不是民主的发展驱动了资本主义；不断向前推进的资本主义突破了战后民主制度设置的限制，进而引入了一种新的政治经济模式，即通过从底层向顶层再分配来推动增长的哈耶克式经济进步模式——对赢家给予更大的激励，对输家施加更严的惩罚，它取代了凯恩斯主义者倡导的通过“劫富济贫”来扩大总需求，进而驱动经济增长的模式。

只要对民主资本主义战后和解体制下发生的一系列危机稍加考虑，我们就肯定能得出这样一个结论：资本主义与民主之间的关系不太可能是机械的或可相加的，而肯定是辩证的和两难的，这是默克尔的模型所无法刻画的。只要把阶级和权力考虑进去，我们就可以看到，民主资本主义社会中的国家、政府和政治一直面临着必须同时满足许多相互矛盾的需要和需求的重压之下。这种压力会不断地创造出新的制约因素，也会不断地提供修改政治经济制度的机会。一方面，只有通过对市场力量的自由发挥进行政治干预，才能将民主社会期望从资本主义经济中获得的集体利益提取出来——换句话说，只有这样，才能将利润最大化的私人利益转化为社会进步的公共利益，才能维持政治平衡，帮助在位政府建立政治合法性。但是另一方面，除了在经济高速增长这种特殊情况下之外，民主制度下实现政治平衡所需的对市场的社会矫正似乎会削弱资本家和投资者的信任，从而破坏对资本主义—民主组合的稳定性同样至关重要的经济均衡。因此，资本主义和民主似乎都既支持对方又破坏对方：虽然民主社会为了从私人资本积累中“收获”集体利益必须以经济均衡为前提，但是那些试图使私人资本积累被社会接受的政策又会将经济均衡置于危险之中；虽然政治平衡是推动民众接受资本主义所必不可少的，但是政治平衡又会受到经济均衡所需的政策的威胁。这就意味着，资本主义下的民主政府时刻处于两个系统性危机之间，面临着两难的局面。一个是政治危机，另一个是经济危机；要“管理”一个危机，只有以激发另一个危机为代价，从而迫使政治不得不在两个危机之间不断来回摆动，希望危机周期能让他们有足够的时间重新组合，以解决最近解决方案不可避免地导致的新问题。

从他这篇文章的结尾来看，沃尔夫冈·默克尔并不完全悲观。他敦促进行“民主改革和经济改革”，尽快结束“当前这种金融化的、脱嵌的资本主义”，重建非最低纲领主义的民主观念——这种民主观念认真对待“政治平等的必要性……”并允许由公共当局（pouvoir publique）设定“自治规范”[11]。这当然没有错。但是，虽然没有人会不同意这一点，我们还是不得不追问这些改革措施到底从哪里来？因为这种改革要求将有几十年历史的经济和政治制度的发展主流扭转到恰恰相反的方向上去——是这种资本主义建立起了一种新的民主（用默克尔的术语来说，“最低纲领主义民主”），而不是旧的“嵌入式民主”稳定了与自己互补的“嵌入式资本主义”。民主的复兴——重新确立民主政治对资本主义发展的优先地位——真的是现在的民众所希望的吗？因为在默克尔所说的“进步主义民主政治的文化转向”的精神之下接受了几十年的“再教育”，民众已经不再习惯于认真对待政治了。这个时代，贫困的最大风险与单身母亲的身份有关，经历了争取同性恋婚姻合法化的斗争，经历了一切事物的象征性“性别化”，目睹了社会民主党派和工会把中上阶层妇女在大公司董事会担任高级职务作为主要政策目标（这是很多人不敢相信的）。民主大众在政治上已经被“负责他们”的卡特尔政党利用了[12]，他们对政治的关心真的是“严肃认真”的吗？在后福特主义的消费主义和后民主政治演艺的咒语之下，还有多少人仍然认为值得为之奋斗的集体商品一直存在？在当今世界里，文化上最受尊重的技能似乎已经变成了以好心情应对逆境的能力，而不再是与他人一起找到共同利益并组织起来去争取之；民主已经被清空了严肃的内容，而政治则变得日益琐碎、面目全非了。正如默克尔提醒我们的，在今天，民主参与太容易被误认为就是拯救鲸鱼等这样局部性的改善，而不再是让公众有机会表达私人道德信念的政治冲突了。总而言之，通过去政治化的多元主义的“自由放任”，政治参与也就变成了一种道德上正确的先进消费形式。

再者，在沃尔夫冈·默克尔所设想的这个历史转型过程中，驱动力来源于谁——或者，像过去常说的那样，“革命主体”是谁？还有，在这条通往威权的新自由主义技术专家统治（这已经是最好的结果了）的道路上，在一切尘埃落定、无法救赎之前，我们还剩下多少时间？谁来首倡民主改革并强制推动它，这种改革应该能够做到（例如）：结束和扭转无法带来稳定就业的经济增长；停止私有化和重建公平的公共服务；对谷歌和其他公司征税；增加公共社会投资，在市场上提供更加平等的初始位置和机会；控制工作时间；使货币的发行和监管更加透明，减少其寡头倾向、降低风险；等等。在欧洲，我们已经被告知，这种改革只能在超国家层面上通过欧盟民主化，特别是货币联盟的民主化来实现。当然，就目前的状况而言，欧洲各机构处于由各民族国家政府官员组成的一个秘密同盟的统治之下，他们达成了共谋，试图对各国公民隐藏他们以公民的名义做的事情，目的是确保国际货币行业向各国经济注入的贷款将会得到安全的偿付妥善的服务。这一切，是由中央银行主持的。中央银行攫取了很大权力，而且绝对不受民主压力的约束，因此可以自由地与自己在全球金融市场上的“同志”保持一致。在2014年欧洲议会选举中，尽管经历了多年的经济危机和制度动荡，但是绝大多数欧洲选民仍然拒绝参加。此外，容克和舒尔茨这两个“人老志坚”且“相爱相杀”的亲欧洲派代表人物，毅然放下了身段，自命为“种子候选人”（Spitzenkandidaten）出马竞选欧盟委员会主席。这次竞选，被这两位候选人的支持者吹嘘为走向欧洲民主的划时代的一步。这次选举，使得容克这位指导将“欧洲”建设成为全球企业的避风港的设计大师、2005—2013年欧洲银行救助行动指挥中心欧元集团的主席，一跃成了整个“欧洲项目”的“首席行政官”。而这正是尤尔根·哈贝马斯在这次“选举”结束后的第二天所公开倡议的。[13]

现在，欧洲层面目前正在进行的所谓民主改革，无非是任命某个臭名昭著的银行业游说者或全球性跨国公司的御用税务咨询师为“欧洲”最高级别的官员——这似乎正是哈贝马斯希望我们知道的——既然如此，那么很显然，“欧洲”对默克尔所倡导的重新确立平等主义民主对金融资本主义的控制地位的计划，没有任何帮助。而且，默克尔本人对他认为必不可少的“民主改革和经济改革”的具体方案也没有给出任何说明，尽管它们对于我们会不会落入“由于经过了选举而在形式上得到了合法化的寡头政治”的统治至关重要。[14]这也为他不得不采取支持欧洲联盟的立场提供了理由，尽管欧盟可以说是战后西欧第一个故意设计为不受民主控制的政治体系[15]，而且在事实上已经成了战后资本主义新自由主义转型的先驱。实际上，经过数十年来的“扩大”和“深化”，加上在20世纪80年代和90年代实施的“供给侧”经济政策（最终导致了欧洲经济与货币联盟的出现），欧盟本身现在已经成了最需要被“改革”的机构——如果要重建默克尔所称的民主的话。的确，在现实中，也正是在这样一种语境下，新欧洲主义者正在向中左派选民（特别是在德国）积极兜售如下观念：通过为欧盟制定一个新的宪法就可以化解欧洲的“民主赤字”，通过让民主跟随资本主义从国家层面流转到超越国家的层面就可以重新实现民主与资本主义的统一。

如果容克不能解决这个问题，那么欧盟宪法能否解决这个问题呢？尽管欧洲制宪的首次尝试是一个不折不扣的灾难。[16]我认为，现在之所以还有许多人大谈特谈一个民主化的“欧罗巴”宪法，主要原因在于近期有关的历史已经被彻底有意遗忘了。此外，它的倡导人也令人难以置信地成功逃避了所有与最基本的细节有关的问题，比如说，由谁来起草、讨论和通过新宪法，新宪法可以解决什么问题、不能解决什么问题，新宪法什么时候开始生效……要知道，容克和相关的欧洲国家的政府一直只顾得上忙于确保按时偿还全球金融市场借给欧洲的贷款。制宪大会应该如何组织召开？像上次一样吗？上次是由政府召集的，结果集中了欧洲各国的名流，例如吉斯卡茨（Giscards）和赫尔佐格（Herzogs）。或者，是不是应该由作为反对派的公民组成，像过去选举工人—农民委员会（Arbeiter-und Bauernräte）一样把他们选举出来，绕过（不久以前把民主卖给新自由主义的）民族国家和它们的所谓“艺术家”？又或者，应该由中间派组成？而且，要邀请哪些国家参与呢？是只有欧洲经济与货币联盟成员国可以参加，还是所有欧盟成员国都可以参加，又或者还可以包括有意愿加入欧盟的那些国家，如塞尔维亚、土耳其、乌克兰和格鲁吉亚的联盟？那样的话，加泰罗尼亚、苏格兰、科西嘉、法兰德斯和帕达尼亚又该如何处理呢？是否由它们（目前仍然）所属的国家的代表团代表，还是自行组建代表团呢？再者，对于不断增强的反对“欧洲”的民族主义潮流，又应该怎样应对呢？这些民族主义者应该被容纳在内、排除在外，还是应该被战术性的有意加以漠视？——后者是一种“中庸之道”，已经被“欧洲议会”所采取。

民主改革肯定需要花费相当长的时间（暂时不考虑发生革命的情况，但革命也至少要等待同样长的时间才会出现），但是时不我待，欧洲立宪亟须解决的问题数不胜数，而且什么问题必须最先加以解决也成了一个问题。移民和政治庇护？流产和“同性婚姻”的合法性？教会和宗教的宪法地位？也许，先把“文化战争”放到一边，集中考虑政治经济问题，可能有助于达成协议（当然，即使这样也未必一定能够成功）。[17]这里所说的政治问题包括：保障（或不保障）私人财产权；采取什么样的税收制度，税收收入在“欧洲”与地方、区域或国家之间的分配；富裕的国家和地区与贫穷的国家和地区的财政整固的程度和范围；平衡预算或债务上限；联邦干预成员国财政政策的权力；产业政策和区域政策；金融市场和劳动力市场的监管；中央政府在何种程度上承担起使整个联盟内部的生活水平均等化的责任；社会保险制度的统一（或不统一）；退休年龄的统一（或不统一）；使联盟内部各地的征税同样有效；等等。也许最重要的是，如何在“欧洲”的“中央政府”和“地方政府”，以及“独立的”中央银行这个三角形中制定和实施货币政策。

某个民主制度既可能只统辖一群民主大众［“单民”（demos）］，也可能不只统辖一群民主大众——它或许统辖了若干群民主大众［“多民”（demoi）］；所谓的“多民民主”（demoicracy）就是这样构成的。现在，许多人渴望将“欧洲民主”转型为超国家层面的“欧洲多民民主”。但是，这并不意味着一个共同的民主宪法不需要以共同的经验、惯例和观点——即对于世界本来应该是什么样子的、事情应该怎么去做的共同理解，这是确立共同的权利和义务架构的基础——为前提。民主宪法不可能无中生有地创造出来——即便是1949年的《德国基本法》（*Grundgesetz*）也不是凭空想象的产物，当然魏玛共和国的《德国宪法》就更不是了。至于美国宪法，其实也是出于北美各殖民地的“贵族”和种植园主之手。宪法必然是各种议题和各种利益的一个总解决方案，它被公民所承认，反映了公民的历史、价值观、愿望和妥协，反映了公民对自己、对他们所处的世界以及这个世界中的人和事物的理解。这样一个总解决方案通常需要相当长的时间才能形成，因为它要求对构成共同体集体记忆的复杂多样的材料进行深入的思考和集体筛选。即便是在最好的情况下，为了让它的“单民”或“多民”接受，宪法也必须涵盖各种各样的议题，尽管它们所涉及的经验、意愿和能力差异极大；不然的话，宪法就可能不得不置于某种特别保护之下并需要豁免崇尚集体干预的价值观和惯例，无论出于何种原因，这都无法推广到整个政治共同体。

就我的视野所及，两个或更多个“以民主方式组建的”“单民”国家自愿地合并形成一个“多民民主”国家的例子并不多见。这种“多民”国家，除了也是新生的国家这一点之外，与现代欧洲民族国家几乎没有什么可比性，不过与 18 世纪的北美相比却有很大的相似之处。20 世纪末，尽管都拥有被俄罗斯统治过的共同经验，立陶宛、拉脱维亚和爱沙尼亚这三个波罗的海沿岸国家，也没有加入那个“多民”的联邦制国家，尽管它们都是非常小的国家。[18] 然而，原来的联邦制“多民”国家解体，各“单民”分别建立自己的民主国家的例子却相当多，例如捷克和斯洛伐克——更不用说原来的体制崩溃之后的前南斯拉夫这个“多民”国家了，尽管它从来没有想过要让自己的联邦国家“多民”化。（顺便补充说明一下。在美国，跨州共同体的“精神食粮”的供应在联邦成立之后不久就枯竭了，幸亏后来在美国内战中得到了补充。南北战争一劳永逸地化解了一个导致分裂的政治经济之瘤：奴隶制。然而，真正的联邦化却还要再等待一百年才实现——那就是，艾森豪威尔总统、肯尼迪总统和约翰逊总统部署国民警卫队，结束了南方各州实施的种族隔离的教育制度。）

事实上，制定一个宪法性的公约的想法是作为最后一种出路出现在欧洲政治大舞台上的，这其实是试图通过民主化的途径——寄希望于“天外救星”（deus ex machina）——来解决欧洲面临的危机。这不仅仅是一种白日梦，而且是非常危险的白日梦，因为它会把注意力和资源从更加紧迫的工作中转移出来。[19] 现实世界中的欧洲，已经经历了二百多年的民族国家建设，不同国家之间的差异极大，已经使得任何一个共同宪法都不可能有意义了。真实的欧洲，不但不存在欧洲自己的单一“人民”，而且它的各“多民”之间的分殊也实在太大了，不可能全都融入一个包容性的民主政治框架。亚伯拉罕·林肯在美国内战爆发前夜曾经针对美国的状况说过一句名言，“分裂之家难长存”；这句话同样适用于——事实上，更加适用于——欧洲的“多民民主”，因为欧洲各国的劳工市场惯例、公司治理制度和国家文化传统全然不同（而不仅仅限于尤其突出的货币政策和财政政策方面）。这种“异质性”是在欧洲各民族国家内部几个世纪以来的“阶级斗争”（Klassenkämpfe）中形成和发展起来的。这也就是说，在欧洲各国，长期以来争取来的、谈判达成的种种解决方案，已经被纳入并构成了现代资本主义与现代社会之间的各种形式的固化接口。[20]

因此，制定“欧洲宪法”的第一次尝试最终只带来了灾难性的后果。这一点远远算不上出人意料。如果再尝试一次，也肯定会而且只能“生产出”另一个极其复杂的、非常技术化的官僚文件，它将会制造出来的问题比它能够解决的问题还要更多。这种官方文件，充满了例外和保留权利条款，留下了许多留待未来的当权者去解决的悬而未决的问题（我们知道，这些当权者都将是些什么人）。这种宪法完全不能防止反而只会加速民族国家层面的民主制度的逐渐瓦解。在这一点上，它能起到的作用与《马斯特里赫特条约》和《里斯本条约》完全一样。文化战争和政治经济的多样性不但会有效地阻止向默克尔所称的“嵌入式民主”进步的步伐，而且有助于巩固新兴的哈耶克式欧洲经济秩序。民主在国家层面的“大出血”不会停止，只会更进一步恶化。在国际资本主义的外衣下出现的超国家的、“不狭隘的”、“宪法爱国主义的”民主制度其实是一种非常危险的嵌合体：哈贝马斯所倡导的欧洲民主体系，是不可能由高盛所力推的全球财阀资本主义推动的；恰恰相反，前者只能在无意中为后者提供合法性，然后在失去被后者利用的价值之后，被后者弃如敝屣。

那么，要想重建能够对资本主义进行“有意义的纠正”的民主制度，需要做些什么呢？如果超国家的“欧洲”没有办法提供所需要的社会凝聚力、团结精神和统治能力（相反，两个多世纪以来，各欧洲民族国家几乎都或多或少地成功地拥有了这些特质）；如果在超国家的“欧洲”层面，人们所能寄望的充其量只是容克和德拉吉这类政客（以及他们手下的所谓金融家）；那么，根本答案只能是，试图将民主的规模扩大到资本主义市场的规模，或者将后者的规模缩小以适应前者，肯定是一种比堂吉诃堂还堂吉诃德的行为。把资本主义带回到民主政府的传统领地之内（以便使后者逃脱灭绝的下场），就意味着对资本主义去全球化，这一点非常明确，但是极其困难。当然，没有人能够否认，这肯定会是一个重大议程，而且从很多方面来看，也将是一个代价高昂的议程，而且没有人能够保证一定会成功。但是，这至少是一个值得考虑的目标。重建嵌入式民主意味着重新嵌入资本主义。在这个意义上，思考和探索一个对民主没有什么破坏性的货币政策体系（而不是像欧洲经济与货币联盟这样的既可怜又可恨的怪物），将成为一项重要的任务，它值得最聪明的人付出大量的心血和汗水。

【注释】

[1] 本章最初发表于 *Zeitschrift für Vergleichende Politikwissenschaft*，2015（9）：49-60.

[2] Merkel W. Is Capitalism Compatible with Democracy?. *Zeitschrift für Vergleichende Politikwissenschaft*，2014，8（2）：109-128.

[3] Merkel. Is Capitalism Compatible with Democracy?. p. 111.

[4] 见本书第 4 章，“欧洲财政整固国家的兴起”。

[5] Streeck. *Buying Time*.

[6] 通常情况下，那些对选民承诺将会抵制国际金融市场和其他投资者的压力的政治领袖或政治组织，最有可能被中间派的“TINA 联盟”贴上“民粹主义”的标签——或者是“左派民粹主义”，或者是“右翼民粹主义”（这两个标签通常可互换）。而“TINA 联盟”则声称他们自己愿意忠实地遵守市场规则，并说只有自己才是“负责任的”。

[7] Merkel. Is Capitalism Compatible with Democracy?. pp. 112-13.

[8] 该宣言声称：“资本主义经济体制既不符合国家利益，也不符合德国人民的切身利益。在罪恶的强权政治造成了可怕的政治、经济和社会崩溃之后，亟须从根本上建立一个新秩序。这种新的社会经济秩序的内容和目标，不可能是对权力和利润的资本主义追求，而只能是增进我们人民的福祉。”

[9] 颇有讽刺意味的是，资本主义国家的工人阶级在资本主义政治经济中所取得的最有效的进展，恰恰都发生在世界大战之后（20 世纪的两次世界大战分别于 1918 年和 1945 年结束）。对此，请参阅：Piketty. *Capital in the Twenty-First Century*.

[10] 我在《购买时间：资本主义民主国家如何拖延危机》一书中勾画出了这种动态过程。

[11] Merkel. Is Capitalism Compatible with Democracy?. p. 126.

[12] Mair. *Representative versus Responsible Government*.

[13] 请参阅：Jürgen Habermas im Gespräch：Europa wird direkt ins Herz getroffen，*Frankfurter Allgemeine Zeitung*，29 May 2014. 不过，有趣而颇具讽刺意味的是，在托马斯·皮凯蒂（Thomas Piketty）现在变得很著名的那本书（《二十一世纪资本论》）出版之后不久，容克即升任欧盟委员会主席。皮凯蒂呼吁通过征收一般财富税来纠正资本主义社会中长期恶化的、内在的不平等。关于这场“欧洲大选”闹剧的具体情况，请参阅：Watkins S. The Political State of the Union.

[14] Merkel. Is Capitalism Compatible with Democracy?. p. 126.

[15] Mair. *Ruling the Void*.

[16] 为欧盟制定一个宪法的计划是在 2001 年开始启动的。欧盟当时的成员国批准了一个相关的决议。两年后，各国政府成立了一个制宪会议，到 2004 年，成员国签署了该制宪会议提交的有关文件。所谓的“欧洲宪法”，实际上是现有条约的汇编，是一本有 16 万多字的书。它本该于 2006 年生效（在启动 5 年后），而且在这个时期，关于欧洲一体化的著名的“宽容共识”还处于起步阶段。但是，它未能通过两个国家的全国公民投票，后来被“里斯本条约”（2010 年生效）所取代。

[17] 之所以说“未必一定能够成功”，是因为“文化战争”恰恰倾向于使注意力从政治经济问题上转移开——煽动被蒙在鼓里的普罗大众的激情，以便让他们忘记自己的切身利益所在。

[18] 这正是这几个国家急于加入欧盟和北约的原因，当然前提（实际上条件）是，它们的民主合法性和国家主权不会受到影响。在加入欧盟的问题上尤其如此。波罗的海国家与大多数其他较小的成员国一样（包括马耳他、卢森堡和爱尔兰等），都认为欧洲是自己继续维护主权独立的最有效保证。这与德国的亲欧洲主义者看待欧盟的方式完全相反。德国的新欧洲主义者有时强调，欧洲是用国家认同交换“一个欧洲”的一种手段和工具。从经济的角度来说，主权对小国特别有意义——它们认为主权能够为它们提供一种不可或缺的能力，使得它们能够在全球经济中占有一个位置，或者，在类似于欧洲经济与货币联盟这样的国际组织中，主权成了小国从大国汲取“团结的力量”的有力工具。

[19] 例如，当今欧洲所谓的“负责任的”公共知识分子，将大量时间精力用于“占领运动”、“阿塔克运动”（ATTAC）或“左翼联盟”（SYRIZA）等。

[20] 这是弗里兹·沙普夫最近在对哈贝马斯的索邦大学讲座进行回应时指出的（请参阅：Habermas J. Warum der Ausbau der Europäischen Union zu einer supranationalen Demokratie nötig und wie er möglich ist. *Leviathan*，2014，42（4）：524-538；Scharpf W. Das Dilemma der supranationalen Demokratie in Europa. *Leviathan*，2015（43））. 我认为，欧洲的分国度的“多民”作为一种获得性民主，内涵远远超过了自由主义的以制度保障自由和在法律面前一律平等的待遇（那大致相当于默克尔所说的极简主义的民主）。它还包括了广泛的政治经济制度——这一点非常重要——用于以民主手段纠正市场结果，因此，这种民主是社会民主。我们还应该理解，自20世纪80年代以来，欧洲一体化运动出现了新自由主义转向，因此这些制度不能立即被吸收到泛欧共同体中；而且，如果违背那些依靠这种制度的人的利益（或者至少，罔顾他们的抵制）而一意孤行地这样去做，那么落入一个新自由主义的、一刀切的市场制度的可能性就非常大。

第9章

应该怎样研究当代资本主义？

曾几何时，所有社会学家都知道，现代社会就是资本主义社会——即不能说资本主义是一个事物（一种特定的经济类型），现代社会是另一个事物。[1] 2008年爆发的全球金融危机（至今仍在蔓延）也提醒我们，在资本主义下，经济与社会何等紧密地相互交织在一起！这个观察结果有两个显而易见的深刻含义。第一，资本主义经济极其重要，社会学家不能把它留给经济学家去研究；第二，如果社会学不考虑当代社会的资本主义经济，也就不可能真正理解当代社会。

在本章中，我要强调的是，在研究当代资本主义的时候，必须重新回到还没有与经济学有明确的学科分工的社会学，即回到以20世纪"现代社会学"的创始人塔尔科特·帕森斯为代表的社会学家划定社会学与经济学的分界线之前。[2] 为此，我们必须重新探究从斯密等古典经济学家到帕累托，再到马歇尔、凯恩斯和熊彼特等经济学家的社会学思想，同时还要追寻像韦伯、桑巴特、莫斯（Mauss）和凡勃伦这样的古典社会学家的经济学观察（上面只列出了其中一些人的名字作为例子）。

其中，特别值得关注的可能是德国历史学派（Historische Schule）的制度经济学和马克思主义的社会理论，而不是确定性的经济学思想。从所有这些人的思想中，我们可以得出的最有教益的一个结论是，资本主义既是经济也是社会，要想研究资本主义，就需要一个不会把两者分离开来的概念框架。

那么，究竟怎样去研究当代资本主义呢？我的第一个答案是：不是将它作为一个经济来研究，而是将它作为一个社会来研究，即要将当代资本主义视为一个社会行动体系和一系列社会制度，它们属于传统的社会学领域，却不是今天的标准经济理论的研究对象。[3]当然，这实际上也正是19世纪的传统政治经济学的研究领域。政治经济学理论的目标就是要确定“经济”的“运行规律”背后隐藏着的行动者和利益，将经济关系转译为社会关系，并证明经济关系只是社会关系的一个特例。将经济视为一个社会，或者认为经济是“由社会”“政治地”构建而成的或“创制出来”的[4]，这种进路与把社会视为一个经济体的进路（即经济帝国主义的“理性选择”进路）恰恰相反。当然，从另一个角度来看，我最终建议的进路其实也是一种“帝国主义”，只不过它的方向完全相反——从社会学到经济学。

接下来，我们从资本主义社会的定义入手。资本主义社会是指以资本主义方式组织（institute）经济的社会；而“资本主义方式”则指该社会将它的物质供给与私人资本积累结合起来——通过市场中个人对效用的计算驱动的自由的契约性交易实现，并用货币为单位来衡量。[5]这样一个社会就可以说是“资本主义社会”，或者也可以是“资本家的社会”，因为它依赖于私人占有的资本的成功积累。将某个社会称为资本主义社会，还意味着这个社会面临着如下风险：支配经济的那些社会关系，将会渗入进而排挤掉以往的非资本主义的社会关系。不少人对马克思主义政治经济学或历史唯物主义的解读过于简单化了，我认为，资本主义经济在资本主义社会中的“霸权主义倾向”并不意味着“经济”永远是社会中占主导地位的“子系统”——“经济基础”决定

“上层建筑”的意义上。不过，这种倾向确实意味着，在资本主义社会中，资本主义经济的组织原则逐渐吞噬掉社会生活是一个永远都不得不面对的固有风险，必须从政治上加以抵制。这一点在下文中将会看得更加清楚。

在今天，政治经济理论通常可以分为两种类型。在第一类政治经济理论中，资本主义被简化为作为一种财富创造机器的“经济”。据称，“经济”是按照一系列独特的“经济定律”来运行的，而且这些定律玄奥难解，需要专门用一门接近于自然科学的学科来研究它，那就是经济学。在这种理论中，政治运行于经济系统之外，经济似乎成了一个“黑箱”，只要给它提供正确的投入，就能得到理想的产出。而在第二类政治经济理论中，“经济”并不是一个可以进行“技术”操纵的“惰性”对象（当然操纵技术的娴熟程度有高有低），而是一个生产系统：生产出政治系统的“投入品”，这种投入品的形式体现为相互竞争的不同群体的利益，而且往往表现为需要在政治层面裁决的、有效率的经济管理所需要的功能性需求。

但是我认为，上述这两类政治经济理论都未能恰当地刻画当代资本主义的性质。原因很简单：资本主义社会与资本主义经济之间的边界根本不像它们所假设的那么固定，它本身就是一个有待持续深入探讨的问题。资本主义社会，或者说，资本主义经济所“栖居”的社会，必定是这样一个社会，需要在“当前的基础”上，搞清楚它的“经济的社会关系”——它的各种各样的生产关系和交换关系——是怎样与它的“非经济的社会关系”联系起来并交互作用的。这尤其是因为，如前所述，前者（经济的社会关系）天生有一种“霸权主义倾向”——扩展到社会背景中去并在其中占据主导地位。仅仅根据这个原因，我们就不能把资本主义作为一种存在于社会之外的、静态的、永恒的经济制度的理想类型来进行研究，而必须把它作为一种在历史中展开的社会秩序来探寻。这种社会秩序就是关于社会与经济关系的，它从19世纪初开始进入西欧，而且自那时以来一直在不断演变着。从这样一个视角出发，在经济理论中被表述为出于经济便利性而产生的技术性安排，或者被表述为或多或少适合于专家控制的变量属性之间的因果结构，其实都可以视为社会地和历史地构建起来的制度约束与机会、预期、权利、资源和权力的动态复合体。这种动态复合对作为它的环境的社会产生了深远的影响：社会中的权力、地位和生存机会的分配，行为倾向和行动能力，以及社会认同和生活方式，概莫能外。

现在，关于现代资本主义的一般理论仍然没有出现；也因此我在这里要限制自己的论述范围，只试图从四个方面以图解的方式讨论当代资本主义下经济的社会关系与非经济的社会关系之间的交互作用（Wechselwirkung）。我将给出四幅“素描画”或“小动画”，它们分别涉及了资本主义下经济与社会之间的关系的不同侧面。在这里，经济关系被认为是一种特定的社会关系，不仅位于更广泛的社会关系当中，而且同时支持和颠覆了更广泛的社会关系。在每一种情况下[6]，我都将阐明，只要仔细分析，就可以看出经济关系也是社会关系，而且与此同时，要想完全理解社会—政治—文化关系，也必须分析它们与更基础的资本主义经济秩序之间的相互作用。

在以下各节，我将首先阐述，应该将资本主义视为一种包含着内生的动态性和动态的不稳定性的社会系统，一个扩张的和依赖扩张的社会系统，而且经常处于危急状况下，尤其是在今天（“作为历史的资本主义”）。其次，我将证明，如果像人们通常所做的那样，将资本主义经济设想为一种对物质稀缺性作出反应的理性行动体系，严重地低估了现代资本主义社会中“社会地”生成和维系的想象力、预期、梦想和承诺的作用。不仅资本主义是一种文化，而且资本主义经济也是一种文化。再次，就资本主义与民主制度结合起来之后的冲突，我将讨论作为一种政治制度的资本主义，或者说，作为一种政体的资本主义，它的驱动力量来自归属于资本主义社会的“道德的”经济，与归属于资本主义社会的“经济”的经济之间的根本性张力——而且我认为，后者（“经济”的经济）归根到底也是一种“道德”的经济，即资本所有者的道德的经济。

我还认为，正是这种根本性的张力，而不是政治管理不善，才是导致战后的增长期结束以后，经济不景气状态长期持续的原因。最后，我将阐明，资本主义还可以设想为一种生活方式，即被市场扩张、社会生活世界的结构和集体价值观，以及政府的社会政策之间的多重互动所塑形的生活方式。对此，我举的具体例子是女性劳动市场参与情况、家庭生活、生育率，以及市场和国家在抚养子女方面不断变化的作用之间的关系。

作为历史的资本主义

当前，在政治经济学中，许多研究都将资本主义或它的各种“变体”描述成一个“自平衡系统”——由一系列互补的、能够相互稳定对方的制度构成，目的是追求效率和经济绩效或类似的东西。而政治是为了制度的集体设计和维护而出现的，目的是保证与“市场经济”相对应的这种类型的资本主义处于最优运行状态。[7]这种描述与关于资本主义和资本主义社会的传统叙述形成了鲜明对比——从斯密、马克思，到熊彼特[8]和凯恩斯，都强调资本主义的内在动力、它的临界不稳定性和持续不变地发生的变化。在我看来，这种传统叙述在今天比战后时期的任何一个时点都更加重要。[9]

资本主义的核心在于而且一直在于资本积累；或者，用更“现代”一些的术语来表达，在于经济增长。这里所说的经济增长的主要表现形式是，市场的扩大、传统的社会交往关系融入货币经济，以及互惠关系被市场经济关系所取代。[10]这个过程，也就是罗莎·卢森堡在她分析帝国主义的著作中所称的“抢占地盘”的过程——而且不仅仅是字面意义上的。[11]资本主义通过市场扩张进行的“抢占地盘”（land-grabbing）过程，还伴随着社会结构和社会生活的深刻转变；也正是在这个意义上，马克思主义的奠基性文献《共产党宣言》将资产阶级称为人类历史上最具革命性的阶级。[12]重要的是，资本主义经济一旦确立，资本主义的扩张就不再需要任何外部动因，因为扩张的趋势是资本主义的根本性质。任何配得上“资本主义”这个名字或它的货币的资本主义，必定时刻处于扩张当中，而且扩张永远始于资本主义内部。[13]

资本主义永远都在推动它所在的社会趋向革命，这是它的体制结构固有的一个内在特征，尤其源于它所赋予竞争的合法性——允许人们通过出高价压倒自己的同行来剥夺他人的生活——以及它关于合法的经济利益不受任何上限约束的承诺。[14]残酷的竞争催生恐惧，无限的收益则鼓励贪婪；两者共同导致资本主义政治经济和资本主义社会的“永无宁日”的特点。[15]贪婪和恐惧也有助于推动资本主义经济的创新，这是因为，创新不但能够回避竞争，而且还可能非常有利可图。[16]当然，创新是不可预测的，而且它的社会后果和经济后果也是一样。由于资本主义经济由自我调节的市场主导，而市场中的相对价格是自由波动的，所以持续的创新必然导致社会关系的持续的不确定性。这是因为，既然相对价格决定了不同类型经济资源的所有者的社会地位和生活机会，那么创新以及它所导致的交易条件的不断变化，就必定会使原先已经确立下来的生活方式面临永恒的危机，只要它们与某种生产方式和交换关系有联系。

推动资本主义扩张的另一种机制是信贷。资本主义经济中的一个运行原理是，当前生产所需要使用的资源，可以用所拥有的对未来生产成果的权利来支付，因为它的银行体系能够将未来的支付承诺转化为现在的购买力。金融体系——从银行机构到法庭——必须保证，这样的承诺将会得到兑现，当前尚不存在的虚拟资源在未来真的会被生产出来并且是可以归还的。然而，偿还承诺只有在经济有增长的情况下才能真的兑现；信贷说到底只不过是预期的增长。无论出于什么原因，只要对回报的承诺大面积地无法兑现，例如当债务人违约率大大高于通常水平时，贷款就会被撤回，经济增长也不复存在。

与“抢占地盘”这个隐喻相关，关于资本主义动态增长还有另一个隐喻，那就是“越界”（border-crossing）。资本主义的扩张，或者说“发展”，还包括在以往从未有过市场的地方建立市场关系。有一些社会制度，致力于划定某些非贸易领域，不允许发生市场交易。国界就属于这种社会制度，禁止器官买卖、禁止贩卖儿童、禁止贩毒的法律也属于这种社会制度，但是它们不断受到那些为了获取利润而跨越界线进行经济交易的人的挑战。从这个角度来看，资本主义扩张相当于将私有的、自愿的、横向的、契约性的社会交往关系，从已经合法化的市场扩展到尚未被市场化的、仍然受互惠原则或权威支配的社会领域中去。[17]因此，这里所说的“越界”在这个意义上，就相当于商业化、商品化或自由化。我坚持认为，要研究当代资本主义，就必须认识到这样的过程是根本性的，而不是偶发性的，它们是制度变迁和历史发展的主要推动力。这也就意味着，如果在某个特定的资本主义政治经济中，这种过程没有明显地呈现出来或无法产生作用，那只能是因为它们被某种可识别的反向制衡力量暂时阻止了。

流行于各地的“自由化”压力，再加上资本主义创新者为了获取无止境的收益而不懂彻底改变经济和社会关系的努力，导致了资本主义社会秩序的永恒张力和持续不断的冲突。必须再一次强调，要对当代资本主义进行研究，必须先认识到这种张力和冲突是一种“常态”，而不是只会偶然地发生在外围的东西。从原则上说，这种张力和冲突在拥有自我稳定机制的“市场经济”中绝不是很容易管理的。为了说明这一点，我可以简要地讨论一下两个例子。第一个例子是，市场力量与对市场的社会监管之间的“不平等的”斗争；第二个例子是，围绕着社会保护（social protection）而展开的斗争。就前者而言，市场无疑需要各种各样的规则，不然就无法限制不断扩展的生产和交换链条中潜在的机会主义，这也是监管法律法规会与资本主义一起发展并持续膨胀的原因。因为说到底，市场资本主义的逻辑就是允许追求自身利益，而且潜在的奖励是没有上限的，交易者会尽其所能地积极谋求优势。[18]然而，在资本主义体系下，监管状况必定是不稳定的，因为自由市场的基本理念假设，契约自由和购者自慎（caveat emptor）已经基本上足以保持相互竞争的交易者的诚实了。

而且，更加重要的是，虽然规则和法规对市场运行至关重要（因为它们通过保护市场参与者免受信息不对称之害而建立了信任关系），但是资本主义竞争的本质决定了，最大化利润的追求者将会试图规避或回避它们。与合法交易相比，非法交易或准违法交易与创新性交易一样（其实创新性交易往往都是准违法交易），通常都更加有利可图。这就是限制贸易自由的法规总是会受到野心勃勃的贸易商的攻击的原因，他们在努力让这种法规归于无效的过程中，经常会表现出极高的智慧和创造性。因为这些追求自身利益的企业（家）比其他任何人（部门）都更加了解自己的行业，同时通常也拥有大量的经济资源和政治权力，所以他们的行动通常比负责监管这些行业的公共机构更快，特别是在贸易跨越了现有司法界限的时候（例如民族国家的边界）。这也正是当代资本主义国家的监管政策从根本上依然最多只能跟在市场后面亦步亦趋的原因：市场上的行动者步调轻快、动作敏捷、极具创造性，而且拥有比监管者更加丰富的知识和资源，他们的行动很难预测，永远享有先发优势，总能领先监管者一步或更多步。[19]

至于社会保护，资本主义经济下相对价格变化的速度往往比人们能够和愿意适应的速度更快。这是因为，与自由市场不同，社会关系、人们的预期、社会地位和社会秩序通常存在着很大的惯性，这就使得人们以公民身份要求对市场进行政治干预，稳定自身的社会存在——不用在市场压力下永不停息地进行调整。资本主义发展的活力与既定生活方式的惯性之间的冲突，正是当代资本主义政治的本质所在。政治有很多个“面相”，其中一些非常复杂，甚至可能是相互矛盾的，但是这一点绝对不能使如下事实减损一分一毫：在资本主义下，政治从根本上说是由卡尔·波兰尼所称的那种发生在“自由化运动”与“反向运动”（后者是为了保证社会稳定或实现对市场和社会变迁的方向的集体政治控制）之间的“摩尼教”式的二元斗争所驱动、所塑形的。[20]由此而导致的一个结果是，资本主义下的政治根本不是对经济效率的自愿合意的追求（像霍尔和索斯基思所说的那样）[21]，因为政治冲突的核心问题恰恰在于，可以在多大程度上允许效率主导社会生活；社会的保护区应该从哪里开始划定——以便保证社会关系由义务而不是由契约来支配；由对他的责任而不是由对自己的责任来主导；由集体职责而不是由个人自愿来维系；由对神圣之物的尊重而不是由对个人效用的最大化来支撑。

最后，通过将资本主义视为一个致力于通过不断扩大市场关系来实现增长的、具有内生的动态性的“经济暨社会”，我们就能够在宏观社会学理论中引入一个合格有效的关于社会变革的方向性的概念。之所以说它是合格的、有效的，不仅仅是因为它是专门针对资本主义的，而且是因为，如波兰尼所说，变迁的方向取决于资本主义运动与社会保护（以及反资本主义的反向运动）之间的斗争。从概念上讲，我提出的这个观点使得我们可以摒弃牛顿式的宇宙观（在那里，虽然有运动，但那只是一成不变的运动），从而引入历史的周期性和不可逆转性（即“作为历史的资本主义”）。

此外，在将重点放在资本主义不断扩张的逻辑上之后，我们就可以更加专注于当代社会的一些关键问题，并且将它们与社会结构联系起来。任何一个社会体系，如果内置了必须不断扩大商业化贸易关系的规模和范围才能生存下去的资本主义市场经济，那么就必定会在某个时点上遇到阻碍它进步的障碍，而且它“占据的地盘”越大，这种障碍就越大越多。波兰尼的基本概念在今天仍然有效，他提出的三种“虚拟商品”——劳动、土地和自然[22]——随着对它们的商品化的持续向前推进，似乎都已经处于十万火急的危笃情势之下了。在“金融化”的过程中，货币的商品化摧毁了货币作为一种可靠的交换手段和价值衡量标准的“公共身份”，而为了商业目的“浪费”自然则破坏了我们的生活基础，同时人类劳动力的市场化也到了一个临界点——在富裕国家，人类自身的繁衍已经成为公众关注的焦点（对此，下文将会展开论述）。

因此，在所有这三个方面，通过个人的自我扩张来实现经济增长这种逻辑——它对于资本主义有着构成性意义——都已经遭到了严重的怀疑：它会不会给人类社会和人类本身带来危险。

作为文化的资本主义

许多当代政治经济学理论都依赖于一个物化的稀缺性概念：稀缺是一个客观条件，与人类生活客观上需要的物质材料有关。这种状况意味着，在经济理论中，需求是外生给定的，被认为是永无止境的，从而免除了对各种需求本身进行批判性考察的要求。相比之下，在社会学中，需求长期以来一直被认为是动态的（特别是在资本主义下）：生活所需要的“必需品”在很大程度上是由社会定义的，即那是在某个社会中过上“社会生活”所必需的；而且，除了被完全剥夺的这种极端情况之外，稀缺性既不是绝对的也不是无限的，而是由社会构造的、依社会情形而定的。大体上看，社会学家并没有像经济学家那样，忽视经济需求和经济愿望的社会性和历史性。[23]

如果人类的需要不是固定的，而是流动的、因社会和历史而异的，那么就可以得出这样一个结论：稀缺性在很大程度上是一个集体想象的问题，而且一个社会“客观上”越富足，就越是如此。于是我们看到，推动经济行为的那些有重大意义的想象——而且想象与物质必需品不一样，想象本质上是动态的——必然指向经济生活的文化象征层面。[24]当然，这个层面从根本上说必定是社会的。只要认识到这一点，我们就能够超越“硬的”经济学与“软的”社会学之间的边界，进而开辟出一条从“建构主义”的角度对经济进行社会学探究的道路。各种各样的“文化建构”，都可能补充甚至取代激励和控制经济行为的客观条件，例如：对债务人履行义务的能力和愿望的“信任”在借贷行动中有重要意义（见上文）；投资者的“信心”则是经济增长的一个重要条件（见下文）；政府尊重在政治经济中的重要群体的利益的“可信承诺”也有战略性意义。当然，标准经济学理论也认识到了这些因素的重要性，但只是非常勉强地将它们视为“非理性的”残余影响，说它们往往歪曲了“硬的”、稳定的和“真正的”经济激励。与此同时，标准经济学理论通常还将这些因素视为“心理的”而不是社会的，并用一种概念上相当模糊的语言，将它们归因于所谓的“市场”的心理状况，例如“恐慌”或“过度自信”。

有一种方法，对于当代资本主义研究来说非常有前途，却很少被标准经济学理论采用——通常只被用来研究消费和消费者“需求”（或消费欲望）的演变。在这种方法中，梦想、承诺和想象中的满足，这些全都不是边缘的——恰恰相反，它们是中心。虽然标准经济学理论和标准政治经济学理论都认识到了信心和消费支出对经济增长的重要性，但是它们对于消费者的消费欲望的动态演变的重视却远远不够。在各发达资本主义国家中，长期以来备受关注的一个根本问题是，市场在某种程度上可能会变得饱和，导致消费支出停滞或下降，或者更糟糕的是，货币化的激励措施的有效性会递减。这就是说，在富裕的资本主义社会中，只有当消费者（或者说几乎所有人）的生活水平都已经远远超过了“维持生存的最低水平”，才有可能说服他们必须去发现新的需求，从而让他们在“心理上”变得“贫穷”，进而推动经济持续增长。消费（不足）倾向可能会变成当代资本主义的“阿喀琉斯之踵”，但是这个风险却被现实主义—理性主义—唯物主义的经济行动概念所遮蔽了。这种概念反映了一种反历史的、前社会的、外生给定的“必需品”想象，也是特定历史时期的社会规范的反映。[25]

当然，战后社会学（家）并不是完全没有意识到消费和消费主义兴起的“划时代意义”；这方面一个突出的例子是大卫·里斯曼（David Riesman）在他的《孤独的人群》（*The Lonely Crowd*）一书中给出的有说服力的论述（1950 年）。[26]此外，在 20 世纪 60 年代，美国还涌现出了一大批研究广告推销的文献——例如，万斯·帕卡德（Vance

Packard）的《潜在的说服者》（*The Hidden Persuaders*）。[27] 对消费社会的批判最终导致了 20 世纪 60 年代末和 70 年代的“革命时代”；在那时，对群众的“虚假意识”的“诊断”，充斥着类似于“消费恐怖主义”这样的概念，同时许多人还呼吁一种更加无害的、更不物质化的生活方式。然而不久之后，所有这些都消失了，而且几十年来基本上不再浮出水面，这也许是因为，近些年来，在全球化和信息技术革命的推动下，消费驱动型增长真正出现了爆发。与此同时，社会学本身也发生了变化。它渴望得到科学界的认同，希望实现专业化，也试图摆脱 20 世纪 70 年代那种失败的反资本主义，试图避免表现出任何道德化倾向（告诉人们应该做什么，而不是“价值中立”地去分析人们在做些什么）。[28] 如果说文化社会学仍然在研究消费，那么它在这样做的时候，并没有质疑标准经济学对经济需求的物化处理，也没有将自己的研究主题与资本主义及其对经济扩张的需要融合起来。

今天，围绕着经济必需品——无论是客观的，还是想象的——及其局限性的学术辩论，又强有力地“归来”了，尽管推动力更多地来自生态学家和“异议”经济学家，而不是社会学家。有越来越多的研究文献开始讨论这样一些问题：通过不那么“消费主义”的途径获得幸福的可能性，无形的满足感的来源及性质，以及新的实现经济绩效和经济增长的、更有利于全面发展的、更少依赖于市场的路径。但是据我所知，在这些辩论中，社会学家甚至经济社会学家，竟然基本上都缺席了，他们似乎特别没有能力把握当代资本主义问题的爆发性。虽然社会学的专业期刊上发表了大量讨论男女工资差距、家庭分工、工作时间等问题的论文，但是核心问题——在今天，人们已经比 30 年前富裕得多，但是他们为什么还是不得不更加辛劳地工作——却似乎完全成了一个禁忌。这个观察结论同样适用于这个问题：为什么人们似乎认为，自 20 世纪 70 年代以来生活水平的提高，不值得付出如此巨大的努力——更别提发达资本主义国家未来怎样才能给人们提供足够强的工作动力，来维持经济的持续增长的问题了。

一个潜在的答案似乎是，在富裕的资本主义社会，消费从性质上看越来越趋向于“无形”了。[29]由于实物需求在很大程度上已经得到了满足，人们之所以仍然在不断地购买商品，似乎只是为了得到它们的“梦想价值”，而非它们的使用价值，例如时尚服装、品牌配饰、运动用品、汽车、葡萄酒、彩票、环球旅行、古董等等，都是如此。这些商品在富裕国家的国内产出中占据了相当大的份额，它们中有不少还具有很高的“地位价值”——顺便指出，有的时候，能够将自己的劳动力成功售出，似乎本身也有一定的“地位价值”，对女性来说尤其如此。此外，参与符号化商品的消费，让社会关系变得商品化，对于社会整合来说似乎是至关重要的；这一点只要看看基于计算机的“社交网络”在现代生活的迅速重构中所发挥的越来越大的作用就很清楚了。在今天，企业用于广告推销的钱比以往任何时候都要多，用于建立和维持流行符号——代言人的形象和光环——的支出更是急剧上升，因为在一个接近饱和的市场中，产品的成功似乎完全依赖于此。尤其突出的是，互动性极强的互联网所提供的全新沟通渠道似乎吸收了企业在培养和“社会化”消费客户方面的支出的大部分份额。在当今资本主义国家中，如果消费者的梦想与生产者设定的“梦想”不一致，那么生产出来的大部分商品就不可能成功地售出。因此，我们不难理解，在发达资本主义社会的政治经济中，设计和控制消费者的梦想，已经成了一个根本性的问题。

尽管社会学家早年在消费资本主义初期就已经进行过一些探索[30]：物质上饱和的资本主义经济继续维持增长的社会机制是什么？但是他们随后就放弃了。近年来，关于这个主题的研究又开始复兴了，不过社会学家再一次几乎全体缺席。今天的资本主义社会，生态约束越来越严峻，与过度信贷相关的史无前例的风险仍在不断累积，社会结构承受的压力也越来越大，因此，与非物质经济需求相关的政治领域很可能正在发展成为一个至关重要的政治—经济战场。资本主义的繁荣，不仅仅依赖于能否满足现有的需求，而且更加依赖于能够激发新的需求——或者说，资本主义的经济增长要求永久性的需求管理，不仅仅是在定量意义上的，还必须是在定性意义上的——这个事实尽管久为人知，但是从来没有被认为是至关重要的（而且还会越来越重要）。社会学应该立即“重新发现自己”：再没有其他学科比社会学更有能力为当代资本主义研究作出重大贡献了。

作为一种政体的资本主义

资本主义作为一种通过市场交换实现物质上的自我富足的模式，是非暴力的、文明的，但是，资本主义的发展必须摆脱封建制度，而这就要求它与反独裁的自由主义和大众化的民主运动结成联盟。不过，从历史上看，资本主义与民主之间的联盟一直是不稳固、易受破坏的，尤其在联盟的早期阶段，彼此之间的相互怀疑非常强烈。[31]资本家害怕民主制会走过头，导致大多数人的私有财产被剥夺；而工人阶级则担心资本家通过压制自由选举和结社自由来保护自己的财产。直到1945年之后，民主资本主义，或资本主义民主，才在西方工业化国家作为一种稳定的政治经济制度确立下来——至少第二次世界大战结束后的那二三十年是如此，当时实施了凯恩斯主义的充分就业政策，福利国家不断扩大，独立工会继续存在，同时经济也保持了高速增长。

然而，这并不意味着民主资本主义（或资本主义民主）就不再存在内在张力了。作为一种社会制度，资本主义民主要服从两组不同的规范性原则：一方面是社会正义，另一方面是市场正义；在社会中，前者归于所谓的“道德的经济”，后者则归于所谓的“经济的经济”。民主资本主义的“道德的经济”反映了人们的公平观和正义观，而“经济的经济”或市场经济则要求基于边际生产力原则（即以效率最高的原则）分配资源。民主制要回应民主资本主义的道德经济，而市场则只有在它能够按照“经济的经济”原则运行时才会处于均衡状态。

到了20世纪60年代末，情况已经变得很清楚：资本主义和民主已经不可能在不损害对方的前提下共存了。社会正义和市场正义变得越来越难以调和——尽管政府、媒体和经济学家不断努力，试图说服民众，市场正义实际上就是最高形式的社会正义。确实，如果普通民众在接受这种“再教育”后，真的愿意根据边际生产力的差异重新组织他们在共同体内的生活，那么资本主义仍然可能是民主的，而不是充满内部矛盾和不稳定的。然而，至少到目前为止，大多数人类社会继续坚守着传统的社会正义原则，这些原则很容易与市场正义原则相冲突。这种社会正义观念的例子数不胜数，例如：“工作了一天”就应该得到“一天的工资”；任何人都不应该因为年老而贫穷；没有人应该忍饥挨饿、生病时无人照顾，或不得不露宿街头；受雇者在工作场所中应该可以通过某种正当程序来反对管理层任意行使管理权力；雇主解聘雇员之前应该告知他们；等等。[32]

只要资本主义还没有将社会正义的流行观念消解并融入市场正义的效率观念，资本主义与民主，或者说市场与政治之间的相互“干涉”就不会停止。如果“道德的经济”侵入了经济政策，那么经济就会被征收一种“效率费”，从而使利润受到挤压；另一方面，“经济规律”和“适当的经济管理手段”，也会阻碍民主道德要求的满足。于是，政府不得不在两难困境中进行选择：是牺牲经济稳定和经济绩效来捍卫民主合法性，还是以合理的经济政策的名义压倒民众对社会正义的要求。在通常情况下，解决这个困境的方法无非是在两端之间反复地切换：对民主合法性危机的成功应对可能导致经济失衡，而成功地稳定了经济的政策又有可能引发社会不满。

民主资本主义固有的内在张力，以及试图缓和这种张力的公共政策的局限性，充分反映在了自20世纪70年代以来富裕资本主义民主国家发生的一系列经济危机上面。战后的经济增长时期结束后，“西方自由世界”的各国政府为了避免与强大的工会在工资和失业问题上发生冲突，放任通货膨胀一路上升。通货膨胀与信贷一样，都能起到将未来的资源腾挪到今天来运用的作用，从而可以使雇主和工人的要求都能得到满足——当然只是在名义货币的意义上，而且其总额超过了实际可以用来分配的数额。这样一来，工人以为他们已经实现他们自己认为应得的道德经济权利（即稳步提高的生活水平，以及稳定的工作机会），同时雇主也能够获得适当的利润——回报率与战后重建数十年以来确立的期望回报率相当。然而，随着经济的持续下滑，积累起来的积蓄不断贬值，同时价格关系也日益扭曲。到了 20 世纪 80 年代初，“沃尔克革命”虽然征服了通货膨胀，却没能带来稳定；恰恰相反，它揭开了一个政府债务不断上升的时代的序幕。在这个新时代，选举政治取代集体谈判，成了动员剩余资源、平息破坏性的再分配冲突的政治—经济机制。然后，到了 20 世纪 90 年代，当这种策略也变得不可持续之后，公共财政的巩固就只能通过解除管制，让私人家庭更容易获得私人信贷来实现了；这也就意味着，鼓励家庭通过借贷来弥补因收入增长停滞和收入不平等恶化导致的缺口。[33]

资本主义和民主“相爱相杀”的故事的最近一个转折出现在 2008 年以后。债务金字塔终于崩溃了，失去价值的私人债务必须予以社会化，不然无从保持货币经济的流动性。由此而导致的结果是，公共债务再一次急剧增加，进而开启了一个至今仍然在发展的财政整固新时代。在这个新时代，各国政府受到了来自金融市场的前所未有的压力，不得不削减社会保护和社会投资方面的支出，以确保自己的偿债能力。由于为了当前的政治稳定目的而调动未来资源的主要场所已经从集体谈判转移到了选举政治，然后又进一步从那里转移到了消费信贷市场，并最终转移到了公共债务领域，所以民主代表“道德的经济”去纠正和干预“经济的经济”的能力逐渐趋于消失。今天，金融资本的所有者正在与国际组织以及负债累累的国家合作，试图一劳永逸地将“经济的经济”从代表传统社会义务和现代公民权利的“道德的经济”中分离出来——而且这种尝试最终取得成功的可能性比 20 世纪 70 年代初以来的几十年中的任何一个时刻都要高。由于民主国家正在蜕变为代表新的全球大金融资本利益的“讨债机构”，市场正义即将压倒社会正义，而且这种情况将会长期存在下去——如果不是无限期地存在下去的话。在这个过程中，那些以公民身份对资本主义民主国家无限信任的人，将不得不承认那些以投资者身份向资本主义民主国家投入资金的人拥有优先权。

从“道德的经济”与“经济的经济”之间的冲突这个角度去研究当代资本主义，自然会引导我们对以边际生产力理论为基础的分配要求的性质进行更深入细致的考察。根据标准的经济学理论，这种分配要求与社会应得权利不同，它们是技术的和客观的，而不是道德的和主观的。然而，运用社会学方法，我们应该能够辨识出，在效率理论的面纱之后，隐藏着所有者和资本投资者的“道德的经济”，或者更一般地说，隐藏着一切必要的生产资源的“道德的经济”。在这里，一个关键概念是投资者的“信心”，就像卡莱茨基在他的商业周期政治理论中所分析的那样。[34]资本所有者不会机械地根据固定的预期回报率来作出反应，相反，他们会利用对他们的“心理”状况——从悲观到乐观、从恐惧到欢欣——的自我诊断发布声明，以表明他们得到的投资回报是不是达到了他们认为自己有资格得到的水平。类似“投资者的信心极其低落”这样的表达，经常被策略性地使用——例如，被用于这种互动过程中：确定在给定的稀缺性和政治权力配置条件下，哪些投资者可以从其他经济体中撤走投资。在当前的现实世界中，我们不难观察到，全球金融市场的投资者，正在利用有关国家对公共债务进行再融资时的利率变动（那正是他们所要求的），强化它们对更加坚定的、制度化的紧缩政治的需求。如果有一种以社会行动而不是以效率理论为基础的政治经济学，就应该能够实现对标准经济学中已经被物化的市场机制“去物化”，从而揭示价格形成和利润形成的真正机制：它们是两种相互冲突的正义观和正义诉求——“自己活也让别人活”vs.“要的就是回报”——之间斗争的结果，而不是道德上正确的主观理念与技术上可能的或必需的客观规律之间的斗争的结果。

作为生活方式的资本主义

最后，研究当代资本主义还意味着研究一种生活方式，就像研究当代资本主义意味着研究一种历史社会秩序、一种文化和一种政治形态一样。市场扩张是资本主义发展的驱动力，它无孔不入，深入到了社会最遥远的角落，同时还不断地使社会关系以及支配社会关系的制度发生变革。资本主义发展也与人们对他们自身的社会生活（即使是最私人化的、最亲密的社会生活也不例外）的组织方式紧密地交织在一起，同时也要符合不断变化的（关于什么是“自然的”“正常的”，什么可以认为是理所当然的）文化预设——而文化预设本身也受市场扩张的影响；此外，这也包括家庭生活方式以及社会为家庭进行人自身的再生产提供保障的方式。[35]

过去的30年，我们见证了西方富裕资本主义国家的家庭生活和育儿方式发生的根本性的重组，这种重组与市场扩张（包括劳动力市场和消费品市场）所带来的新的制约因素和新的机会密切相关。要分析作为一种生活方式的资本主义（而不仅仅是所谓的资本主义经济），我们可以从反思战后时代的“福特主义”生产方式（以及作为这种生产方式的补充的“福特主义”家庭）开始着手。在那个时代，如果家庭中的女性不用从事有薪工作，可以全心全意地、无偿地为自己的家庭付出劳动，那么这个家庭就足以自豪，因为这是它取得了相当大的经济成就的一个信号。但是，这种情况后来就彻底消失了。从20世纪70年代开始，越来越多的女性走上了有偿就业的道路，因为凭借工作中获得的工资，她们实现了个人独立，而且工资也是她们获得社会尊重、成为正式的社会成员的一个必要条件。与此同时，结婚率开始下降，离婚率则趋于上升，家庭关系变得不再那么紧张、不再那么具有强制性。出生率下降了，但非婚生子女越来越多，劳动力市场上缺乏就业机会的女性人数则多得不成比例。久而久之，进入有偿就业市场不再仅仅是女性自己的一种选择，而且成了一种事实上的道德义务——取代了20世纪50年代和60年代女性所承担的结婚和生儿育女的义务。自此之后，“工作”就等同于有偿工作了；而不从事有薪酬的工作的人——当一名家庭主妇（Hausfrau）——就会被认为根本不工作，这越来越变成了一种个人的耻辱。

对于女性为什么要走出家庭生活的宁静港湾、进入货币经济的汹涌海洋，有两种在一定程度上相互对立的解释。第一种解释强调的是家庭将女性“推”出去，说这是因为家庭在经济上有这种需要；第二种解释强调劳动市场将女性“拉”进去，说这与女性追求个人解放有关。以美国为例。随着战后经济增长时期的结束，实际工资停滞不前，美国家庭为了继续追求生活蒸蒸日上的“美国梦”，决定进入劳动力市场向雇主出售更多劳动时间。此外，由于战后的教育扩张，新一代女性普遍接受了较好的教育，她们填补了新兴的“服务业经济”中越来越多的职位空缺。对于她们来说，赚到“自己的钱”意味着成功地逃脱了在传统的、以男性为主的家庭中遭受奴役的命运。消费主义的崛起，也强化了家庭的“推”力和劳动市场的“拉”力。个性化程度更高的生活方式也发挥了类似的作用：一方面，市场扩张促进了个人生活的个性化；另一方面，这种个性化也促进了市场扩张。这是因为，更多的人保持单身，个人关系和家庭破裂的概率更高了，而且婚姻家庭的法律也变了——强调女性离婚后有工作和照顾好自己的责任。

女性进入劳动力市场，大大增加了资本主义经济的劳动力供给；这种变化恰逢其时，因为当时要求更高的工资和更好的工作条件的工人的劳动供给已经成为资本积累持续增加的一个瓶颈。随着女性劳动参与度的提高，工会的覆盖率降低了，失业成了一种流行病，罢工的动力枯竭了，提高工资的压力也随之减轻。许多雇主更愿意雇用女性，他们把女性当成了盟友，共同为解除就业领域的管制而奋斗，因为他们两者都有理由去推动劳动力市场变得更加“灵活”——允许“外部人”（通常是女性）与“内部人”（通常是男性）自由竞争。[36]在市场自由化和社会生活自由化的过程中，家庭薪资的取消恰恰与家庭关系变得日益岌岌可危的趋势相重合，同时这个过程还伴随着单身女性和单亲家庭的数量不断增多，从而使得女性必须参与有薪就业（在经济环境恶化的情况下，这种经济上的必需性更加突出）。由此而导致的一个结果是，工资更加难以提高，工作条件更加难以改善。当然，随着拥有一份有薪酬的工作变成个人自主权和获得社会尊重的一个重要条件，女性纷纷离开家庭，进入劳动力市场，从而为雇主提供了一大批渴望就业的新劳动力，愿意遵守工作纪律的工人的供应由此得到了大幅增加，这是雇主所乐见的。在文化的层面上带来的结果更加令人惊讶：与20世纪60年代相比，有薪酬的工作从受人鄙视的“工业奴隶的活计”（“依赖性劳动”）一跃变成了一种大家都渴望获得的社会特权。一步一步地，工作场所开始取代家庭和社区，变成了社会整合发生的主要地点，进而成为社会最重要的婚姻桥梁。

女性劳动的商品化也带来了新的育儿模式，这是资本主义发展又迈上了一个新台阶的表现。随着夫妻双方都要花更多的时间在工作上，他们可以用来陪伴孩子的时间更少了。这意味着他们必须将育儿工作“外包”——要么交托给市场，要么交托给国家。当然，也有许多人根本不想生育孩子，他们把时间精力全部投入到了（必不可少的）工作和（非常有吸引力的）消费当中。通常情况下，受教育程度较低、较贫困的人生育的孩子最多，因为他们在家庭之外几乎没有获得成功的可能。虽然不稳定的就业状况推迟了中产阶级家庭的生育时间，但是对底层家庭则几乎没有任何影响。在这样一个社会关系变得日益不稳，几乎每个人都追求个性化的时代，适合生儿育女的家庭的数量下降了，而那些不稳定的家庭则生育了相对较多的孩子。因此，当代资本主义社会如果想要有更多的孩子出生，就必须为越来越多的未婚母亲生下的孩子的出生和抚育做好准备。毫无疑问，未婚母亲贫困化风险极高。这样一来，对未婚母亲的公共援助就成了事实上优先的家庭政策，特别是在欧洲。这种政策起到的实质效果，恰恰是让这些母亲有机会全职抚育自己的孩子。劳动力市场的决策者希望提高女性全职劳动力市场参与率，他们认为这是一种不幸的结果。类似地，还有一些人关注“人力资本”的供给，认为充足的劳动力是保证国家经济效率、提高竞争力所必不可少的，他们也认为这是一种灾难性的政策。作为对这种呼声的回应，为了降低这类会带来“不良经济后果”的儿童所占的份额，各国政府已经采取了很多措施，试图让底层民众少生育，而让中产阶级多生育。这种努力或许可以称为“社会优生学”计划。但是，职业成功和消费满足对中产阶级有强大的吸引力，因此要让中产阶级家庭多生育，就必须克服这双重障碍。这也就意味着，政府提供的财政激励必须非常强劲，但是，这方面的支出不仅与财政紧缩政策相抵触，而且必然会表现出某种强烈的倒退意味，因此很难从政治的角度加以捍卫。

在所有发达资本主义国家，政府和雇主已经联合起来，努力进一步增加女性劳动力供给。它们都认为，仍然有太多的女性徘徊在劳动力市场之外，特别是那些将自己的全部身心都过度地投入于她们的子女的母亲（或者以需要抚育孩子为借口“不工作”的母亲）。雇主让劳动力市场的供给者为就业机会而激烈竞争，同时政府也忙于将无偿劳动转换为有偿劳动，因为那样一来就可以征税，从而为社会福利体系提供资金。将人们从社会福利领受者转变为参加“工作”的就业者，还有助于减轻财政压力，那也是许多国家亟需的。在这方面，一个特别的目标群体就是单身母亲；然而，如果要让单身母亲从事有酬工作，特别是如果要让她们全职工作，也是要付出高昂代价的，因为这通常需要政府提供公共儿童保育服务——低收入者是承担不起私人儿童保育机构的费用的。

在试图提高女性就业率的同时，政府也不得不关注生育率过低的问题，因为下一代的劳动者必须足够多，才有可能偿还这一代欠下的债务。然而，让女性承受过大的就业压力可能对提高生育率不利，除非增加儿童保育方面的社会福利。但是这种福利成本高昂，在不断趋紧的财政约束下，肯定会越来越难以维持。另一种办法是增加移民人数，即采用美国那种“解决方案”：在维持高度的经济不平等的前提下，从事私人保姆等工作的移民虽然工资低廉，却繁衍了更多后代。[37]还有一种替代方法，即强化就业保护，让家庭中的母亲和父亲能够把工作职责和家庭义务结合起来，其中最重要的一点是大幅缩短工作时间；但是这种方法通常不会被正式提上议事日程，因为极不受雇主的欢迎（当然，公共部门除外）。社会保守主义者认为，为留在家中的母亲支付工资是合算的，因为成本比公共保育还要低廉；但是，这并不是雇主所乐意看到的，同时也不能为社会保障制度带来收入，再说也不符合当前关于国内非正式的家庭劳动与市场化的劳动之间的相对价值的主流文化观点。在今天，许多国家实际选择的方法是，发动一场公共运动，对男性进行“再教育”，让他们成为愿意平等分担家务、承担育儿职责的“新一代父亲”，从而保证他们的“另一半”在承担人力资本再生产任务的同时，为劳动力市场提供更多的时间。这种方法虽然比较“便宜”，但是效果如何，大有疑问。

与此同时，特别令人惊讶的是，很可能大多数人，甚至包括许多单身母（父）亲，实际上已经近乎“欢欣鼓舞地”完成了调整，变得适应于压力更高的生活方式了——他们已经将哺育幼儿与不断增长的工作时间、更加苛刻的工作要求和更加不稳定的就业“结合”起来[38]，没有抱怨，当然更没有反叛。这些人似乎认为，这种压力是对个人能力的考验，能够促进自我的永久改善，就像那些成绩出众的专业运动员一样。确实，这已经成了当代资本主义的生活方式，家庭中的父母必须符合社会对他们的期望：“心甘情愿地”“发自内心地”严格遵守工作时间规定，“充满自豪地”主动承受压力，为职业、收入、消费和人力资本的形成，投身于一种新型的“入世苦行”（inner-worldly asceticism）修炼。[39]事实上，只要看一看今天那些已经实现了自己的理想的中产阶级家庭，就可以看得很清楚了：那代表了一种新的新教伦理的兴起，它将导致日常生活的每一个细节更加彻底地理性化。最典型的一点是，对儿童教育的要求越来越高，父母亲认定，为了让自己的下一代获得未来参与更加激烈的劳动力市场竞争所需要的人力资本，就必须尽早对儿童进行教育。于是，幼儿园里，那些“高素质”的孩子从三岁就开始学习外文了，同时他们的“高素质”的父母则长时间工作，以便支付这种优质育儿服务的费用（因为他们自己没有时间去教育后代）。当然，这些“高素质”的父母还得买一辆商务车，因为那是他们在难得有空的周末与子女共度一些“好时光”所需要的。在今天，如此高压之下的家庭生活，必定会导致内心冲突和精神问题，其中一个典型例子是（这样的例子还有很多），许多女性经常诉说自己“问心有愧”，或者是因为自己“工作太忙”，以至于忽视了自己的子女；或者因为自己“没有工作”，不能通过从劳动力市场上赚钱来证明自己的价值。当然，政府和雇主，以及拥有当代资本主义社会文化霸权的媒体（公共话语），都会尽力说服她们，前一种原因（“工作太忙”）根本不是问题，只有后一种原因（“没有工作”）才是真正的问题。

从稳定的多样性到不稳定的共性

我在上面提出的研究当代资本主义的方法的特色在哪里？我所给出的四幅“素描”——作为历史的资本主义、作为文化的资本主义、作为一种政体的资本主义和作为生活方式的资本主义——都强调了资本主义随着时间流逝而出现的差异，而没有重点考虑空间上不同的资本主义之间的差异。[40]我这个思路与当今大多数比较政治经济学分析不同。在通常的比较政治经济学研究中，最重要的是不同国家的“资本主义”之间的截面差异。资本主义的不同“变体”及其特性在通常的比较政治经济学研究中是被“冻结”了的[41]，而我的研究则强调了资本主义的不同制度、不同实施方式之间的共性，或者更具体地说，我关注的焦点是，在不同国家的资本主义历史发展的平行轨迹背后隐藏着的共同动力。[42]

显而易见，“多样性”和“共性”是同时并存的，这就引出了何者应当予以优先考虑的问题，这不仅仅是个人品位的问题，也不仅仅是“角度不同”的问题（例如，半杯水，是“半满”的还是“半空”的）。我认为，一切资本主义政治经济共有的内在动力，对当代资本主义社会的研究比它们之间的差异更加重要、更有启发意义。正因为我没有只关注不同国家的资本主义之间的差异，才有机会阐明推动资本主义社会结构发展的内在张力和冲突，并深入探讨了消费主义文化，民主资本主义的政治经济摩擦与失衡，以及资本主义市场对当代富裕资本主义国家的社会生活的深刻影响。虽然对于市场的不稳定性以及市场扩张的无止境的内在压力所导致的问题，不同国家的政治回应可能有所不同，但归根到底总是资本主义的动态发展决定了政治选择的议程，而不是相反。我认为，通常的比较政治经济学分析过于强调集体决策的自主权，从而忽视了如下事实：集体决策只能在一定社会经济条件下作出，而且从根本上说，这种社会经济条件绝不可能任由民主资本主义之下的政治来处置。

此外，由于在资本主义世界里，各国市场之间的互动交流越来越密切，在上述强调“资本主义多样性”的文献中，被进行比较的各个单位（不同国家的资本主义）之间相互依赖的程度远远超出了这种理论所能允许的范围。[43]而且，非常重要的一点是，这种相互作用既可能导致因制度转移和制度模仿而出现的融合，也可能导致因专业化而出现的分岔。专业化并不会消灭资本主义的共性，相反，专业化必须以资本主义的共性为前提，因为专业化源于资本主义进步的包罗万象的逻辑下的“搜寻利基（细分市场）行为，这发生在它所定义的各种可能性的范围之内”。此外，各国的资本主义与它们所维持的国家之间的交互关系的性质，以及差异化和专业化的可能性空间，都是由经济权力、政治权力和意识形态权力的差异所决定的。例如，如果美国决定将金融化作为创造财富的首选战略，那么也就对世界其他国家和地区的约束条件和机会进行了重新界定，从而使得其他国家和地区很难不适应它（如果不能说其他国家和地区不可能不适应它的话）。

在研究当代资本主义的时候，之所以必须优先考虑资本主义政治经济的历时性（纵向）共性，而不是优先考虑关于“资本主义多样性”的比较政治经济分析所强调的横截面（横向）差异，另一个理由是：在前者，发挥着核心作用的是内部矛盾和冲突；而在后者，居主导地位的则是互补性和竞争力等功能主义概念。这个区别很重要；而且从这个角度来看，比较政治经济分析类似于标准经济学理论，特别是所谓的“新制度经济学”。[44]比较政治经济分析与标准经济学理论的“指导思想”是共通的，那就是：制度不随时间的推移而改变的稳定性很重要，而且这种稳定性可以用与经济绩效相连的均衡概念来解释。与此相反，我坚持认为，对于资本主义（无论是过去的资本主义还是现在的资本主义，也无论是“自由的”资本主义，还是“协调的”资本主义），应该把它设想为一种永远处于非均衡状态的政治经济，因为这里存在着持续不断的创新，还存在着普遍的政治冲突——社会正义与经济正义之间的冲突，保护个人免受“创新的创造性破坏”影响的集体义务与适应经济变化的个人义务之间的冲突，以及个人对经济优势的追求与对个人追求经济优势的道德限制（如果存在的话）之间的冲突，等等。当前的政治经济危机有力地警醒我们，在研究当代资本主义的时候，无论是理论研究还是经验研究，更重要的并不在于稳定性，而在于不确定性、风险、脆弱性、不安全性，以及资本主义社会中的社会和政治解决方案的如下性质：通常只在短期内有效，且永远不可能由始至终都一直波澜不惊。

因此，只有放弃效率论视角，才有可能将资本主义想象为一个对未来开放的社会、一个既有历史又有政治的社会。资本主义的创业者（企业家）的“抢占地盘”行为，资本主义的自我破坏型的制度变革，构成了一个先验前提；它决定了，资本主义永远能够迅速返回到稳定的和有效的均衡状态这种观点是完全不切实际的，实际上只是一种一厢情愿的想法。当前的危机如警钟长鸣，它提醒我们：灾难性的后果永远不可能完全被排除在外；简单的计算错误就可能会产生深远和持久的后果；系统性的不确定性决定了“犯错”不仅是可能的，而且几乎是必然的。当代资本主义理论必须彻底摆脱如下这种含义的任何可能性（这可能深深地隐藏在理论逻辑结构当中）：通过某种政治计划，或者通过市场驱动的自组织过程，就可以保证资本主义政治经济能够从“被认为是暂时的和偶然的”动荡中，重新恢复为持久的常态。同样地，也不能保证现代资本主义的结构、文化、政治和生活世界总能相互支持和相互促进，齐头并进地迈入更高的商品化阶段。虽然很显然，我们在上文中描述的资本主义发展的不同脉络是相互关联的——事实上是相互交织的，但是它们之间还上演着很多其他的“剧目”：会产生很多摩擦、张力，进步速度会被延缓，前进方向也可能会被改变，或者至少会使持续的进步过程受到一些阻力。

那么，在这样一个图景当中，适合经济社会学的位置在哪里呢？我认为，经济社会学家必须确定，他们研究经济社会学的目的是什么。这里所说的“经济社会学”中的“社会学”，与“教育社会学”“体育社会学”“家庭社会学”中的“社会学”是在同一个意义上说的，即这是一种“连字符社会学”（Bindestrichsoziologie）。在德语中，连字符用得比在英语中频繁得多。这种意义上的经济社会学将与标准经济学展开竞争，它将为经济学家对经济事务的描述增加一个“社会因素”，同时也接受经济学家对什么是“经济”、什么是“不经济”的定义。从根本上说，这实质上相当于一种扩展的效率理论，即附加了强大的规范性意义的效率理论：为了使市场真正有效，就必须加入社会网络和信任等因素，作为降低交易成本的不可或缺的手段；同时还要全面认识到与普遍的社会关系不同的特殊社会关系的隐性效率——即便是在通常被认为非人格化的，从而在这个意义上“理性的”市场和组织中也是如此。如果采纳“民族志学”特色更加深厚的模式，那么这种经济社会学还承诺，要对经济事务如何“在现场完成”作出深刻的描述：利用直觉和默会知识，遵循半意识状态的经验法则，当然也偏离了标准经济学理论中的“理性经济人”模型。因此，这种经济社会学理论天然带有一种讽刺意味：恰恰是因为存在这种偏离，“经济”才有机会像经济学家所假设的那样有效率地运行——而经济学家原本认为，只有经济行为人能够根据他们理想中的理性个人主义模型（而不是经验的理性个人主义模型）行事时，经济才能有效运行。

对经济社会学的这种定义——我认为，这种定义已经过于中庸了——源于对20世纪社会科学巨匠卡尔·波兰尼的著作的解读，其中特别重要的是他提出的经济“嵌入”于社会行动中的概念。根据波兰尼的阐述，即便是“最资本主义的”经济也必定是并始终是建立在资本主义社会关系的基础之上的，因为资本主义需要而且总是在社会中通过社会关系才得以维持的。[45]一个完全自由的政治经济——如新自由主义者所想象的那样——其实只是一种乌托邦式的梦想，或者，从社会学的角度来看，这只是一种无知的、一厢情愿的想法。资本主义只能是“永远嵌入”的，这不仅是事实，而且是政治需要。从事实的层面来说，经济行动是不可能与社会行动和政治行动相分离的，因为追求利润的资本家们与意识形态化的新自由主义者不同，他们很清楚，自己的利润取决于是否存在支持性的社会关系；只要是这样的社会关系，他们就会愿意尊重，而不尊重就表明它违背了他们的自身利益。

然而，这种观点也可能会遭到质疑——而且有很好的理由被质疑。[46]既然如此，我们可以采取一种更温和的资本主义政治经济学观点，它同样不否认资本主义以盈利为目的的行为需要支持性的非经济的社会基础设施，不过不同的是，它不仅允许存在资本主义市场扩张的可能性，而且还承认资本主义市场扩张有一种内在的趋势：它会释放出强大的压力，要求解除各种社会制约因素对市场的限制，从而颠覆市场的社会基础。然而尽管如此，在对波兰尼的这种解读中，其实也与其他解读一样，如果不存在非资本主义的“嵌入”，那么资本主义就是不可能存在的——资本主义将不能创造出来也不能维持下去，事实上只能被侵蚀、被消耗。这也就是说，对于资本主义，如果不加以制衡，它就是一个自我毁灭的社会形态。资本家，或者至少其中一些资本家，可能早就很好地认识到了这一点；然而，作为资本家，他们通常要面对一个根本性的集体行动难题，这使得他们很难根据自己最大的、长期的、开明的利益采取行动。这也正是在资本主义下，政治和政治权力绝对不可或缺的原因所在；事实上，政治和政治权力必须通过制衡和限制资本主义来支持资本主义，而不能直接通过支持资本主义去支持资本主义，也只有这样，政治和政治权力才有可能保护自己免受资本主义之害。[47]

对于波兰尼的思想，人们通常从“永远嵌入”的角度来解读；与此不同，我则建议从“永远岌岌可危”或“永远在抗争”的角度来解读。这种解读要求认真对待新自由主义：它不是（或者说不仅仅是）一种意识形态的白日梦，而是现代社会所面临的迫在眉睫的危险，而且最终也会危及资本主义自身。我提出的方法与许多“新经济社会学”研究所采取的简单功能主义方法不同，是一种辩证的功能主义方法：资本主义的功能是否能够实现，关键取决于对资本主义的有效反对是否存在——这是资本主义的有效运行所必不可少的，但从来不是资本主义一定能有效运行的保证。而对资本主义的这种有效反对能否出现、能否发挥作用，则取决于用于动员制衡力量的政治资源是否存在，而且这种资源从根本上说是绝对不可以信托给自利的、追求资本主义利润最大化的那些人的。资本主义可能会导致很多东西的出现，其中永远不会消失的一种可能性是，它会导致自我毁灭性的、会破坏对它自身的社会制约的东西的出现；在政治的自由化过程被当成了有进步意义的消除发展桎梏的过程中，在逐步走向个人利益对集体负责的最终胜利的过程中，这种情况必定会出现。要想防止这种情况的出现，就需要一种“非资本主义的政治”，它能够根据人类社会发展的可持续性来界定并保证普遍利益的实现，使资本主义下的行动者更好地理解自己的目标，让他们根据自己的更好的、更长远的计划行事（无论他们现在是否拥有这种远见卓识）。因此，在对现代社会为资本主义划定（并不断重新划定）的界线进行分析时，经济社会学和政治经济学必定会相互交融在一起——而且，就像我在上文中试图表明的那样，当代资本主义研究可以而且必定能取得重大突破的地方，也就在这个融汇点上。

【注释】

[1] 本章原本是我向欧洲社会学协会第十届社会学大会提交的一篇论文，原题为《激烈动荡时代的社会关系》；会议于2011年9月7日至10日在日内瓦举行，其中有一次全体大会的主题就是“如何研究当代资本主义”。该文后来发表于：*European Journal of Sociology*，2012，53（1）：1-28.

[2] Camic C. *Talcott Parsons*：*The Early Essays*. Chicago：University of Chicago Press，1991.

[3] 请注意，不要与阿尔弗雷德·马歇尔（Alfred Marshall）在他的《经济学原理》一书中所定义的经济学理论混淆：“政治经济学或经济学是一门研究人类一般生活事务的学问；它研究个人和社会活动中与获取和使用物质福利必需品最密切相关的那一部分。因此，一方面它是一种研究财富的学科；另一方面，也是更重要的方面，它是研究人的学科的一个部分。”（Marshall A. *Principles of Economics*. Amherst，NY：Prometheus Books，1997 [1890]，Introduction）. 这个脚注要感谢本章手稿的一个早期版本的一位读者，是他好心告诉我马歇尔的如上论述。

[4] Beckert J. Streeck W. *Economic Sociology and Political Economy*：*A Programmatic Perspective*. MPIfG Working Paper 08/4. Cologne：Max Planck Institute for the Study of Societies，2008.

[5] 更宽泛的资本主义社会概念强调，在现代资本主义下，追求文明（生活的有条不紊的改善）、个人自由和试图通过技术手段征服自然的现代性冲动，与市场交换的占有性个人主义之间的历史联系。

[6] 当然，还可以增加更多图解，而且我所选择的这些图解并不服从任何系统顺序。

[7] Hall A，Soskice D. An Introduction to Varieties of Capitalism. //Hall，Peter A，Soskice D. *Varieties of Capitalism* ：*The Institutional Foundations of Comparative Advantage*. Oxford ：Oxford University Press，2001：1-68.

[8] 尤其请参阅如下这篇论文：Schumpeter A. The Instability of Capitalism. *The Economic Journal*，1928，38（151）：361-386.

[9] Streeck W. *Re-Forming Capitalism*：*Institutional Change in the German*

Political Economy. Oxford：Oxford University Press，2009；Streeck W. Institutions in History：Bringing Capitalism Back In. //Campbell，John et al . *Handbook of Comparative Institutional Analysis*. Oxford：Oxford University Press，2010：659-686；Streeck. E Pluribus Unum?.

[10] Polanyi K. The Economy as Instituted Process. //Granovetter，Mark，Swedberg R. *The Sociology of Economic Life*. Boulder，CO：Westview Press，1992 [1957]：29-51.

[11] Luxemburg R. *Die Akkumulation des Kapitals ：Ein Beitrag zur ökonomischen Erklärung des Imperialismus*. Berlin：Buchhandlung Vorwärts Paul Singer GmbH 1913.

[12] Marx K. Engels F. The Communist Manifesto. //McLellan，David. *Karl Marx：Selected Writings*. Oxford ；Oxford University Press，1977 [1848]：221-247.

[13] 这正是为什么“全球化”不是外生于资本主义政治经济体系的一种力量的原因，还有其他一些因素也是如此。这种力量起源于资本主义政治经济，自内向外迸发，而不是从外面试图挤进来的。(Streeck. *Re-Forming Capitalism*).

[14] Streeck W. Taking Capitalism Seriously：Towards an Institutional Approach to Contemporary Political Economy. *Socio-Economic Review*，2011，9 (1)：137-167. 关于将资本主义视为一个动态发展的社会秩序这种理论的微观基础，请参阅：Jens Beckert. ‘four C’s’ of capitalism：credit，commodity，competition and creativity (Beckert J. *Capitalism as a System of Contingent Expectations：On the Microfoundations of Economic Dynamics*. Cologne；Max Planck Institute for the Study of Societies，Unpublished Manuscript，2012).

[15] Bohle D，Greskovits B. Varieties of Capitalism and Capitalism “tout court”. *Archives Européennes de Sociologie*，2009，50 (3)：355-368.

[16] Schumpeter A. *Theorie der wirtschaftlichen Entwicklung*. Berlin：Duncker & Humblot，2006 [1912].

[17] Streeck. *Re-Forming Capitalism*；Streeck. Taking Capitalism Seriously.

[18] Streeck. Taking Capitalism Seriously.

[19] 这方面的一个主要的例子当然就是经济关系的“全球化”，而伴随着这种

全球化而来的，往往是一种绝望的努力，即试图用所谓的“全球治理”去取代国家监管，但这种治理总是变得越来越无效。资本主义下权威监管机构的建设往往落后于自愿贸易关系的动态增长，对此，研究当代资本主义或监管政策的学者不应感到惊讶。事实上，我们应该假设这本身就是资本主义这只野兽的天性所致。

[20] Polanyi. *The Great Transformation*.

[21] Hall，Soskice. An Introduction to Varieties of Capitalism.

[22] Polanyi. *The Great Transformation*. pp. 68-77.

[23] 在社会学和经济学“分道扬镳”之前，情况并不是这样。例如，请参见：Veblen T. (*The Theory of the Leisure Class*. New York：Penguin，1994 [1899]) 提出的炫耀性消费理论。

[24] 这一节的写作，受到了延斯·贝克特（Jens Beckert）最近发表的一些论文的启发。请参阅：Beckert J. *Imagined Futures*：*Fictionality in Economic Action*. MPIfG Discussion Paper 11/8. Cologne：Max Planck Institute for the Study of Societies，2011；Beckert J. The Transcending Power of Goods：Imaginative Value in the Economy. //Beckert，Jens，Aspers P. *The Worth of Goods*：*Valuation and Pricing in the Economy*. Oxford：Oxford University Press，2011：106-130.

[25] Smith. *An Inquiry into the Nature and Causes of the Wealth of Nations*. p. 22.

[26] Riesman D，Glazer N，Denney R. *The Lonely Crowd*：*A Study of the Changing American Character*. New Haven，CT：Yale University Press，1950.

[27] Packard V. *The Hidden Persuaders*. New York：D. Mckay Co，1957.

[28] 这一点经济学有一个有趣的不同之处。经济学由于采取了理性选择框架，可以同时进行规范性研究和分析性研究，或者可以将规范研究伪装为实证研究。

[29] 在这种情况下，还需要注意，在美国，公开演讲中所用的“梦想”一词，通常都已经有所“膨胀”了（例如在“美国梦”中）。这是因为，“美国文化”虽然是地球上消费主义倾向最浓重的文化，但同时又受美国式的理性主义和功利主义的引导。没有任何一个政治家可以在美国成功当选政府公职人员，如果他不向美国同胞和整个世界一次又一次地承认自己有个人梦想的话。这种与宗教经验的相似性是很容易辨识出来的。但是到了今天，美国人的“美国梦”中的应许之地，似乎已经被无限的消费取代了，这几乎成了一种社会义务。

[30] 当时，林德夫妇研究“米德尔敦”(Middletown，意指“理想的中产阶级都市”)的两本巨著充分反映了这种社会形成的新特点（Lynd S，Lynd M. *Middletown*：*A Study in Contemporary American Culture*. London：Constable，1929；Lynd S，Lynd M. *Middletown in Transition*：*A Study in Cultural Conflicts*. New York：Harcourt，1937).

[31] 这一节的论述，与我在另一篇论文中的论述紧密相关，见：Wolfgang Streeck，A Crisis of Democratic Capitalism，*New Left Review*. 2011 (71)：1-25.

[32] 构成一个社会的“道德的经济”的正义原则会随经济条件、社会话语以及其他因素的不断变化而发生变化。

[33] Crouch. Privatised Keynesianism.

[34] Kalecki. Political Aspects of Full Employment. pp. 322-331.

[35] 关于下文讨论的问题，Streeck W. Flexible Employment，Flexible Families，and the Socialization of Reproduction. //Coulmas，Florian，Lützeler R. *Imploding Populations in Japan and Germany*：*A Comparison*. Leiden：Brill 2011：63-95.

[36] 在今天的绝大多数（如果不是全部的话）富裕资本主义国家中，“两性之战”已经成了媒体报道和政府宣传中最重要的分配冲突——几乎使所有其他分配冲突销声了。在这个方面，一个奇怪的例子是，欧盟以及欧盟的大多数成员国制定了一个计划（并得到了包括左派在内的所有政治派别和媒体的强烈支持），要求在大型上市公司的董事会中引入一定比例的女性。这件事情之所以令人惊讶，是因为它发生在这样一个时刻：社会政策“改革”有效地拉低了劳动力市场的底线，使得女性占绝大多数的低工资部门就业迅速增长，而单身母亲则成了最常见的致贫原因。

[37] 尽管纯粹从人力资本的角度来看，移民的后代可能会不太“令人满意”。

[38] 近来，已经可以把这类家庭称为“是的，我们可以”家庭。

[39] Weber M. *The Protestant Ethic and the Spirit of Capitalism*. Introduction by Anthony Giddens，London：Unwin Paperbacks，1984 [1904/1905].

[40] Streeck. E Pluribus Unum?.

[41] Hall，Soskice. *Varieties of Capitalism*.

[42] Streeck. *Re-Forming Capitalism*.

[43] Streeck. E Pluribus Unum?.

[44] Streeck. E Pluribus Unum?.

[45] Block F. Rethinking Capitalism. //Biggart, Woolsey N. *Readings in Economic Sociology*. Oxford: Blackwell, 2002: 219-230; Block F. Understanding the Diverging Trajectories of the United States and Western Europe: A Neo-Polanyian Analysis. *Politics and Society*, 2007, 35 (3): 3 - 33; Block F. Varieties of What? Should We Still Be Using the Concept of Capitalism?. *Political Power and Social Theory*, 2012 (23): 269-291.

[46] Beckert J. The Great Transformation of Embeddedness: Karl Polanyi and the New Economic Sociology. //Hann, Chris, Hart K. *Market and Society*: *The Great Transformation*. New York: Cambridge University Press, 2009: 38-55.

[47] 关于这种辩证法思想的最早的系统阐述，请参阅马克思在《资本论》第一卷中对“工作日”的分析。

第10章

评弗雷德·布洛克的“什么样的多样性？我们还应该使用资本主义这个概念吗？”

在第二次世界大战结束后的一段岁月里，资本主义——其“实”，而非其“名”——在各工业化国家（包括美国在内）是非常受欢迎的。在那个时代，不仅仅是共产主义集团，甚至在“西方自由世界”，自由市场和私有财产都必须改头换面才有可能被在政治上拥有很大权力的工人阶级重新接受，这就是说，必须用一系列限制性的、约束性的政策和制度将它们重重“包裹”起来，以保护社会免受20世纪30年代那样的灾难再一次伤害。[1]当然，正如我们现在都知道，当时的政治妥协的实质是要把资本主义变成一种被称为“混合经济”的其他东西——或者说是“社会市场经济”。这个新东西看上去与原来的资本主义完全不同[2]，但是最终却只维持了四分之一个世纪。到了20世纪60年代，战后重建工作落下了帷幕，随着制度变迁的稳步推进，时光之磨在不知不觉之间破坏并最终消除了大多数保护社会的制度——尽管在创立之初，正是这些制度使得资本主义能够迎合当时社会对集体安全、稳定、机会平等、共享繁荣等的强烈需求。

又过了 40 年，即今天，我们目睹了这一段非凡的历史变革带来的结果：一个“重新获得了解放”的资本主义已经像魔术般成功地摆脱了来自社会的重重羁绊（在以往，资本主义一度不得不假装自己非常愿意戴着镣铐与社会共舞）。资本主义不可思议地“脱身”而去了，留下的是百孔千疮的集体安全保障制度，最重要的“受害者”至少包括以下这些：政治上保证充分就业，经济上全面贯彻自由集体谈判，在工作场所实行工业民主，设立庞大公共部门（提供稳定的、完全的工作岗位），提供广泛的公共服务，通过经济计划防止经济周期和经济危机，由政府推行社会福利制度，保证每个公民都被赋予最基本的社会权利，保护人民的生活免受市场竞争的商品化压力影响，等等。这里需要着重指出的是，所有这些方面的变化，以及它们对于重新组织生活和社会的要求——以应对高度灵活、激烈竞争的以盈利为目标的市场的压力，并不限于美国，而是出现在了所有工业化国家中（当然是以多种多样的本地化形式）；无非是有些国家在打破战后和解体系的承诺时走的步伐快了些，有些国家则慢了一些，但是所有国家都走在了相同的方向上。[3]

那么，对于我们在过去 40 年来观察到的这些现象，应该怎样解释呢？弗雷德·布洛克（Fred Block）在他的文章中说，“市场社会”有一系列同样可能的变体，但是只有一种变化在过去 40 年间成功崛起了，它是由错误的理论和不良的政治决定所导致的，而且近乎神秘地出现在了各个国家和各个部门；不过，这种情况在原则上是可以通过更好的理论和决策加以逆转的。我们是否真的观察到了这些？或者，我们所亲眼见证的是一种在政治上难以控制的、自我驱动的社会进程的内在动态发展过程——用传统的资本主义理论的话语来说，我们看到的其实是经济行动的一种无政府主义运行体制，它与其说是政府和政治的一个产品，还不如说是政府和政治的一个问题。虽然布洛克显然更加倾向于第一个答案，但是在对从战后和解协议的锁链中被“释放”[4]出来的资本主义的历史事件序列进行考察之后，我自己倾向于第二个答案。正是在这样一种印象的基础上，我认为我们应该坚持资本主义这个概念及其主要理论原则，而不能轻易放弃它，更不能像布洛克所建议的那样，改用“市场社会”来称呼资本主义这只猛兽。

为什么要坚持资本主义这个概念呢？虽然诚如歌德所说，“名声不过是过眼烟云”（Name ist Schall und Rauch）[5]，但是必须提请读者注意的是，当提到当代政治经济时，我们脑海中首先浮现的当然不会是劳工主义，而是资本，以货币单位来度量的资本；资本积累也不是指人的能力的积累，即使当我们说起人力资本的积累的时候，也只是指人力资本有利于资本积累。虽然正如我们在“经济学导论”这样的基础课程中所学到的那样，“市场是供给和需求相遇的场所”；但是，真正重要的是，在资本主义下，供给与需求的相遇是商品的相遇，是为了用钱变出更多的钱，就像马克思的著名公式 M→C→M′所概括的那样。[6]资本主义社会经济形成的活力（Eigendynamik）的根源，也就是扎根在这里的。[7]只要谈到资本主义，我们就会记起（或者说，可以记起且应该记起），这是一种特别“不安生”的经济体制[8]，它永远要求“革命”，即不仅仅要求自身，而且要求它所在的社会不断地发生彻底变革，这是资本主义繁荣——其实是生存——的条件。[9]从“技术的”角度来说，资本主义经济是一种严重依赖于能否通过货币化对越来越多的社会关系进行无情的商品化的经济。最终的结果只能是非均衡，因为“经济”要求它所在的社会不断进行重组（以便持续进行最有效的资本积累），这种永恒的压力使社会的“正常状态”不复存在。或者也可以说，资本主义这个概念指的就是把社会成员的占有主义作为社会进步的主要手段，并认为衡量社会进步的尺度就是财富是否增长。这样的一个社会，使得它的集体社会生活条件的改善、个人自由的核心价值的实现，全都取决并服从于能否成功激活利润动机、能否最大化资本增长率。在这个意义上，也只有在这个意义上，我认为（这与布洛克的观点一致）作为一种制度的资本主义确实存在“根本的统一性”[10]，因为“经济”已经深深地渗透进了社会的每一个角落，深刻地塑造着、调节着社会生活。[11]

虽然我已经开始尝试着像波兰尼那样去思考一些问题（这尤其是因为弗雷德·布洛克的影响）[12]，但是我仍然很犹豫，觉得不能像他那样轻率地抛弃马克思的遗产。当然，马克思并不需要别人为他辩护，因为几乎没有人能够否认他是 19 世纪社会学的创始人当中最复杂、最深刻的一位。虽然马克思的地位根本不用依赖我们对他的敬意，但是，如果只是因为他不再活着了，就用其他人（即使是像卡尔·波兰尼这样的伟大思想家）去取代他，那么也许会使我们失去一个重要的灵感来源，而且还会使我们看不清每天使用的政治经济学和经济社会学核心概念的来源和深层意义。我们必须感谢马克思，不然我们将不得不白费力气做很多无谓的重复劳动，这样的例子不一而足：辩证思想（例如某些制度的自我毁灭）[13]；历史转折点概念（例如量变导致质变）；对于现代社会（包括现代资本主义的“原始积累”）的暴力起源，[14]以及表面上自愿的交换关系的强制基础的追溯[15]；将雇佣关系拆解为基于自由但不对称契约的一种统治的分析；对劳动供给曲线向后弯折的形状（特别是在曲线的下端）的剖析；等等。当然，许多人都会将自己与马克思或马克思主义的“决定论”，或者更“糟糕”的“历史唯物主义”保持一段距离。但是，关于马克思主义的“决定论”，我们务必记住一点，“决定论”其实是 19 世纪科学的一般标志，而且在同时代的其他社会学家身上——例如在斯宾塞和当时年纪尚轻的涂尔干身上——更加明显，因为他们不了解辩证法，而且从来没有像马克思那样提出过“反向制衡力量”这类概念（马克思是在讨论不断上升的资本“有机构成”对利润下降趋势的影响时提出这个概念的）。[16]至于历史唯物主义，人们肯定会注意到，像马克斯·韦伯这样的人，一直小心地避免直接质疑马克思主义对资本主义的起源的描述[17]，而且我们也不应忘记，马克思本人花了大量时间精力去组织革命性的政治运动，他从来没有坐在书桌边静静地等待历史的“铁律”自动把社会主义社会送到人类手中。[18]

不过无论如何，用政治上的唯意志论取代马克思主义的历史唯物主义似乎不见得是一个好主意[19]，即便这种替代通过采用波兰尼的“永远嵌入”的“市场社会”概念来实现，也是如此。在资本主义下，根本就不存在也不可能存在什么“政治的优先性”。这一点，从布洛克所引用的大量讨论“资本主义多样性”文献中就可以看得非常清楚，这些文献没有把“自由”的政治经济体与“协调”的政治经济体之间的所谓差异归因于以民主方式组织起来的公民的意志，而归因于竞争性市场中的企业的不同战略（这就是所谓的“以企业为中心的方法”）。[20]不幸的是，布洛克明确表示赞同这些文献所主张的功能主义经济学观点——他引用沃勒斯坦的论断，宣称如下“事实”是绝对“无可争议”的：在全球经济中，国家与国家竞争，而政府存在的目的就是以各种手段提高本国经济的“竞争力”。[21]应该指出，有意思的是，在实证分析中，这支经济主义—功能主义的文献，虽然将自己的理论标榜为“资本主义多样性理论”，但是和布洛克一样，基本不提资本主义，而只提“市场经济”。[22]无论如何，放弃资本的概念不仅会掩盖资本主义的共性，而且会陷入功能主义的经济概念的陷阱，即把经济当作一个由“政治”设计和控制的、自愿创造财富的技术安排。

很显然，在资本主义之下，存在着政治，而且是真实的民主政治，而不仅仅是技术官僚统治的政治。但是，在资本主义之下，还存在着资本主义行动体系自身的“本真生命”（Eigenleben）。[23]虽然资本主义在很大程度上是政治的一个重要结果（而且在这个意义上可以说资本主义从根本上也是政治的），但是资本主义确实有能力保护自己不受政治控制，同时也有能力摆脱政治控制。用波兰尼的话来说，尽管政治可以发动针对资本主义市场的反向运动（甚至在资本主义市场很成功的时候也是如此），但是市场仍然会自动运行，并产生了反向运动必须作出反应的运动。虽然很多人认为资本主义这个概念已经过时了，但是它其实拥有重要的优势，它提醒我们记住如下事实：在当代社会中，对经济生活的政治规制总是处于风雨飘摇当中，因为它注定只能跟在商业化了的市场关系的动态扩张的后面一瘸一拐地蹒跚而行。更不用说，资本主义这个概念还可以提醒我们不要忘记，正是资本主义天然的“抢占地盘”的本性，永久地教会了人们进行熊彼特式的创造性破坏——不仅仅对既定的“经济”实践，而且也对社会结构和制度——特别是用自由契约交换的唯意志论取代了社会义务的保守主义，而对集体后果则完全无所顾忌。[24]

正如我以德国为例从经验的角度证明的那样[25]，必须把战后资本主义衰落的主要原因归为制度框架的内生颠覆和侵蚀——因为这种制度框架已经变得不太适合于资本积累了——而不能像布洛克所说的那样，归结为新自由主义经济学家的白日梦和政治家的被误导。战后的民主资本主义从一开始就是非常脆弱的，它之所以看上去似乎是稳定的，只不过是因为当时特殊的政治环境和政治领导人在战争结束后刻意营造的乐观氛围。事实上，从历史的角度来看，这种民主资本主义原本就没有指望能够持续多长的时间。它之所以会在 20 世纪 70 年代开始衰落，恰恰就是因为民主政治的无力——它是在民族国家层面组织起来并被局限在民族国家层面上的，而资本主义在 20 世纪 70 年代则拥有了新的国际性的机会，可以逃避各种挤压利润的社会约束。在那个时期，民主资本主义下政治和政治成功对不间断的资本积累的依赖——或者，用标准经济学的专业术语来说，对经济增长的依赖——不可避免地导致了过于乐观的政治家们“顺应”历史潮流，推动自由化和放松管制；当然，他们实际上是骑虎难下，最终导致重组后的资本主义经济制度由于自身不受限制的“进步”而几乎彻底崩溃。

现在，如果我以布洛克重新构建波兰尼的概念框架的方式提出这样一个问题——当前的危机是不是可以归因于资本主义的“经济”的“误嵌”或“脱嵌”，看起来可能有点像在吹毛求疵。布洛克声称，“脱嵌”是不可能的，因为经济行动总是且不可避免地是社会行动。这没有错。然而尽管我完全同意这一点（实际上我自己也强调过这一点）[26]，但是从这一点出发，并不能逻辑地推导出资本主义政治经济必定要受政治的优先性支配。恰恰相反，我认为，一个有现实意义的政治经济理论必须阐明，人们创制的、用于保护社会和人类（人性）免受“变幻莫测的市场”伤害的社会制度，完全可能被“市场的变幻莫测”压倒、超越；而且资本主义的行为可能会突破对它的社会制约，除非这种制约不断加强、时刻“警惕”、永远有效。

这也就是说，资本主义实际上是“永远嵌入”的[27]，因为它存在于社会中，并受社会约束条件和社会机会的限制。此外，资本主义能否繁荣发展取决于社会法治状况、人与人之间的相互信任、社会规范和协调、制度化合作，以及创造性智力等因素，因此可以说资本主义本身就是依赖于这种“永远嵌入”的。然而，与此同时，资本主义的行为者也总是在试图逃避社会约束，努力使自己免于社会义务和社会控制。[28]社会团结的观念和社会监管的制度，正是社会永远面临的这种侵蚀的风险所带来的结果；因为资本主义的行为模式就像癌细胞一样在社会“肌体”中快速传播[29]，然而，纯粹的、彻底的、完全摆脱了社会约束的资本主义，本身也是无法生存的。在这个意义上，可以说资本主义是“寄生”在它所附着的社会“肌体”上的，它的无限扩张最终必然以自我毁灭而告终——除非受到了社会和政治“反对派”的有效制衡。在很多时候（就像在新自由主义时代那样），资本主义的“进步”，可能会导致原本应该遏制它的政治被“俘获”（尽管这种遏制对它自己是有利的），进而把政治变成加速自我毁灭的手段。我认为，这就是波兰尼将“市场社会”的扩张描述成为许多国家和政府的“轻率实验”时所要表达的真正含义。[30]

既然如此，那么国家岂不是变成了资产阶级的“执行委员会”吗？对于这个问题，正确的答案应当能够充分体现辩证法的精义：资本主义作为一种社会形式的内在矛盾的本质决定了，答案是“是的”，但是只在它“不是”的范围内才“是”。如果政府完全被资产阶级利益俘获了，那么政府就无法保护他们的利益免遭毁灭。这里的逻辑与马克思在讨论工作日问题时的逻辑完全一样（见《资本论》第一卷）。但是，尽管资本主义确实依赖于政治的拯救（而政治至少要负责一部分对资本主义的社会反向运动），资本家却没有能力基于这种依赖性而采取行动，因为他们永远无法抗拒冒险在赌场破产关门之前最后再赌一盘并大杀四方的诱惑。因此，社会反向运动（它是资本主义的成功生存——即资本主义的“永远嵌入”——所依赖的）必须能够经受得住它的受益者兼对手的强大抵制；要知道，这种抵制绝非只会带来痛苦，更加不是注定要失败的，而且确实会带来灭亡的结局。我这种论述并不是功能主义的。要让资本主义行动体系保持稳定，这是一项不确定性极高的任务，就算那些原本会破坏资本主义行为体系的稳定性的人也能够因这项任务的成功完成而获益，也无法保证它一定能够成功。人们或许可以教导资本家，这与他们的利益一致，但他们是不是真的会吸取教训则完全取决于他们自己。[31]毕竟，权力说到底就是拒绝学习的能力。[32]正如我们在当前的危机中可以观察到的，这种权力其实并不需要太大，就足以使一个资本家的破产或一个资本主义机构的崩溃对整个共同体构成严重威胁。

在结束我这篇评论之前，我还想再多说一两句：我们不能完全放弃像社会主义——甚至共产主义——这样的一些概念。[33]关于共产主义，大卫·格雷伯在他论述“债务人类学”的著作中（《债务：第一个 5000 年》），已经简明扼要地指出了经济生活的“共产主义基础”——即使在发达的资本主义社会中也存在。关于社会主义，我认为它作为一个与占有主义—消费主义—个人主义相对应的概念，是我们研究当代资本主义时不可或缺的；它提醒我们必须反对今天的“个人主义邪教”——不妨再一次引用马克思的话：人是唯一可以实现个体化且只能在社会中实现个体化的动物。[34]无论如何，还有什么其他的概念比“社会主义”更加适合吗？我们今天难道不比以往任何时候都更迫切需要一种更富于共同体精神的、更关爱他人的、更强调集体的、更负责任的生活方式，一种不会为了追求个人快乐而将私人成本外部化强加给他人的生活方式吗？如果丢弃了社会主义这个概念，我们又如何命名如下这种社会组织呢？它能够更好地控制集体命运，并且拥有强大的集体能力，可以避免自由扩张的市场关系所带来的意想不到的后果——这种后果令我们陷入迷途，不但是我们的社会不想要的，而且也是我们作为个人不想要的。

弗雷德·布洛克提出的“永远嵌入的资本主义”概念的前提是“政治的优先性”概念，这表现出了一种乐观主义。很显然，这种乐观主义类似于欧洲社会民主主义者长期以来要求自己相信的那种乐观主义：在资本主义经济暨社会当中，上面这种定义的社会主义不但是可以存续下去的，而且是可以“在暗中”扩张成长起来的，当然前提是，只要资本主义对集体治理的功能性需求不断增长。然而，回顾过去40年，我们观察到的却是一个持续的制度转型过程，它很缓慢但是不可抗拒，并且不是由民主政治驱动的，而是由资本主义发展的内在动态逻辑驱动的，后者有效地破坏了大多数（如果不是全部的话）政治保障制度——而这些政治保障制度，原本是20世纪上半叶的灾难发生后，资本主义被允许恢复重建的前提条件。这个逻辑，以及它所决定的社会生活的重组——或者说混乱——在今天的双重危机（全球金融危机和民族国家内部的民主制度危机）中达到了顶峰。数十年来的“改革”，目的一直在于满足资本主义市场日益强烈的需求，这种改革只会加剧资本主义对社会结构的磨损，而且是在被裹胁的国家和政府的默许之下——这其中也包括社会民主主义国家。这种历史经验真的与一个认为“市场社会”任由政治处置的理论相容吗？与其如此，还不如认为资本主义作为一个社会行动体系拥有自己的生命、逻辑、权力和活力，战后的社会民主主义政治像通常一样，越来越失去了控制它的能力。如果大家都像我一样，认为后面这种观点更加符合现实，那么应该怎样做还不清楚吗？真的还值得投入时间和精力去提出某种“负责任”的思想，说明“负责任”的政府怎样才能修复“资本主义系统”或将“资本主义的一种变体”转变为另一种吗？事实上，在这里，只有让自己不再那么有建设性，才是真的更有建设性的——也就是说，不要再去寻找某种更好的资本主义的变体了，到了认真思考资本主义的替代者的时候了。难道不是吗？

【注释】

［1］本章最初发表于：Julian G. *Political Power and Social Theory*. Bingley：Emerald Group Publishing Limited，2012（23）：311－321.

［2］就战后德国的资本主义发展而言，这一点是不言而喻的。20 世纪 60 年代后期，当时我在法兰克福学习社会学，阿多诺（Adorno）更喜欢用的术语是“交换社会”（Tauschgesellschaft），这也许是因为资本主义这个概念与共产主义正统理论的联系太紧密了。另一方面，“新社会主义年轻一代”（我本人就是其中一员，对此我很自豪）也只会半开玩笑半认真地用“社会市场经济”这个术语，因为对我们来说，这个术语的“资本主义宣传”色彩太明显了。如果像布洛克所说的那样，资本主义最近在美国已经成了一个正面的概念了，那么在欧洲显然并非如此。在欧洲的共产主义体制崩溃之后，这种说法又流行起来，例如米歇尔·阿尔伯特（Michel Albert）的《资本主义反对资本主义》一书就成了畅销书（请参阅：Albert M. *Capitalism Against Capitalism*：*How America's Obsession With Individual Achievement and Short-term Profit Has Led It to the Brink of Collapse*. New York：Four Walls Eight Windows，1993 [1991]），这本书对“好的”和“坏的”资本主义进行了区分——前者被与莱茵兰（德国）联系了起来，而后者则与英格兰—美利坚联系了起来。这种区分预示了当前流行的“协调的资本主义”与“自由的资本主义”（或“市场经济”）之间的二分法。不过，随着危机的发生，人们也越来越怀疑：“好的”资本主义是否真的比“坏的”资本主义好得多。

［3］就德国的情况而言，它大概可称为“协调的资本主义”，即被社会驯化的“市场经济”的典范（Hall，Soskice. An Introduction to Varieties of Capitalism. 收录于 Streeck. *Re-Forming Capitalism*）.

［4］Glyn A. *Capitalism Unleashed*：*Finance Globalization and Welfare*. Oxford：Oxford University Press，2006.

［5］翻译为英文大致为：“Names are smoke and mirrors”。请参阅：Faust. Part I，Marthens Garten.

［6］当然，金融化简化这个公式，使之变成了 M→M′，请参阅：McMurtry J. *The Cancer Stage of Capitalism*. London：Pluto，1999.

［7］Ingham. *The Nature of Money*；Geoffrey Ingham. *Capitalism*，Oxford：Polity，2008.

[8] Sewell. The Temporalities of Capitalism.

[9] Schumpeter. *Theorie der wirtschaftlichen Entwicklung*.

[10] 当然，与布洛克所说的不同，统一并不一定意味着一致性。事实上，我们可以从马克思那里学到的一个重要结论恰恰就是，统一可以是内在矛盾或辩证的。更多内容见下文。

[11] 关于作为一个社会行动系统的资本主义的理论的优雅的"微观基础"，请参阅延斯·贝克特最近论述资本主义"四C"的文章（"四C"指：信贷、商品、竞争和创造力）。

[12] 例如，*Re-Forming Capitalism*，in particular Ch. 17. pp. 230ff.

[13] Greif A. *Institutions and the Path to the Modern Economy*，Cambridge: Cambridge University Press，2006；Greif A，David Laitin A. A Theory of Endogenous Institutional Change. *American Political Science Review*，2004，98（4）：633-652.

[14] Marx. *Capital*，Vol. 1. pp. 873ff.

[15] Graeber D. *Debt*：*The First* 5 000 *Years*. Brooklyn，New York：Melville House，2011.

[16] Marx K. *Capital*：*A Critique of Political Economy*，Vol. 3. London：Penguin，1981 [1894]. Chs. 2 and 13.

[17] 例如，韦伯这样写道："另一方面，我们根本不打算坚持这样一种愚蠢的、教条主义的观点……资本主义作为一种经济制度是宗教改革的产物……"因为必须考虑到"物质基础、社会组织和政治组织的形式与当时流行的观念之间的相互影响的极其混乱的状态"。（Weber. *The Protestant Ethic and the Spirit of Capitalism*. p. 91）. 他还说："当然，我的目的也不是以对文化和历史所作的片面的唯灵论因果解释来替代同样片面的唯物论解释。每一种解释都有着同等的可能性，但是如果一种解释不是作为一项研究的准备，而是作为一项研究所要得出的结论，那么，仅凭一种解释就揭示历史的真理的机会微乎其微。"（ibid.，p. 183）.

[18] 带着后人在阅读前人著作时应该带着的必要善意，我们可以认为马克思的决定论话语本质上是修辞性的，即那只是乐观主义的一种策略性的表达方式，目的是鼓励读者参与反资本主义的政治运动，从而使理论预言在实践中自我实现。

[19] 这方面的一个例子是 Fred Block 给出的：（Crisis and Renewal：The Out-

lines of a Twentieth-Century New Deal. *Socio-Economic Review*，2011，(9) 1：31-57）建立一个新的‘积累制度’的不是别的，正是（奥巴马）政府。

[20] Hall，Soskice. An Introduction to Varieties of Capitalism；请比较 Streeck W. Taking Capitalism Seriously.

[21] 为什么这种看法是错误的——不仅在概念层面上，甚至在经验上也是错误的，请参见：Streeck (*Re-Forming Capitalism*. Ch. 13).

[22] Hall，Soskice. An Introduction to Varieties of Capitalism.

[23] 关于资本主义作为一种制度体系的正常动态性，参见我的文章：Taking Capitalism Seriously. 关于应该如何研究现代资本主义，见本书第9章；Beckert. *Capitalism as a System of Contingent Expectations* .

[24] Streeck. Taking Capitalism Seriously.

[25] Streeck. *Re-Forming Capitalism*.

[26] 至于我为什么要强调、怎样强调这一点，请参阅：Beckert J. Streeck W. *Economic Sociology and Political Economy*：*A Programmatic Perspective*. MPIfG Working Paper 08/4. Cologne：Max Planck Institute for the Study of Societies，2008.

[27] Block. Understanding the Diverging Trajectories of the United States and Western Europe.

[28] Streeck. Taking Capitalism Seriously.

[29] McMurtry. *The Cancer Stage of Capitalism*.

[30] 对于资本主义的“永远嵌入”概念的结论性评论，见：Beckert. The Great Transformation of Embeddedness.

[31] Streeck W. Educating Capitalists：A Rejoinder to Wright and Tsakalatos. *Socio-Economic Review*，2004，2 (3)：425-483.

[32] Deutsch W. *The Nerves of Government*：*Models of Political Communication and Control*. New York：The Free Press，1963.

[33] 不用说，在这里我考虑的不是政治“推销人员”的技术能力。我所担心的是，如果我们为了保持政治上的“礼貌”而放弃了这些术语的话，我们就可能会丧失它们所隐含的洞察力。

[34]“但是，产生这种观点——孤立的个人的观点——的时代，也正是迄今社

会关系（从这种观点来看，就是一般关系）最发达的时代。人是最名副其实的政治动物，不仅仅是一种合群的动物，而且是只有在社会中才能实现个体独立的动物。”Marx K. *Crundrisse*：*Foundations of the Critique of Political Economy*. London：Penguin Books，1973［1857－1858］：6.

第 11 章

社会学的公共使命

几年前，就在迈克尔·伯拉沃伊（Michael Burawoy）公开呼吁展开“公共社会学”研究前后，我参加了一系列国际性的社会科学会议。这些会议有一点令我非常惊讶，那就是，现在竟然有这么多的人接受了良好的社会学教育，有能力对社会生活进行相当不错的分析和解释。[1]然而，从社会学的角度来看最复杂的这一代人——即我自己这一代人——选举出来的最有权力的政治领袖，却是乔治·W. 布什和迪克·切尼这样的人。他们两人就是在那些国际会议举行期间再次当选，接受“人民意志”的委托，执掌全世界最强大、最民主的国家。在随后的几年中，我被美国的一个现象深深迷住了：一方面，是美国政治和经济逐步走向衰朽；另一方面，则是从哈佛大学到斯坦福大学等诸多美国大学，各自的社会科学院系都称得上“星光灿烂”。这两者的对立何等强烈！这些明星学者究竟对美国社会发挥了什么作用呢？我曾经借着与一些美国同行共进晚餐的机会，私下里不止一次问过他们：美国社会科学家的意见，有没有被吸收进美国在伊拉克和阿富汗进行的国家建设项目？因为这正是社会科学应当发挥作用的时候。但答案总是：美国社会学家只能保持顺从的沉默；事实上，他们认为，根本没有必要去自找麻烦，因为根本不会有人听。

社会学及其公共听众：需求问题？

那么，在大西洋的这一侧，社会学拥有多少公共听众呢？我没有对这个问题进行过实证研究，但是作为一个参与者和观察者，我在过去几年里得到的印象是：就算有，也极其有限。我通常会定期浏览多份严肃报纸的科学栏目（出于与本次演讲完全无关的原因），结果发现有关心理学、脑科学和演化生物学的报道远远多于与社会学有关的报道。经济学受到的关注也远在社会学之上，尤其是最新涌现的经济学子学科：行为经济学和神经经济学。另外，经济栏目和政治栏目可能是严肃报纸中最重要的栏目，它们无疑比科学栏目更有影响力，但是在这两个栏目中，几乎完全看不到社会学的踪迹——除了极罕见的几个例外。

为什么会这样呢？我们可以想到很多原因，其中一个原因是，与其他学科相比，社会学通常不被认为是“科学”，也很少有人觉得它很“有趣”。更令人着迷的是心理学、行为经济学和演化生物学等学科。这些学科的读者和听众似乎认为，它们的宗旨就在于将人们通常认为由明显的原因驱动的行为的潜在原因（*latent causes*）找出来——这些潜在原因隐秘地控制着我们所做的事情，我们却不了解它们。一个极具代表性的例子是最近在德国科学新闻界引起不少争议的一项研究——T 恤衫“嗅探实验”；这项研究表明，女性更喜欢能够与自己组成最适合的遗传配对的男性的气味，因为那意味着会有更加健康的后代。另一个例子是（这个主题将多次出现，为此我要向我的美国同行道歉），实行“一夫一妻制”的鸟类的“通奸”行为。事实证明，它们的“通奸”行为比人们想象的更加频繁，雌鸟不时与它们的终身伴侣之外的雄鸟秘密交配，特别是当雌鸟的“父亲”对它们的“母亲”比一般雄鸟更加“不忠”时。这里面的原因也许很复杂，但最重要的是，这与它们的后代的“适合度”有关。

当然，公众也不是完全对社会学研究没有兴趣。我相信，一个全面的性行为调查的结论，可能会广受关注；不过，社会学家似乎已经不再研究与性有关的问题了。相反，他们经常研究的是与性别有关的问题，而且有关结果也很受媒体关注。几乎任何与“性别之战”有关的事实性结论——不平等的薪酬、家务分工不合理、未成年母亲的凄惨——都会被热切地登在报纸上，并被读者热切地阅读和讨论。与学校、教育、社会流动和精英形成有关的社会学研究，或者与移民及其不满有关的社会学研究，情况也类似。但是关键在于，媒体报道的几乎总是事实，而不是解释事实的理论。

不过，理论也没有完全被抛弃。过去 10 年最畅销的（如果不能说是第二次世界大战结束以来最畅销的话）德国非虚构著作，应该是蒂洛·萨拉辛（Thilo Sarrazin）所著的《德国的自我毁灭》（*Deutschland schafft sich ab*）。这本书出版于 2010 年，值得在这里讨论几句。萨拉辛是一位政治家，德国社会民主党人，2002—2009 年担任柏林土地财政部长，此后又成了德国联邦银行的董事会成员，直到最终被当成了德意志联邦共和国的一项“国际性负资产”而遭解雇为止。萨拉辛尤其以他的所谓“伊斯兰教评论”（Islamkritiker）而出名。简而言之，萨拉辛这本书的核心观点是，来自伊斯兰国家的移民越来越多，而且他们的生育率极高，而受过良好教育的德国血统中产阶级妇女出生育率却极低，这将极大地削弱德国自身的遗传基础，特别是将严重拉低德国人的平均智商，进而长期损害德国经济的竞争力。虽然萨拉辛本人是一名受过严格学术训练的经济学家，但是《德国的自我毁灭》一书却广泛地吸收了心理学、人口学研究的成果，而且经常“闯入”社会学领域，例如在讨论智力和宗教与经济绩效和社会成就的关系的时候。将这本书称为一份“新优生主义宣言”并不夸张，它基于一种具有强烈种族主义内涵的生物学世界观，尽管它的论述被嵌入在了一个关于全球化时代政治和社会效率的理论框架当中。虽然德国社会民主党一开始打算驱逐萨拉辛出党，但是很快就因为他这本书引起的强烈公众共鸣而改变了主意，结果不但允许他留在德国社会民主党内，而且继续拥有相当高的地位。

这个小插曲可以告诉我们很多东西，其中一点就是，关于社会问题的学术书籍在德国是有读者的，而且数量相当可观，有的时候，甚至是充斥着统计数字、公式推理和冗长乏味的讨论的期刊论文，也可能激起公众兴趣。但是，学院派社会学家却不怎么愿意对公共领域发言，这也许是因为他们认为自己从原始资料中通过研究得出的结论可能是普通人无法想象的。当然，这也可能是因为社会学家没有兴趣向萨拉辛的读者传达信息，虽然他们显然构成了德国中产阶级的一个重要组成部分。因此，萨拉辛的著作引发的公开辩论的参与者几乎全都是为严肃报纸——例如《法兰克福汇报》（*Frankfurter Allgemaine Zeitung*）和《南德日报》（*Süddeutsche Zeitung*）等——工作的新闻记者和编辑。此外，也有一些学者参与进来，例如，有的发展心理学家指出智力并不完全是遗传的问题，从事伊斯兰教研究的学者则强调“伊斯兰教”只是一个总称，实际上包括了很多截然不同的伊斯兰教教派。社会学家对这场公共辩论几乎完全没有贡献，经济学家也一样——尽管这是一本狂热的“经济至上”的书，原本应该能够引起经济学家的注意。

那么，为什么社会学会在这种公开辩论中缺席？或者，我们也可以这样问：为什么社会学家对他们自己的研究工作的信心如此之低，以至于他们只敢在社会学家的圈子内部讨论，而不敢对更广泛的外部世界发声？一个答案是：他们很清楚自己手上拿的是一把坏牌。经济学家堪称我们这个时代的社会政策大师，他们依仗强大的关于经济和社会的模型，仍然敢于大胆地给出精确到小数点后两三位数的“准确预测”，而且继续假装自己掌握了创造财富的点金之术——为了让每个人都过得更好，必须拉下哪个操纵杆。既然如此，对经济学家的话，谁敢不花点时间听一听呢？再者，经济学这门学科，特别符合公众对科学的理解或

"误解"。在大多数普通人看来，科学的任务就是发现一般性的规律，并根据规律提出简明扼要的因果性解释，进而将因果解释转化为技术上的工艺秘诀或道德上的正当理由（又或者两者兼具）。经济学中的理性经济人模型、演化生物学中的适者生存定律（甚至适用于鸟类），或者神经科学所讨论的"自由意志"，都有这种特点。相比之下，社会学所涉及的，则是一些历史上独一无二的情况，起作用的因果性因素通常有多个而不是只有一个，如果社会学家真的敢于作出预测，那么这些因素往往会严重相互抵消。不同于心理学或自然科学，社会学几乎完全不能承诺自己可以揭示隐藏在背后并控制着可见世界的运动的秘密物质力量。在通常情况下，社会学的发现只有警告的意义，而没有一般性的意义；社会学研究的结论也往往指向干扰和修正因果关系的各种社会的、经济的或文化的环境条件。有些社会学家认为，这是因为社会学仍然是一门年轻的学科，还没有变成（它必须变成的）真正意义上的"科学"；而其他一些社会学家则认为，这种情况恰恰是社会世界的独特的本体论性质的反映。无论如何，可以肯定的一点是，现在社会学家能够提供的社会学，并不符合人们通常认定的关于何为科学的标准，因此一定会令认同这种标准的公众感到失望，而且社会学家也未能说服公众接受这个缺点。

至少在德国这个国家里，社会学还面临着另外一个问题，即公共形象问题。这个问题可以追溯到 20 世纪 70 年代。简而言之，社会学仍然被广泛地认为过"软"——不仅仅作为一门学科是如此，在政治上也是如此。在艰难时世，这种"软"显然是不合时宜的。社会学家往往带着怀疑的目光，对他们的研究对象也显得过分同情；他们的研究对象往往是社会中的边缘群体，例如长期失业者、犯罪分子，以及由移民和其他被"成功社会"（Leistungsgesellschaft）排挤出来的过剩人口组成的"平行社会"的成员。社会学还常常通过阐明这些人归因于自己和世界的意义（Sinn）来解释他们的生活方式。在德国，我们现在仍然与马克斯·韦伯一样，在运用"verstehende Soziologie"（解释社会学）。但是，正如一句广为人知的谚语所说的，“Alles verstehen heiβt alles verzeihen”（“理解一切意味着宽恕一切”），只有“verstehen”（解释）往往并不足够。在当今世界，同情在很大程度上已经过时了。在解释人们为什么要这样做的时候，一个社会学家要是敢于直接声称那就是因为人们认为这样做是有意义的，那么就很容易被认为是在科学外衣下进行“宣传”，或是被认为是在假装悲天悯人（Gutmenschentum）地要求社会改革，而这种同情心泛滥的人恰恰是缺乏常识的萨拉辛“粉丝团”的头号敌人。

这也就引导我提出了这样一个问题：创新的公共社会学应该向谁去“推销自己”？如果公共领域真的存在，那么所有社会学家都很清楚，它不仅仅是一个“乌合之众”，而是一个社会的、制度的“建构”。那么，受过启蒙、明白事理的公民（Bildungsbürgertum）真的还存在吗？他们愿意并有能力形成整个社会范围的“舆论”吗？还有政党愿意认真地去研究这个世界，还有工会愿意认真地去寻找有助于它们的事业的合适的理论和观点吗？根本用不着花太多时间去做专门的研究，我们就可以肯定，这样的公民、这样的政党、这样的工会在今天要比在几十年前少得多了，而且很显然它们对社会学比以前更加不感兴趣。更何况，社会学能够通过什么样的途径让自己被公众了解呢？文字媒体正在走下坡路，而电视尤其是最近的互联网则迅速崛起——尽管在德国，这种情况或许没有美国那么严峻，但是依然存在。“图像转向”（pictorial turn）方兴未艾，远远没有到结束的时候，这对于社会学来说并不是一个好消息，因为社会学的绝大多数主题是无法摄影、摄像的。神经学和天文学在这个方面则拥有天然的优势，它们在向报刊、电视台和互联网传递丰富多彩的图像时的便利性是社会学无可比拟的。此外，媒体也似乎正在变得越来越专业化，从而使得“公众”也比以往任何时候都更加碎片化。如果说过去三十或四十年以来出现了“公众（公共领域）的结构转型”（Strukturwandel der Öffentlichkeit）的话，那么也是朝着现代利基市场方向的一场转型。在今天，拥有大量商业化信息的消费者可以选中他们期待自己会喜欢的东西，同时避免买到他们认为自己会觉得无聊的东西——甚至用不着“开箱验货”。而且，基于互联网的新型媒体的用户，还可以自由地发布新闻，没有任何人、任何机构有权决定一个好的公民需要注意些什么——这一点正是以往的公共广播机构能够做的，而且仅仅在几年前它们也就是这么做的。当代信息的消费者只愿意学习他们想要学习的东西，根本不想了解任何别的东西。因此我们不禁要问，在这个公众和共同体都越来越碎片化的世界里，公共社会学将会只限于向那些对公共社会学本来就有兴趣（无论出于什么特殊原因）的人发声吗?

无资本主义的社会学：供给问题?

如前所述，对公共社会学的需求方面存在着问题，而且是相当严重的问题，但是，这个事实本身并不意味着它的供给方面完全没有问题——作为一门社会科学的社会学实际上确实提供了有价值的见解，值得公民及其在政治上的代表认真听取。我认为不是这样。我觉得，我不是而且永远不会成为这门学科的“元老”——或许只有他们可以声称不妨忽视它的所有方面，并将它引导向新的方向。对于成为“元老”的要求而言，我的实质利益太过于多元化了，我的学科认同也太脆弱了——我唯一的借口也许是，社会学内部是如此多样化，以至于最简单的学科身份认同都很难实现。此外，像许多其他人一样，我非常容易痴迷于我正在做的任何事情，它们很容易就使我高估它们的重要性。尽管如此，我认为我还是有资格并能够证明社会学的价值（在下文中我将给出证明过程）：这几年来“把整个世界玩弄于股掌之上”的政治-经济危机代表了一个历史转折点。这个历史转折点，再加上其他一些事件，提供了一个独特的机会，将使社会学再次成为一门真正有重要公共意义的社会科学，当然前提是，只要它重新聚焦于当今时代的关键问题上。很显然，所有这些关键问题都必定与快速变化的经济与社会之间的关系有关。

在危机发生之后，经济学家因为没有预先警告危机即将发生而受到了广泛的责难。经济学家的批评者当中，也包括了社会学家。几年之后，公众对于主流经济学解释经济问题、帮助经济复苏的能力的信心大幅下降到了历史低位，尽管当时人们普遍认为经济非常重要——用德国企业家和自由派政治家瓦尔特·拉特诺（Walther Rathenau）的话来说，“我们的命运取决于经济”（“Die Wirtschaft ist unser Schicksal”）。然而，值得注意的是，从总体上社会学家对危机的预见力并不比主流经济学家出色。尽管主流经济学家由于不得不坚持一再重复那近乎“套套逻辑”的自我稳定的自由市场模型（即使有所修正，也限于表面上），因而显得相当狼狈；但是社会学家说到底其实也好不到哪里去，因为他们早就基本上将经济问题从自己的研究议程中删除了——早在 20 世纪 50 年代，以塔尔科特·帕森斯为代表的一批社会学家与经济学家签订了“合约”，将经济议题拱手让给了经济学家。如果说 2008 年的危机使得人们对经济在现代社会中的中心地位有了重新认识，那么这意味着现代社会学作为一门学科的位置相当不利，因为它多年来基本上是以与经济绝缘的社会为主题的。而且，在此过程中，重要的学科传统也被边缘化或外部化了，例如，政治经济学逐渐蜕变成了只考虑效率的理论经济学，对于后者的支配地位在今天只有极少数政治学家进行了抗争。最近，有人试图通过重建“经济社会学”这门子学科，重新引入“经济”，但是这种努力仍然通常只局限于提出使经济交易更有效率的替代方案，例如利用“网络”去补充市场。

我认为，当前这次危机给我们的学科发出了一种强烈的信号：如果只关注一个彻底清除了“经济”因素的社会，那么任何理论研究计划都是不可能持续的——除非我们仍然甘于现状，在危机之后还是决定对我们时代的一切重要议题都缄口不言。今天，许多人都认为，当前的金融危机和财政危机不仅仅是经济问题，而且从根本上说也是社会问题。这个社会问题极其重要，它要求我们修正对现代社会的解释：必须对社会正在被不断扩大的市场持续革新的事实加以系统性的考虑，并关注由此而导致的社会结构和政治制度的脆弱性；必须注意到随着市场越来越多地摆脱社会的控制，政府和公民所面临的越来越大的不确定性；必须考虑市场作为一种社会整合方式和社会秩序的基础的内在局限性；等等。从原则上说，拥有作为现代性批判理论的“光辉历史”的社会学本来应该能够满足这种需要，并为“公众”提供他们很难拒绝的理论指导（若拒绝就要承担风险）。但是，要想实现这一点，社会学就必须重新恢复经济作为在任何社会理论的中心主题的地位，而且，不能仅仅把经济视为一种中性的、受深奥难解的自然法则支配并只能由掌握科学内情的技术专家管理的财富创造机制。除非社会学这门科学放弃与经济学的“学科间和平协议”，并“重新发现”社会学年轻时“钟爱”（但在后来为了专注于“社会”而放弃）的政治经济学，这就是一个不可能完成的任务。对于社会学来说，再也不会有比现在更好的时机了，因为标准经济学在公众中的声誉已经降到了长期以来的最低点。

不过，为什么社会学当初会把“经济”拱手让给经济学呢？我们社会学家当初怎么会相信没有经济的社会可以成为社会学的有价值的研究课题呢？又怎么会认为没有宏观经济学的宏观社会学是理解现代社会的可行方法？如果社会真的与经济完全分离——而且通常是在政治上分离开来的——那么社会学还有足够的发展余地吗？另外，相当有意思的一个事实是，在德国，将经济排除在社会学领域之外的做法显然比美国出现得更早；而且如果我没有说错的话，这种分离不仅仅或主要并不是出于学术上的原因，在很大程度上也很明显是出于政治上的原因。这里其实隐藏着一个有点曲折的故事。我们应该都记得，马克斯·韦伯曾经拥有一个经济学教席（Volkswirtschaftslehre），他还曾经是德国经济学家的一个专业组织——社会政策协会（Verein für Sozialpolitik）——的成员。韦伯后来退出了社会政策协会，并创立了德国社会学协会（Deutsche Gesellschaft für Sozialpolitik），这其实是个政治行动，因为韦伯强烈反对当时的主流经济学所公开宣传的进步主义社会政策。韦伯讨厌所谓的学院派社会主义（Kathedersozialisten），在德国社会学协会内，他不用花费精力去对付它，这也正是韦伯为什么承诺要进行“价值无涉”的（Wertfreiheit）学术研究的原因。[2]当然，事实证明真正的价值无涉实际上是不可行的，因为“社会问题”（the soziale Frage）不断重复地出现在德国社会学协会的会议上；韦伯试图压制这个议题，但是没有成功。最终韦伯退出了有组织的社会学家的圈子；几年后，他就与世长辞了。

然而令人惊异的是，韦伯以后的德国社会学再也没有讨论过他提出的“经济与社会”（Wirtschaft und Gesellschaft）这个宏大主题。他们把它留给了历史学派的制度经济学家，例如维尔纳·桑巴特等人，但是他们并不属于魏玛时期的德国社会学家的圈子。在 1933 年纳粹夺权（Machtergreifung）之后，历史学派就开始凋零了，再加上历史学派还曾经试图与德国国家主义“媾和”，因而在第二次世界大战结束后，随着“理论”经济学的盛行，历史学派也就成了历史。而在社会学家一方，在 20 世纪 20 年代，他们尽一切力量确立自己在德国大学中的位置，保证自己不会被社会主义者（就当时而言，也就是马克思主义者）所取代。事实上，霍克海默（Horkheimer）和法兰克福社会研究所（Institut für Sozialforschung）的其他成员从来没有认为自己是社会学家，也从未想过要加入德国社会学协会。魏玛共和国时期的理论社会学似乎基本上遵循了形式主义的社会关系理论——例如，冯·韦泽（von Wiese）的学说（Beziehungslehre），而且几乎没有给后世留下什么东西。而实证社会学家则忙于人口学研究，尤其是德国以及中欧和东欧各国的所谓“定居模式”（Siedlungsforschung）的研究。与第二次世界大战结束后流行的关于社会学发展历史的传说不同，实证社会学在第三帝国时期相当“兴旺发达”，受到了“党和国家”的尊重，因为这种研究与被德国吞并的“东部领土”的“城乡规划”有关。在这种被称为有机公共社会学的社会学中（这种叫法无疑是有理由的），资本主义当然不会被考虑在内。[3]

第二次世界大战结束后，德国的社会学继续远离经济，与此同时，经济学则变得越来越模型化（新古典主义化），彻底背离了历史学派传统。制度经济学也完全消失了，直到很久之后才在“现代”的效率理论的支持下才再次浮出水面。历史经济学也被边缘化了，即便是所谓的历史计量经济（或者“计量史学”）也不例外。重要的，社会学是什么、社会学不是什么，越来越多地取决于美国学者的想法，因为当魏玛共和国及第三共和国那一代社会学家去世或退休后，德国需要从美国重新引入社会学。在 20 世纪 60 年代战后经济高增长时期，经济似乎已经不再是社会学需要关注的问题，甚至也不再是一个政治问题了。当时许多人都相信（就像凯恩斯在他最乐观的时候所预测的），经济学这个学科已经越来越像牙科了：无论出现了什么问题，都只需“技术性的处理一下”就可以了，因为经济学已经提供了一个完善的技术工具包，利用各种已经验证过的技术，就可以“无痛地”修复任何需要修复的东西。在 20 世纪 60 年代末，当时我还是一名在法兰克福求学的学生，阿多诺把资本主义重新命名为“交换社会”（Tauschgesellschaft），而且在学生当中，除了极少数迷信苏式共产主义的人之外，已经没有人再认为资本主义“系统”会受经济危机之害了。（当然，当时也有危机，但那只是所谓的合法性危机。）经济已经从根本上变成了一个技术问题，已经被永远驯服了，这种观点绝不仅仅限于法兰克福学派，而是成了许多社会学家和经济学家的一个“共识”。可以证明这一点的例子非常多，阿米塔伊·艾奇奥尼（Amitai Etzioni）于 1968 年出版的《活跃社会》一书就是其中一个。在试图阐明现代民主社会决定自身发展方向、支配自己命运的各种条件这个角度上，这本书堪称迄今为止最雄心勃勃的一次尝试。[4]它的篇幅长达 666 页，却只在一个地方提到了“经济”，而且是这样说的：“西方国家对自己控制社会进程的能力非常有信心——只要广泛地运用凯恩斯主义和其他控制措施，就能够预防通货膨胀、避免深度萧条、刺激经济增长”（《活跃社会》，第 10 页）。

我认为社会学将自己与经济世界隔离开来这种做法不可能永远持续

下去——除非这门学科打算让自己与我们这个时代的一切重大问题都不再相关。考虑到当前的全球性危机，现在应该到了承认社会学以前打的一个赌——社会与经济无关——确实已经输了的时候了。而且，好消息是，扭转整个进程仍然是有可能的。由于社会学并不像标准经济学那样完全将自己与理性选择捆绑在一起，所以我们社会学家应该可以更容易摆脱如下世界观的影响：对个人利益的理性追求能够导致稳定的世界秩序。同样地，我们也从来没有完全依赖功能主义的均衡范式，因此从原则上说，我们应该更容易理解现代社会暨经济（即当代资本主义）固有的内在不稳定性、永远的非均衡性和持续的危机倾向性。最重要的是，我们仍然可以使用原来的、作为一种历史社会形态的资本主义这个概念，来描述一种现实存在的、动态变化的社会结构；而不是把资本主义作为一种理想的经济类型，或作为市场经济的同义词（就像经济学中或经济学的"资本主义多样性"文献中所用的资本主义概念那样）。一定不要忘记，到了 20 世纪 70 年代，像丹尼尔·贝尔这样的学者已经非常清楚地意识到了这一点，并且重新阐发了传统的资本主义的社会学理论，他们接续了马克思、韦伯、桑巴特、熊彼特和凯恩斯（为什么不呢）等大量的思想路线，甚至还多次越过了意识形态鸿沟，与新马克思主义者——例如詹姆斯·奥康纳——对话。

公共社会学：对政治经济学的回归

关于当代资本主义的未来，当社会学对自身的政治经济学传统有了清醒的认识之后，对现代公众有什么要说的吗？公众对当代资本主义的未来，长期以来都比社会学家更加忧心忡忡。最低限度，我们应该让公众意识到，目前这次危机不是一个意外——不是美国抵押贷款市场管理不善的意外后果——而是由民主资本主义体系内部最基本的张力和矛盾所导致的，尽管西方世界的公众自第二次世界大战结束以来，对这种体系就已经不再陌生了。20 世纪 70 年代的通货膨胀、20 世纪 80 年代的公共债务上升、20 世纪 90 年代的私人信贷的放松管制（作为对第一个财政整固浪潮的补偿），以及目前在全球“大金融集团”的压力下恢复“稳健货币”的努力，所有这些都是公民社会权利普遍的“道德的经济”与坚持按市场正义分配、坚持“商业信誉”为先（卡莱茨基语）的资本主义的“经济的经济”之间的冲突的表现。在过去的几十年中，冲突发生的场所已经改变了：先是从集体谈判和劳动力市场，转变为选举政治、消费者信贷市场，到现在又转变为国际金融市场（它们为公共债务融资和再融资）。虽然问题还是那些问题——用大卫·洛克伍德的话来说，问题仍然在于，如何处理资本主义社会中系统整合与社会整合的相互矛盾的要求——但是任何人都不能忽视如下事实：大众民主制度的纠正市场的能力，以及它的集体组织，例如工会和政党，随着危机一个接一个地爆发，一直在受到削弱甚至逐渐消失。在今天，民主资本主义的各种矛盾，已经进入了国际金融外交舞台，成了国家和投资银行之间谈判时要讨论解决的问题。这个舞台，是一个几乎完全与民众压力隔绝的舞台；而且国际金融外交的逻辑也是普通人难以理解的——也许只有极少数经济和政治精英才懂。

从来没有人指望社会学家能够就如何恢复稳健货币、促进经济增长提出建议。但是，社会学家确实可以帮助大众理解，这些绝不是唯一的问题；恰恰相反，恢复我们的社会的秩序合法性所依赖的民主资本主义社会契约的重要性，远远超过了最专业的经济管理。与大多数经济学家不同，社会学家认为，“政治工作”要比根据市场正义原则（即所谓的边际生产力原则）强制推进社会分配复杂得多。民众的需要与资本的需要之间必须取得某种平衡。如果维持商业信心导致了公民信心的弱化，那么最终是不可能实现社会稳定的。虽然政治精英和经济精英可能认为当前这场危机是一个很好的机会——可以一劳永逸地将资本主义与民主隔离开来，但是社会学家却会警告公众，这种策略将不可避免地带来巨大的风险，而且社会学家有非常好的条件这样去做。

事实上，我们其实正面临着严峻的民主危机（而不仅仅是经济危机），这应该是一个显而易见的事实。例如在欧洲，在金融市场的压力下，各国的国家领导人有系统地将决策权转移到国际组织手中，使得权力逐渐离开了国家议会和选举政治。各债务国别无选择，只能接受它们的债权人的命令，国内的选举在未来几十年内将会变得毫无意义。另一方面，债权国也在“市场”的驱动下行事，它们必须迅速灵活地对市场的剧烈波动和变动不居的需求作出反应，而不会留下什么时间给议会行使民主权利。严格的、制度化的紧缩政策全面地缩小了所有国家的政治选择的范围，公民的政治参与越来越无关紧要。选举政治重要性下降的转折点出现在 20 世纪 80 年代，这一点在从社区选举、地方选举，到国家选举、泛欧选举的所有选举层次上都有所表现，其中最突出的是那些贫困率居高不下、移民大量聚居、离异家庭集中的地区——它们恰恰也是最迫切需要政治动员的地区。作为社会学家，我们不但自己很清楚，而且也有能力让别人知道，如果政治表达的合法渠道全被关闭了，非法的通道就会打开，而它们的社会代价和经济代价都是极其高昂的。

此外还要再加上一点，当前这场危机在很大程度上是信任危机——货币的价值、债务人偿还债务的意愿和能力、政治领导人抗御“市场”压力的能力，以及市场高效配置资源的能力（至于公平配置资源的能力，就更不用说了）全都受到了质疑。公众不相信我们的政府和国际组织能够防止危机再次发生，而且市场行为者之间的相互信任程度也在迅速下降，这在依赖相互之间的借贷的银行当中尤其严重。由此而导致的一个结果是，各国政府和中央银行很可能不得不再一次作为最后的受托人介入进来，它们很可能被迫承担坏账、延长担保期限，尽管这些可能最终令它们不堪重负。不久之前，交易成本经济学认为，制度最好由市场行为者自下而上地在“追求自身利益、建构有效交易关系”的过程中建立起来。政治科学和社会学中的理性选择制度主义者迫不及待地吸收了这种观点，削足适履地用市场参与者建立的私人治理体系去取代由国家控制的政府和公共机构。然而，当前这场危机证明，私人建构的秩序不可能走得太远，而且很容易因为承担了提供社会秩序这个重任而过载短路。当私人秩序发生故障时，就需要公共权力来救场。自由主义制度理论已经破产了，这个明显的事实没有理由不引起公众关注；而且在此不妨顺便指出，这本身就是对涂尔干的社会学遗产的肯定。

从社会学的传统视角出发，我们可以看到，目前这种困境的根本原因就在于资本主义社会形成过程中一个固有的（也是众所周知的）趋势，那就是，市场会不断地扩展到社会生活的其他领域，而且通常会破坏它们，使它们陷入混乱。在今天，这种趋势又恰恰与另一个长期趋势相共振——社会针对市场化的抗衡力量的弱化、保护主义-保守主义的以及进步主义-复兴主义运动的消沉；在当今这样一个全球资本强加到了地方、地区、国家、区域的社会结构和生活方式之上的特殊历史时期，这种共振的后果特别严重。与现代经济学家不同，社会学家特别是那些接受了以往时代的伟大经济学家——如桑巴特和熊彼特——的影响的社会学家，都拥有基本的概念工具，能够理解资本主义制度是从社会内部成长起来的并会把社会关系完全颠倒过来。资本主义的发展，绝不意味着与社会的其他领域和谐相处；相反，它只会不断地导致摩擦和收缩，从而要求、呼吁新的集体努力，以维持社会稳定、重建经济与社会之间永远不稳定的平衡。

卡尔·波兰尼的论著启发了无数的社会学家（而且这个群体的人数仍在持续增加），不过他在 20 世纪 50 年代和 60 年代没有试图加入专业社会学家的圈子。他满足于当一位经济学家、经济史学家和社会人类学家。波兰尼是在 20 世纪 90 年代被社会学家“重新发现”的，这个事情很能说明一些问题，但是对于我们的学科（社会学）来说，这其实并不能算是一件很光彩的事情。20 世纪 90 年代，正是新自由主义大行其道、金融化引发了资本主义经济的又一次“革命性”转型的时代。我认为，要解释我们当前面临的困境，再也没有比波兰尼当年给出的更好的视角了，即要从三种虚拟商品——货币、自然和劳动——的商品化及其内在限度的角度来解释。许多人认为，这些限度现在可能很快就会达到了，而且这种限度也就意味着资本主义增长的极限，或者，至少就那种在某种程度上仍然可以或多或少地与能够存在下去的人类需要相容的经济增长而言是如此。在“金融行业”放松管制之后，“私人行业”（银行）实际上可以“生产”货币了，这给整个社会带来了前所未有的不确定性，加剧了国家内部和国家之间的分配冲突，进而提出了全球再监管等很难解决的问题。对于自然，或土地，我们已经慢慢地认识到，它作为一种虚拟商品的基本特征——它的供给不是也不能由它的需求来决定——是完全成立的。事实上，已经有无数证据表明，除非我们找到某种方法来保护我们的全球公共资源免受进一步的商品化之害，否则我们在地球上的生命基础很快就会消失——消失于无限制的资本积累过程当中。最后，劳动力市场和劳动组织的日益增强的灵活性，已经使得个人和家庭面临不断增大的压力——必须根据竞争越来越激烈的市场提出的越来越不可预测的需求，来组织自己的生活。这导致了一系列恶果，其中包括：“失败者”越来越多，他们组成的过剩人口日益贫困化，导致社会严重两极分化；过度劳累的中产阶级家庭过着一种荒谬的生活——尽管生活似乎前所未有地富足，但是他们必须投入更多的时间去工作，劳动强度也更高，因此无法享受生活；一小撮精英“赢家通吃”，他们极其富裕而且贪得无厌，同时他们的奖金和红利长期以来对整个社会没有任何益处。

如果新生的公共社会学的主题，不是如波兰尼在提出商品化的关键限度概念时所预测的那样，就是当代资本主义的政治经济，那么它的主题还能是什么呢？当然，很多研究仍然有待展开。在这场金融危机爆发之前，除了追随格奥尔格·齐美尔的脚步，对发生在华尔街的交易台上的一些逸闻轶事作了有趣但没有什么政治意义的民族志记录之外，社会学家对货币和财富问题的贡献极其有限。在自然环境中，社会学家对于人们在什么时候以及为什么愿意对垃圾进行分类这一类“低成本的牺牲”问题进行了很多研究。但是奇怪的是，社会学家却将到底是什么使得我们的社会如此依赖于资本主义经济增长——尽管这种增长很可能破坏我们社会的经济、自然和人类基础——这个至关重要的问题，完全扔给了异端经济学家。同样的分析也适用于如下重要问题：如何引导社会“成长”，使之与自然及自身和谐相处？现在，经济学家开始转而向心理学家求助，要求心理学家就人类幸福可以有哪些非经济来源给出建议；但是社会学家并不能以这个事实为理由去批评经济学家，因为社会学家自己一直以来都极其小心地避免涉及这个问题，尽管可以合理地指出这个问题与其说是一个心理问题，还不如说是一个社会和政治问题。相对而言，在劳动力市场、家庭结构以及越来越高的劳动参与率与越来越乏味的社会生活之间的冲突——前者是为了高收入和高消费而参与越来越激烈的竞争，后者则包括抚养子女等，阿莉·霍克希尔德（Arlie Hochschild）和理查德·塞内特对此有很好的分析——在这样一些问题上，我们社会学家的研究成果还算勉强拿得出手。

再论需求侧

而这又将我们带回到了前面那个问题：会有人来听社会学家说什么吗？当然，我们现在没有理由乐观。但是，现在似乎不是正常的时期，而正常的时期最终总会到来。显然，在精英阶层和普通公民中，尤其是在学术界内部，都有一种严重的危机感在形成，这与我们在过去几十年里看到的情况完全不同。也许，如莱因哈德·柯塞勒克（Reinhard Koselleck）所说，我们正在逼近另一个“鞍形期”（Sattelzeit）：一个加速变化的时期，其中不确定事件将在长期中发挥重要的、形成性的作用。在这个意义上，当 2007 年后金融危机爆发时及之后，茫无头绪的主流经济学界的“自我表演”恰恰暴露了这个鞍形期的典型症状。世界顶尖经济学家之间的分歧从来没有像现在这样严重过——这一点甚至在《经济学人》和《金融时报》这样的商业报刊中也体现得非常清楚。事实上，也许原因很简单：资本主义民主确实已经用尽了技术上进行修修补补的一切手段，而主流经济学理论失去对公共话语的控制权，无非是这个事实中的一个结果而已。大西洋两岸的政治领导人似乎都失去了信心。而且有趣的是，即便是在经济学内部，也产生了很多疑问，例如，衡量经济增长和繁荣的方式是否恰当？最大物质繁荣的道路的前景如何？等等。

使经济重新融入社会，进而融入社会学，这个研究纲领在今天可能更加容易找到合作伙伴。这是因为，在当前的世界中：国家很快就会变成准公共企业，必须努力去赢得资本投资者的信心；国际组织代表私人投资者的利益，发挥着存款保险机构或收债机构的作用；政府开始像企业管理层一样，致力于从已经转变受资本市场规制的劳动力的公民那里提取“债权人价值”；……或许，对于那些不再加入任何政党、任何工会，拒绝参加投票的年轻人来说，还可能需要一个“重生”的政治经济学批判理论。与所有的“基础研究”一样，我们现在还说不准谁将会使用这种批判理论，但是没有任何理由在知道这种需要的情况下无所作为。

我认为，要想让社会学成为真正的公共社会学，就必须在重新思考现代社会的基础之前让社会学做好准备，就像在新政之前和二战结束后一样。我坚信这样的历史时刻很快就会到来；到那个时候，社会学家应该准备好了所有必要的思想工具，确保让社会理解什么东西才是最重要的。即便届时我们的听众仍然只限于学术界，我们的努力不会完全无效。在《就业、利息和货币通论》的最后一章中，凯恩斯阐明，“经济学家和政治哲学家的思想的力量”之大超乎一般人的想象，“无论是在正确的时候，还是在错误的时候”。他断言，统治我们这个世界的，除了思想观念之外别无他物——即使是新的思想的力量不一定马上就能表现出来：

> 在经济学与政治哲学领域，学者们一旦年满 25 岁或 30 岁，就很难再受到新的理论的影响，因此现在的公职人员、政治家，甚至

鼓动者在应对当前事务时所依据的观念不太可能是最新的。但是，观念既可以用来造福，也同样可以用来为害，无论如何，最危险的终究不是既得利益，而是各种观念。[5]

我们没有办法确知，而且也许有理由怀疑，是不是真的有足够的时间通过这种思想的涓滴效应引致的观念转变来实现我们的救济——凯恩斯将它称为“循序渐进的思想蚕食”。对凯恩斯自己的思想来说，这是真的，或者至少在某一个时期肯定是如此。然而问题在于，我们现在迫切需要一个“自杀倾向”更低的政治经济体系，很难等待太长时间。当然，这意味着我们无法更早着手挑战当代主流经济学的知识霸权（它压倒了对经济和社会的其他解释）。我认为，公共社会学的第一批听众肯定是来自学界。这是因为，经济学院和工商管理学院的学生人数屡创历史新高，但他们正在接受的教育实质上是在告诉他们，社会学所能发挥的作用，无非是为那些有能力作出最合理的选择的效用最大化者提供机会而已。如果我们不能在这些人当中播下怀疑的种子，那么还要去哪里呢？帕森斯等人所订立的社会学与经济学之间的“和平条约”，已经使康德所说的“学院之争”（Streit der Fakultäten）完全陷入了沉寂，而我们今天最需要的恰恰是这种竞争。社会学家和政治科学家，再加上各个流派的异端经济学家，已经开始研究一种新的政治经济学、一种新的社会经济学，它们将再一次让经济服从于社会而不是相反。这首先是一种理论努力，然后将成长为一个政治计划。现在，已经到了社会学这门学科记起自己的源头并投入“学院之争”的时候了，尽管我们非常清楚，各国都正在对大学进行“资本主义改组”，而且这种改组恰恰是精心设计来消除批判性反思，以促进经济效益这个全能目标的实现的。但是，如果公共社会学无法让这部分听众听到自己的呼吁，那么又怎么可能指望在这个由 YouTube、Facebook、福克斯电视（Fox TV）和《图片报》（*BILD—Zeitung*）主宰的世界上，还会有多少人会听到它的声音呢？

【注释】

［1］本章的一个较早的版本曾经在由社会科学研究理事会（SSRC）和柏林社会科学研究中心（Wissenschaftszentrum Berlin）主办的一个国际会议上报告过，该会议于2011年9月16—17日举行，全称是“社会科学和人文科学的公共使命：转型与革新”。

［2］韦伯本人的社会学研究绝对不是“价值无涉的”。他对同时代的经济学家所鼓吹的社会政策的强烈反对，体现了一个自由派民族主义者的立场；他认为这种立场对于即将到来的德国与其他国家（特别是英国）之间为了保证国家生存和国际主导地位而展开的斗争至关重要。韦伯认为，社会政策与民主一样，不是为了让民众开心，而是为了帮助新生的德意志帝国在一个极度混乱、冲突四起的国际世界中生存下来。韦伯之所以认为自己的立场是“价值无涉的”，乃是因为他坚信，“现实政治”是一个客观事实，而不是一个可以自由选择的东西。

［3］德国社会学确实有点背运。在魏玛共和国行将覆灭之前，社会学本来是有可能被公认为政权的支柱的。1934年，德国社会学协会在纳粹掌权之后召开了第一次会议。会议讨论的主要问题是，要不要继续活动（那就得接受纳粹的“领导”），还是就地解散以表示抗议。与会一部分会员建议选举莱因哈德·霍恩（Reinhard Höhn）担任协会主席，接替斐迪南·滕尼斯（Ferdinand Tönnies）。霍恩当时是耶拿一位名叫弗朗茨·威廉·耶路撒冷（Franz Wilhelm Jerusalem）的社会学家的助手，后来成了一名公共法学教授。他还是纳粹党卫军总部的一个著名人物，领导了帝国保卫总局（Reichssicherheitshauptamt）的一个重要部门。但是，霍恩没有得到足够的票数。为了不与新政府直接对立，会员决定暂时停止协会活动，不过未将它解散。直到1945年，德国社会学协会才恢复活动。20世纪50年代，霍恩又重新变得活跃起来，他创建了一所联邦德国领先的管理学院，并一直负责它的运行，直到20世纪70年代。

［4］Etzioni A. *The Active Society*. New York：The Free Press，1968.

［5］Keynes M. *The General Theory of Employment*，*Interest and Money*. New York：Harcourt，Brace and Company，1967［1936］，chapter 24.

译后记

2008 年全球金融危机余波至今未尽，由它引发的对资本主义的反思也可以算是其中一脉。本书作者沃尔夫冈·施特雷克（Wolfgang Streeck）是一位非常有影响力的德国左派社会学家，曾长期担任马克斯·普朗克社会研究所主任，他的反思结论是资本主义行将终结。

当然，资本主义终结论可以说是一个“陈腔滥调”了。早就有无数知识分子预言过，资本主义很快就会灭亡，或者最终将不可避免地走向终结。其中最著名的无疑是革命导师马克思。但是资本主义却一直存活了下来。这一次情况会有所不同吗?

施特雷克认为，这一次情况确实有所不同。他说，资本主义即将死于“过度资本主义化”。不过，在资本主义进入地狱之前，在可预见的未来它会陷入一个混沌不明的“空位期”：虽然它将死去，但是在很大程度上仍将继续存在，因为没有人有能力将它腐烂的躯体挪开。施特雷克指出，资本主义民主社会已经进入了一个长期的系统性解体过程。在此过程中，社会结构变得不稳定、不可靠、不具备建设性，因而不能为社会成员提供任何指引，只能听任它自生自灭。因而，资本主义社会已经成了一个“社会不足”的社会。这样的社会为寡头和军阀提供了非常多的机会，同时却迫使所有其他人承担了无限的不确定性，陷入了不安全的境地。

事实上，施特雷克分析的核心是第二次世界大战之后民主资本主义制度的不稳定性。因为只要民主和资本主义的“婚姻”仍然可以维系下去，资本主义还是可以成功“续命”的。但是施特雷克认为，在经历了多次危机之后，民主和资本主义分道扬镳已经不可避免。20世纪70年代的全球通货膨胀、80年代的公共债务爆炸，20世纪90年代和21世纪初的私人债务激增、金融崩溃以及随后的“大衰退”，铸就了通往资本主义毁灭之路。施特雷克指出，在应对不断发生的危机的过程中，早期的“税收国家”变成了“债务国家”，然后又变成了“财政整固国家”，而对民众和社会的承诺则越来越“无暇兼顾”了。

作为一个眼光锐利的社会分析者，施特雷克深刻地指出，在各种危机背后，存在着三大潜在趋势：经济增长率稳定下行、不平等日益加剧、债务急剧增长。而且这三种趋势是相互强化的，并且为寡头式的腐败打开了方便之门。他非常犀利地指出，面对巨大压力，普通民众不得不以“应对、希望、磕药和购物”（coping，hoping，doping and shopping）来作出反应，从而在这个失序的社会中不断沉沦。而寡头式的腐败却大行其道，不断将公共领域转化为私人领地，量化宽松也好、财政整固也好，都只能导致同样的后果。施特雷克对诸如此类的“症候”的剖析和刻画，是本书特别出彩的地方。

欧元区的问题也被施特雷克当成了当今世界民主和资本主义之间的糟糕关系的一个例子。他指出，欧盟试图将多个经济、文化、政治、历史等方面都存在重大差异的国家团结在一起，但是这些差异是不可调和的。欧元要么最终消失，要么以不民主的方式继续维持下去。从现在的情况来看，欧元已经走在了屈从于变化多端的全球金融市场、由技术官僚掌控的欧洲央行来管理的道路上，离传统的民主政治已经渐行渐远了。

但是，施特雷克没有看到的是，当今人类面临的威胁，其实并不是资本主义的终结，而是那种不民主的资本主义。施特雷克正确地指出，只有当民主制度与资本主义相当和谐地结合在一起的时候，那种资本主义才是真正意义上的资本主义——能够将个人追求自身利益的“恶行”转变成增进公共利益的“美德”的社会。但是他对民主和资本主义可能都要求过高了，市场经济会带来繁荣，但也会带来一些糟糕后果，它只是在创造繁荣的同时给社会带来的危害最轻的一种方式；民主亦然，民主能够协调冲突，但也只是一种最不糟糕的管理社会的方式。很显然，正如施特雷克所强调的，民主制度与资本主义之间不可能建立起一劳永逸的和谐关系，但是它们相互之间是可以调整适应的，不应该过于轻易地放弃这种信念。

施特雷克作为一名“社会病理学家”，他对当代民主资本主义社会的病症的诊断是非常有价值的，但是他给出的预言并不那么令人信服。《资本主义将如何终结》一书发出了一个极其明确的警告，指出了一些必须关注的趋势，对正处于转型——因而在一定程度上也处于“空位期”——的中国极有借鉴意义。

本书的翻译颇有些辛苦，因为我对左派社会批判家的论述方法相对来说不那么熟悉。因此在这里要特别感谢妻子傅瑞蓉对我的宽容和支持。她要克服的困难比我多得多，但是仍然帮助我完成了翻译并完善了译稿。感谢儿子贾岚晴，他给我带来了无限的快乐。同时还要感谢岳父傅美峰、岳母蒋仁娟对贾岚晴的悉心照料。

感谢汪丁丁教授、叶航教授和罗卫东教授的教诲，感谢陈叶烽、李欢、罗俊、王国梁、纪云东、何志星、张弘、邹铁钉、郑恒、李燕、陈姝、郑昊力、黄达强、应理建、童乙伦等学友的帮助。还要感谢好友何永勤、虞伟华、余仲望、鲍玮玮、傅晓燕、傅锐飞、傅旭飞、陈贞芳等人的支持。

感谢中国人民大学出版社高晓斐兄对我一贯的信任。

贾拥民

于杭州耑谷阁

How Will Capitalism End?: Essays on a Failing System
by Wolfgang Streeck
First published by Verso Books 2016

图书在版编目（CIP）数据

资本主义将如何终结/（德）沃尔夫冈·施特雷克著；贾拥民译. --北京：中国人民大学出版社，2021.3
ISBN 978-7-300-29030-0

Ⅰ.①资… Ⅱ.①沃… ②贾… Ⅲ.①资本主义-研究 Ⅳ.①D091.5

中国版本图书馆CIP数据核字（2021）第030901号

资本主义将如何终结
［德］沃尔夫冈·施特雷克　著
贾拥民　译
Ziben Zhuyi jiang Ruhe Zhongjie

出版发行	中国人民大学出版社		
社　　址	北京中关村大街31号	**邮政编码**	100080
电　　话	010－62511242（总编室）		010－62511770（质管部）
	010－82501766（邮购部）		010－62514148（门市部）
	010－62515195（发行公司）		010－62515275（盗版举报）
网　　址	http://www.crup.com.cn		
经　　销	新华书店		
印　　刷	北京联兴盛业印刷股份有限公司		
规　　格	160 mm×230 mm　16开本	**版　　次**	2021年3月第1版
印　　张	21.5 插页2	**印　　次**	2022年11月第2次印刷
字　　数	294 000	**定　　价**	68.00元